넥스트 위너

부 의 　 미 래 를 　 선 점 하 라

넥스트 위너

스티브 사마티노 지음
조병학 해제
더 베스트 통·번역센터 역

인사이트앤뷰

넥스트 위너

초판 1쇄 발행 | 2018년 5월 24일

지 은 이 | 스티브 사마티노(Steve Sammartino)
해   제 | 조병학
옮 긴 이 | 더 베스트 통·번역센터
펴 낸 이 | 엄지현
기   획 | 차현미
마 케 팅 | 권순민·오성권·강이슬
표   지 | 강수진
내   지 | 롬디
제작총괄 | 조종열
인   쇄 | 영신사
발 행 처 | (주)인사이트앤뷰
등   록 | 2011-000002
주   소 | 서울시 구로구 경인로 661
전   화 | 02) 3439-8489
이 메 일 | insightview@naver.com

ISBN 979-11-85785-36-3 03320

* 이 책의 가격은 표지 뒷면에 있습니다.
* 잘못된 책은 교환해 드립니다.

아내와 우리의 작은 신생기업인 두 아이에게 이 책을 바친다.

영원한 사랑과 함께.

CONTENTS

제 I 부

혁명   Revolution

제Ⅱ부

수익   Revenue

제Ⅲ부

재창조

Reinvention

스티브 사마티노는 누구인가

스티브 사마티노*Steve Sammartino*는 가장 존경받는 미래학자이자 비즈니스 리더의 한 사람이다. 누군가에는 학교라는 시스템이 특별한 지적 능력을 키우는데 적절하지 않듯, 스티브의 학습 스타일과도 거리가 멀었다. 오히려 그는 어려서부터 일하고 삶을 영위하고 돈을 버는 데에 신기술이 어떤 영향을 미치고 변화를 일으키는지를 이해하는 놀라운 감각을 갖고 있었다.

그는 기업가로서도 뛰어난 감각을 갖췄다. 그는 보통 아이들은 상상하기도 어려운 열한 살이라는 나이에 유기농 달걀 농장을 창업했다. 스티브는 달걀 농장 일을 하면서 한편으로는 의류로 사업을 확장했다. 물론 성공적이었다. 쉴 틈이 없다는 한 가지만 제외하면 거의 완벽한 성공이었다. 새벽 다섯 시에 일을 시작해서 점심시간을 활용해 고객에게 제품을 팔고 밤에는 재고와 주문을 관리했다.

스티브는 대학에서 경제학을 전공한 후, 포천*Fortune* 500대 기업에서 근무하며 현장 경험을 쌓았다. 성공한 전문가로서 최고경영자를 지낸 후에는, 누군가 만든 시스템에서 나와 독립해야 한다는 소명을 따르기로 했다. "왜 어떤 사람들은 교육이나 소득과 관계없이 점점 부유해질까?" 그는 끝없는 호기심으로 금융에 관한 연구에 몰입했다. 무엇보다 경험을 통해서 얻은 지식으로 기업을 면밀하게 이해하려고 했다. 그렇게 그는 생물체로서의 기업이 미래를 어떻게 파악하고 어떻게 설계하는지 알아냈다.

스티브는 우버_Uber_나 에어비앤비_Airbnb_가 탄생하기 이전의 공유 경제_Sharing Economy_ 기업인 렌토이드닷컴_http://www.rentoid.com_을 창업해 경영하는 등 여러 기술 스타트업을 운영했다. 성공한 스타트업을 상장 회사에 매각해 더 크게 성장시킨 경험도 그에게는 큰 자산이다. 현재 그는 신기술에 투자하거나 신기술을 가진 기업에 투자하고 있다. 그가 하는 일은 항공, 자동차, 사물인터넷, 애플리케이션, 3D 프린팅 등의 첨단 융합 분야에 기술과 경영 컨설팅을 제공하는 일이다.

스티브는 불가능해 보이는 프로젝트를 수행해 가능성을 현실로 만들기를 좋아한다. 그는 가능성을 실현해 보여주기 위해 레고 블록으로 실제 공압식 자동차를 만들기도 했다. 트위터로 크라우드펀딩_Crowd Funding_을 하고, 레고로 만든 공압식 엔진을 장착하고, 500,000개의 레고 블록으로 주행하는 실제 자동차를 제작했다. 이 프로젝트는 유튜브에서 9,000,000회가 넘는 조회를 기록했으며, 전 세계적인 뉴스가 됐다. 또한, 레고로 만든 우주선을 2,000달러도 들이지 않고 지구 궤도에 올려놓기도 했다. 그가 보여주고자 한 것은 기술이 이미 가격의 장벽을 부수고 나와 우리를 기다리고 있다는 한 가지 사실이었다.

기술, 비즈니스, 산업, 미래에 관한 평론가이기도 한 스티브는 ABC의 고정 패널이다. 그는 생각의 속도를 넘어 발전하는 기술과 기술 융합에 관한 심층적인 평론을 제공한다. BBC, 스미스소니언^{Smithsonian} ^{Institution}, 디스커버리^{Discovery}, 매셔블^{Mashable}, 와이어드^{Wired}에 출연하고 있으며, 자신의 프로젝트에 관한 다큐멘터리를 제작하기도 했다. 그는 이미 만들어진 기계 같은 산업 시스템에 얽매이지 않는 삶을 모두가 공유하기를 바란다. 그리고 기술을 통해 정당하게 누려야 할 삶을 되찾기를 바란다.

스티브 사마티노 닷컴$^{stevesammartino.com}$에서 확인하라.

부를 창조해 승자가 돼라

미래학자이자 벤처사업가인 스티브 사마티노*Steve Sammartino*의 책에는 머리와 가슴에 새겨야 할 내용이 가득하다. 그는 이 책 〈넥스트 위너 *Lessons School Forgot*〉에서 돈을 세 가지로 구분했다. 번 돈, 투자된 돈, 고안된 돈이 그것이다. 번 돈은 누군가에게 고용되어 노동의 대가로 받은 돈이다. 투자된 돈은 가진 돈을 불리기 위해 어딘가에 투자한 돈이다. 마지막 고안된 돈은 창조된 돈이다. 아이디어로 만들어진, 사업으로 창조된 돈이라는 의미다. 이 책은 세 가지 돈에 관한 모든 것을 담았다. 무엇보다 독자는 고안된 돈을 어떻게 창조할지 배울 수 있다.

투자에 관해서도 확실한 해법을 제시한다. 모두 일확천금을 꿈꾸지만, 스티브는 평균을 만드는 투자를 하라고 강조한다. 여기서 평균은 최근 그리고 수백 년 동안 지속해온 성장률의 연평균 10%이다. 연평균 10%의 성장을 지속하면 7.2년이면 투자 원금이 2배가 된다. 21년이 넘어가면 8배가 되고, 대략 42년이 되면 64배가 된다. 1억 원을 투자하면 42년 후에는 64억 원이 되는 것이다. 실제로 투자에 성공한 사람들은 모두 이 방법을 썼다. 우리가 투자에 성공하지 못하는 이유는 어쩌다 찾아온 한 번의 성공을 지속할 수 있다고 생각하기 때문이다. 하지만 그런 일은 없다.

과학기술의 발전과 융합은 지금 진폭을 엄청나게 키우고 있다. 인류가 지금까지 한 번도 경험하지 못한 일들이 압축되어 앞으로 폭풍처럼 수십 년을 지배할 것이다. 한번 생각해보라. 구석기인들은 사냥의 기술을 거의 15만 년 동안 축적해가며 간신히 후대에 글도 아닌 벽화로 남겼다. 이로부터 언어가 발달하고 활자가 탄생하기까지는 또 얼마의 시간이 걸렸는가? 하지만 지금은 어떤가? 모든 사람이 사용하는 연결된 초소형 컴퓨터인 스마트 폰은 이제 막 열 살을 넘겼다.

독자들에게 엄청난 사랑을 받은 책 〈2035 일의 미래로 가라〉에서 말한 대로, 2018년부터는 연결로 인해 일자리가 급속히 사라지기 시작한다. 고속도로 하이패스가 하나씩 정산원을 사라지게 했듯, 이미 대형 할인점과 편의점을 가리지 않고 무인화가 진행되기 시작했다. 2022년이면 사물인터넷이 안 깔린 곳이 없을 정도로 우리를 연결해가며 일을 해체할 것이다. 스티브는 〈포천Fortune〉 500대 기업에서도 사람이 거의 사라진 회사가 등장할 것으로 예측했다.

초연결을 향하는 사물인터넷에 로봇과 인공 지능이 가세해 '돈을 버는 일'의 미래는 더욱 어두워졌다. 로봇이 가득한 자동화된 공장은 반 숙련 노동은 물론, 숙련 노동도 대체해갈 것이다. 작은 인공 지능이 탑 재된 사고 없는 무인자동차는 사는 모습조차 바뀌버릴 것이다. 사고 없 는 차는 자동차 소재, 보험, 대중교통, 주차장에까지 영향을 미치며 혼 란을 가중할 것이다. 이런 시기가 폭풍처럼 밀려오고 있다. 지금 우리 는 무엇을 준비해야 살아남을 수 있을까?

연결이 가져온 변화에 대응할 방법은 없는 것일까? 놀랍게도 스티 브는 연결에서 해답을 찾아야 한다고 말한다. 연결은 우리가 자원을 획 득하고 조직하고 활용하는 방법을 바꿔 놓았다. 연결은 우리가 어디에 있든 모든 자원에 접근할 수 있도록 해준다. 심지어 아이디어를 가진 사람과 고객도 연결해준다. 그러려면 우리가 충분히 학습된 상태여야 한다. 다행인 것은 배울 의지만 있다면 모든 학습이 무료로 가능하다는 사실이다. 외국어 강의에서부터 세계 최고의 대학 강의도 무료다.

이렇게 학습하는 이유는 '고안된 돈'으로 부를 창조하기 위해서이 다. 그러나 기업가가 되어 부를 창조하기 위해서는 학습 이외에도 갖 춰야 할 여러 가지 조건이 있다. 번 돈이 종잣돈이 되도록 저축하고, 그 돈을 연평균 10% 수익을 내는 곳에 투자해야 한다. 돈이 있다고 해도 한 가지 아이디어에 모든 것을 걸면 안 된다. 지금처럼 변화가 거센 환 경에서는 한 우물을 파는 일조차 해서는 안 되는 일이 되었다. 내가 하는 일을 세계 어딘가에서 이미 했을 수도 있기 때문이다. 내가 해냈다고 해도 당장 새로운 기술이 어떤 변화를 만들어낼지 알기 어렵다.

마지막으로 필요한 것은 기업가정신이다. 인류는 끊임없는 개척 정신으로 지구의 모든 곳을 정복해나갔다. 인류는 원래 그런 존재였다. 그 기업가정신이 우리의 몸속에 DNA로 자리 잡고 있다. 다만, 교육과 사회 시스템이 기업가정신을 작동하지 못하도록 통제했을 뿐이다. 이제 그 기업가정신을 깨워 행동으로 바꿔야 한다. 지금 인류는 우리의 행성인 지구조차 벗어나 어딘지도 모르는 곳에, 있는지도 모르는 생명체를 찾아 우주로 나서고 있지 않은가?

스티브는 "이 책에 지금까지 배운 모든 것을 담았다."라고 했다. 나는 이 책을 읽으면서 실제로 그렇다고 생각했다. 돈에 관한 이보다 훌륭한 조언은 그 어디에서도 본 적이 없다. 무엇보다 돈은 시간이다. 기업가는 종업원의 시간을 돈을 주고 사서 생산에, 서비스에 활용한다. 종업원이 가진 시간을 활용해 돈을 버는 것이다. 그렇다면 왜 우리는 돈을 벌어야 할까? 우리에게 남는 시간을 더 나은 곳에 활용하기 위해서이다. 우리의 시간을 더 나은 사회를 만드는 데, 사람들을 사랑하는 데 활용해야 하기 때문이다.

사회의 교육 시스템에서 배울 것은 아주 적다. 그렇다면 자녀들에게는 무엇을 가르쳐야 할까? 우리가 가르쳐야 할 것은 시스템 사고 Systems

*Thinking*이다. 어떤 것의 본질을 이해하고 전체를 보는 능력이 시스템 사고이다. 눈에 보이는 껍데기가 아니라, 그것이 존재하는 이유를 알아내는 능력이다. 이 능력이 있으면, 그리고 호기심을 조금 더 키우면 나머지는 사소한 일이 된다. 시스템 사고는 행동을 부른다. 행동하지 않으면 모든 것은 존재하지 않는 것과 마찬가지다.

　"미래를 걱정할 일이 아니라, 내가 행동하지 않는 것을 걱정해야 한다."

버리고 자립하고 성장하라

　나의 첫 직장, 그러니까 내 일은 공장에서 시작되었다. 누구나 그렇 듯, 나는 꽤 흥분된 상태였다. 생각해보면 인생에서 영원히 잊지 못할 경험을 했던 때가 그때였다. 그리고 그 일이 나를 변화시켰다. 그 이유 는 아마도 틀에 박힌 업무와 절차 그리고 그 결과물 때문이었거나, 폐 쇄된 시스템 내에서 벌어지는 인간의 행동 때문이었을 것이다. 지나고 나서 보니, 그 모든 일이 조금 이상하고, 부자연스럽고, 심지어 비인간 적으로 여겨졌다. 하지만, 일을 시작할 그때는 나도 전혀 의문을 제기 하지 않았다. 너무나 당연한 일로 여겨졌기 때문이다.

　분명히 공장은 인간이 만들어낸 가장 흥미로운 작업장이다. 직접 공 장에 근무하지 않는 사람도 한 번쯤 공장에 가서 공장이 가동되는 모습 을 살펴본 적이 있을 것이다. 어쩌면 누군가는 회사에서 운영하는 공장 에 파견되어, 그곳 공장의 가동 현황을 파악할 기회가 있었을 것이다. 아니라면 산업체 견학에 참여했을 것이다. 자동차나 항공기, 초콜릿 제 조공장은 견학에 선호되는 대상이다. 혹시, 그런 경험이 없는 사람을 위해 공장에서 벌어지는 일을 설명하려고 한다.

공장에서 일하는 대부분 사람은 근무시간에 맞춰 교대근무에 인한다. 사람들은 회사 로고가 새겨진 작업복이나 유니폼을 입고, 3m에 가까운 펜스 안쪽에 설치된 공장 출입구로 쏟아져 들어간다. 나는 출입구를 이렇게 만든 목적이 외부인의 차단인지, 내부 작업자를 가두기 위한 것인지 지금도 궁금하다. 공장은 노란색 선으로 명확하게 표시되어 구역마다 분할된다. 그래야 누구나 가야 할 방향을 쉽게 알아채고 어떻게 도달할지 알 수 있다. 공장 안에서는 경험이 많은 작업자일수록 더 고도의 작업을 수행한다.

오전 8시 50분. 벨이 요란하게 울리면서 교대근무의 시작을 알린다. 10분 후 모든 작업자가 줄지어 작업장 안으로 쏟아져 들어간다. 들어서자마자 우선 인원을 확인한다. 그리고 그날 해야 할 과업을 할당받는다. 경영진은 주, 월, 연 단위의 작업일정을 계획하며, 정해진 기간에 처리해야 할 과업을 사전에 작업자에게 명확하게 제시한다.

나는 익숙해지는 데 상당한 시간이 필요했다. 처음에는 크고 혼잡한 작업실에서 반쯤 고립된 상태로 단독으로 일했다. 모든 작업자는 특정한 과업과 계산 결과를 외워야 했는데, 이유는 성과를 극대화하고 시스템의 전체적인 효율을 가장 우선했기 때문이었다. 교대할 때는 다른 작업자를 도와야 했으며, 사적인 대화는 금지되었다. 쓸데없는 대화는 한 사람이 아니라 두 사람의 일을 지체시키는 원흉이라고 설명했다. 실수로 작업이 중단되거나 도움이 필요할 때는 작업 관리자에게 즉시 알려야 했다. 그러나 실수를 하지 않는 것이 훨씬 중요하다는 사실을 곧 알게 되었다. 왜냐하면, 같은 라인에 속한 모든 사람의 작업이 동시에 중단되었기 때문이다.

작업에 필요한 회사 방침을 지속해서 주지시킬 목적으로 벽에는 '작업방법에 관한 지침', '업무 중심의 목표', '효율성 측정 결과', '필수행동지침' 등을 적은 공지문이 부착되었다. 또한, 회사에서 정한 기준을 뛰어넘는 성과를 낸 스타 근로자의 사진도 전시되었다. 그리고 모든 작업장 정면과 중앙에는 커다란 시계가 걸려있어서 시간을 준수해야 했다. 마감에 맞추어 작업을 완료해야 하는 것은 물론, 휴식하기 전까지 부여된 성과를 달성해야 했다. 대부분 과업이 지루하고 반복적이었지만, 일을 정해진 시간 내에 잘 처리해야 하는 이유를 계속 교육받았다. 사실, 모든 일이 시간과 관계가 있는 것 같았다.

경영진은 대개 작업자의 업무 진도를 관찰하고 평가하는데 유리한 위치에 있었다. 그들이 공장을 순시하면서 어깨너머로 모든 일이 효율적으로 진행되는지 확인할 때, 우리는 그날의 생산 목표에 집중해야 했다. 내가 속한 공장 구역 밖에서 무슨 일이 벌어지는지 알 필요도 없으며, 그저 맡은 일에 집중하고 잘 처리하면 된다고 교육받았다. 이전의 다른 전임자들처럼 기본 역량을 보여주기만 하면 승진할 수 있었고, 그 직위에 오르면 너 많은 것을 요구받는 대신 더 높은 보수를 받았다.

성과에 대한 평가가 기준에 미달하면 승진할 수 없었다. 그래서 기초적인 과업을 더 잘 숙달하고 주입식으로 암기하는 것이 중요했다. 분기별 중간 평가나 연말 실적평가를 시행했고, 회사가 만든 기준에 따라 작업자들의 성과가 결정되었다. 실적평가를 시행한 후에는 개인별로 개선할 사항을 지적받았다. 어떤 영역은 잘하더라도 다른 영역을 잘못하면 좋은 평가를 받기 어려웠다. 경영자는 모든 작업자가 절차를 효과적으로 준수하고 모든 영역에서 우수한 성과를 낼 것을 요구했다.

무엇보다 복종이 중요했다. 더 좋은 방법을 제안하거나, 작업 프로세스에 의문을 제기하면 관리자라는 사람들은 눈살을 찌푸렸다. 업무에 최선을 다해서가 아니라, 처신에 최선을 다한 덕에 작업자가 가장 높은 보상을 받는 일이 허다했는데 그 점이 가장 짜증스러웠다. 때로는 규칙을 따르고 유니폼을 제대로 착용하는 것이 실제 작업보다 중요하다고 여겨졌으며, 관리자는 사람마다 개인적인 편견이 있었다.

솔직하게 말해서 나는 그 일을 별로 좋아하지 않았다. 출근 첫날부터 자유와 인간성의 결핍을 알아차렸지만, 어쨌든 그로부터 13년 동안이나 직장에 매달렸다. 당신은 내가 그토록 직장에 매달린 이유가 궁금하지 않은가? 불행하게도 이유는 당신과 같다. 그저 선택의 여지가 별로 없었다고 말할 수밖에 없다. 나는 실제로 5살 때부터 이 시스템에 길들기 시작했는데, 나의 첫 고용주는 공립학교라는 시스템이었다.

이 공립학교라는 시스템에서 제시되는 모든 과업과 목표는 무척이나 명확했다. 하지만, 많은 시간이 흐르면서 내가 깨닫게 된 중요한 사실이 하나 있다. 그것은 나 스스로 만들고 있던 제품이 바로 나 자신이라는 사실이었다. 나는 시장에서 팔 수 있는 무언가로 가공되는 원료였다. 학교라는 공장은 나를 산업 경제에서 성공적인 참여자가 되도록 가르쳤다. 나는 생산 요소를 소유하고 관리하는 기업가들에게 팔려갈 준비를 했다. 그들은 결국 스티브 사마티노라는 '인적 자원'의 소유주가 되었다. 아마 그들 중 누군가는 당신도 소유했을 텐데, 지금도 여전히 당신을 소유하고 있지는 않은가?

이 책과 함께 우리는 이런 놀라운 시스템으로부터 독립하기 위한 여정을 시작할 것이다. 나는 우리 중 많은 사람이 속임수에 넘어가 무언가를 잃어버렸다고 생각한다. 이 책은 당신을 원료로 만든 이 황당한 시스템을 탐구할 것이고, 당신이 그 시스템에서 기계처럼 움직이는 고착된 사고방식을 버리고 잃어버린 자립의 기술을 다시 배우도록 도울 것이다.

이제 당신은 자신만의 시스템을 설계할 수 있게 해줄 멋진 도구와 새로운 규칙을 배우게 될 것이다. 또한, 이는 당신을 영원히 성장할 수 없게 만든 시스템으로부터 독립하게 할 것이나. 당신이 설계한, 당신을 위한 시스템이 만들어지는 것이다. 이제 당신은 당신의 아이디어와 손으로 새롭게 만들어가는 놀라운 시스템을 사랑하게 될 것이다.

How to Hack
Your Way
Through the
Technology
Revolution

제 I 부

혁명

최근 과학기술 혁명에 관한 정보가 홍수를 이룬다. 특히, 그중에서 파괴적 기술은 경영의 핵심으로 부상했다. 파괴적 기술이 경제, 산업, 기업에 미치는 영향은 여러 분야에서 잘 분석되어 있다. 따라서 이런 파괴적 기술에 직면했을 때, 기업에 미치는 영향보다는 어떻게 대응해야 하는지에 관한 통찰력을 확보하는 것이 훨씬 중요하다. 명확하지 않은 점은 '시한이 다해가는 기술을 보유한 개인이 그런 변화에 어떻게 대응할 수 있는가'이다. 경제, 산업, 기업이 앞으로 직면할 변화로 인해 자신의 잠재적 변화 가능성을 걱정한다면, 조직을 걱정하기보다 자신을 먼저 걱정하는 것이 옳다.

나는 이 책이 당신의 경제적 생존에 절대적이며, 영원한 미래를 보장하는 선언문이 되기를 바란다. 여기에 소개하는 도구와 아이디어는 이를 실현해낼 새로운 기술혁신 도구가 되어 해묵은 경제관과 낡은 사상을 박살 낼 것이다. 당신과 이 작업을 수행하기 위해서 나는 혁명Revolution, 수익Revenue, 재창조Reinvention라는 주제를 만들고 맥락, 구조, 전략을 제시하는 부분을 두었다.

제 I 부 '혁명'에서는 어떻게 우리가 여기까지 왔는지, 왜 대부분이 자기 행동과 그런 행동방식만을 고집하는지, 왜 그렇게 많은 사람이 재정과 경력의 문제로 어려움을 겪고 있는지 알아본다. 이런 배경을 이해하게 되면, 왜 우리가 자신의 이익에 반할 상황에서도 특정 사고방식만을 고집하도록 굳어졌는지 알게 된다. 우리가 벗어나야 할 낡은 사고방식을 이해한 후에는, 사고를 완전히 재구성하고 자기 혁신에 도움이 되는 새로운 방향을 제시할 것이다.

결과적으로 우리는 문제가 무엇인지 말할 수 있고, 문제인 그 시스템을 파괴할 수 있으며, 스스로 변할 수 있다고 깨닫는 순간에 이르게 된다. 그때는 무엇이 불가능하고 무엇이 가능한지를 스스로 알게 된다. 또한, 학교라는 전통적인 교육기관과 산업 경제 모델의 연결 고리가 얼마나 무서운지 깨닫게 된다.

마지막으로 그 시스템을 위해 개발되고 주입된 사고방식이 왜 자꾸 선택의 어려움을 초래하는지 이해할 필요가 있다. 그 이유를 알면 우리를 전염시킨 시스템에서 깨끗이 정화되고, 어깨 위의 무거운 짐을 내려놓고, 혼란이나 두려움 없이 새로운 혁명으로 나아가도록 동기부여 된다. 새로운 영역을 개척하기 위해서는 이런 과정이 필수적이다.

우리가 지금부터 마주해야 하는 이 혁명은 돈이 움직이는 방식은 물론, 우리가 알던 가치조차 재설계하고 있다. 이런 배경에는 기술의 폭발적인 발전이 있다. 우리가 배워야 할 것이 이것이다. 그러나 놀랍게도 새 시대의 가장 강력한 기술은 순수하게 기술적인 것이 아니라, 인간적이고 창조적인 기술이다. 그래서 노력하면 누구나 배울 수 있다. 이 혁명은 동참하기를 원하는 모든 사람의 것이다. 당신이 학교에서 배운 거꾸로 된 사고방식을 버리고 창의력 넘치는 기업가로 다시 태어나라.

첫 번째 장에서는 우리가 모두 경제적 어려움을 겪고 있다고 말하는 어설픈 신화에 관해 설명할 것이다. 부분적으로는 확실히 맞는 말이지만 실제로는 선택사항이며, 당신이 꼭 그렇게 경제적 어려움을 겪을 필요도 없다. 경제적 어려움은 주어진 기회를 알지 못했거나 활용하지 못했기 때문에 개인적으로 겪는 정체의 결과이며, 동시에 적은 비용으로 누구나 극복할 수 있는 일이다.

우리가 모두 참여할 수 있는 이런 혁명이 가능해진 이유는 도대체 무엇일까? 그것은 지식을 통한 인류 역사상 유례없는 번영 때문이다. 이러한 번영은 변화를 인식하고 이를 활용하려는 사람들에게 엄청난 시간을 준다. 이제 곧 이 혁명이 실제로 당신을 염두에 두고 설계되었다는 사실을 알게 될 것이다. 하지만 생각하고 행동하고 그것을 만들어가야 하는 당사자가 당신이라는 사실을 반드시 기억해야 한다.

1장

실패한 학교에서
배워라

·
·
·
·
·
·
●

준비되었는가?

준비되었든 안 되었든, 출발하자.

우리는 지금 과학기술 혁명의 중심에 서 있다. 우리가 사는 이 세계가 인류 역사에서 경험한 적이 없는 속도로 변화하고 있다는 사실은 의심의 여지가 없다. 이에 관해서는 더는 논쟁의 여지도 없으며, 거론할 대상조차 되지 못한다. 명백한 사실이다. 우리는 우리 삶의 한가운데에서 이런 상황을 계속 목격했다. 십 년 전만 해도 상상조차 할 수 없던 혁신이 지금은 대단한 일도 아니고, 가격조차 저렴하며, 그것 없이는 살 수 없다고 여기는 일상이 되었다.

하지만 아직 시작에 불과하다. 이런 일이 본격적으로 시작된 것은 겨우 20년밖에 지나지 않았다. 자동차가 등장한 것이 언제인지 생각해보라. 자동차는 산업혁명이 시작된 후 150년이 지나서야 등장했다는 사실을 기억하자. 이러한 혁명적 기술 변화는 사회 경제적 수준에서 우리 모두에게 영향을 미치고 삶의 본질을 변화시킨다. 물론 우리가 소득을 얻는 방법도 포함된다. 여기에 예외는 없다. 모든 산업, 모든 비즈니스, 모든 직업에 놀라운 변화가 가파르게 유입되고 있다. 이유는, 원하기만 하면 어떤 핵심 기술이라도 순식간에 공유할 수 있기 때문이다.

이 혁명은 참여하기를 원하는 모든 사람에게 열려 있다. 그러나 한 가지 먼저 해결하고 가야 할 것이 있다. 그것은 학교에 관한 우리의 고정관념이다. 학교는 교육이라는 훌륭한 의도로 탄생했는데도, 이제는 우리에게 아무것도 제공하지 못하는 불구가 되었다. 이제 우리는 혁명기에 아무것도 제공하지 못하는 학교를 잊어야 한다. 그리고 선천적으로 가슴에 내재한 기업가정신을 재부팅 해야 한다.

STEM에서 ESTEEM으로

산업혁명이 낳은 산물인 학교는 과거의 생존 기술을 가르쳤다. 교육자와 정부는 STEM*Science, Technology, Engineering, Mathematics* 과목에 초점을 맞춤으로써 미래의 졸업생들이 기술 발전에 대비할 수 있도록 나름대로 잘 움직였다. 문제는 이제 STEM으로는 충분하지 않다는 사실이다. 물론, 문제만 강조해봐야 별 도움이 되지 않는다. 그 이유는 우리가 배운 역사적 교훈조차 각각 다르게 해석하기 때문이다.

우리가 해야 할 일은 STEM에 '경제학*Economics*'과 '기업가정신*Entrepreneurship*'을 장착하는 것이다. STEM에 두 개의 'E'를 추가해 STEM이 아닌 ESTEEM을 복원해야 한다. 빠진 두 개의 'E'를 추가하면 사람들에게 누군가를 존경할 기회가 복원된다. 탐험가가 스스로 새로운 길을 개척해 보여주듯, 우리는 서로에게 더 인간적이고 모험적인 삶을 살 기회를 제공하게 된다. 그리고 그런 이들이 존경받는 세상이 된다. 상실했던 기업가정신과 자립의 기술을 공유할 때, 어린 시절 우리가 품었던 자립의 불꽃이 밝게 다시 점화되어 다른 사람을 안내하는 등대가 된다.

ESTEEM은 우리에게 서로가 필요하다는 사실을 깨닫게 한다. ESTEEM은 새로운 가치 창출을 통해 기술적인 방법으로는 보이지 않던 새로운 STEM을 보도록 해준다. 우리는 여전히 탐험 정신도 없이, 심지어 경제적 의미에서조차 동굴 속에서 헤매며 살고 있다. 그래서 다른 어떤 시도보다 ESTEEM은 더 크고 많은 가치를 창출한다.

ESTEEM 중심의 경제를 구축한다는 말은 개인의 다양한 관점과 선천적 능력이 융합하는 것을 의미한다. 기술 해커, 디자인 힙스터*Design Hipster*, 세일즈 허슬러*Sales Hustler*가 모이면 함께 멋진 일을 해낼 수 있다. 빠진 'E'를 둘 추가하면, 자신에게 기회가 있다고 믿는 모든 사람이 독립된 미래를 창조하는 일에 도전할 수 있게 된다. 보장된 미래를 원한다면 당신이 아이든 어른이든 모두에게 ESTEEM이 필요하다.

과학과 수학은 사회 전반에서 매우 오랫동안 무시되었다. 유명 인사와 스포츠 스타의 업적은 찬양하지만, 학자들의 업적은 크게 주목받지 못했다. 두 가지 'E'가 빠진 결과다. 얼마나 많은 스포츠 스타가 올해의 선수로 지명되었는지 기억할 수조차 없다. 하지만, 정말로 이것은 '로마의 몰락'과 같은 것이다. 하지만 이 조류가 바뀌고 있다.

이제는 때가 되었다. 기술의 최종 사용자로서, 개인들이 과학과 기술의 경제적 효용 가치를 인식하기 시작했다. 암호를 만들고, 해킹하고, 로봇을 실험하는 방법을 배우는 아이들도 늘고 있다. 흥미진진한 변화다. 그러나 경제학과 기업가정신을 가르치지 않고 기술에만 마음을 둔다면, 여전히 남이 만든 게임에 참여하는 방법을 가르치는 것이다. 우리는 태어날 때부터 게임 참여자 이상의 가치가 있다.

우리는 배운 것을 활용해 소득으로 전환하고 시장에 참가하여 멋진 직업을 얻을 뿐만 아니라, 다른 사람을 위한 일자리도 창출할 수 있어야 한다. 더 바람직한 일은 아직 존재하지 않는 새로운 산업을 창출하는 일이다. 또한, 현존하는 기술의 적용 대상을 새롭게 확장하는 일이다. 고객과 시장의 관점에서 활용할 수 없는 기술은 발명이 아니라 발견에 불과하기 때문이다.

행동할 마지막 기회

우리가 모두 파티에 늦었다고 생각하고 시작하자. 실제로 그렇다. 우리는 이 모든 일을 조금 더 일찍 시작했어야 옳다. 실제로 더 많은 것을 알고 우리보다 먼저 시작한 사람이 항상 주변에 있다. 그래서 지금이 시작하기에 늦긴 했지만, 차선의 시간이라는 점을 확실하게 인정하자. 다시는 기회가 오지 않을 수도 있다는 말이다.

무엇보다 먼저 해야 할 일은 우리의 머릿속 사고방식을 전부 버리는 것이다. 자신을 쇄신하기 위해, 재창조하기 위해 학창시절 이후 줄곧 간직해온 쓸모없는 파일을 마음속 하드 드라이브에서 모두 삭제해야 한다. 그중 일부 파일은 너무 크고 무거워서 우리의 활동을 둔화시킨다. 정해진 직선 경로를 따르도록 만든 훈련은 이제 쓸모없다는 것을 기억해야 한다. 지식을 간단하게 혁신하고, 위험을 재구성하고, 그 위에 새로운 경로를 구축하자.

우리가 배우고 들어온 것으로부터 생각에 자유를 주면, 지금부터는 비교적 빨리 배울 수 있다. 저렴한 비용으로, 투자한 시간에 비해 높은 수익도 올릴 수 있다. 자신을 혁신하려고 시도하는 사람은 최소한 높은 감정적 수익을 기대할 수 있다. 때로는 '행동'이 곧 '소유'라는 사실을 알게 되며, 과거보다 더 많은 행동이 자신을 성장시킨다는 사실을 알게 되며, 도전할 용기를 가졌다는 데서도 자부심을 느끼게 될 것이다.

자신에게 투자할 때는 이상한 일이 일어난다. 대단한 자부심을 얻게 되며, 배운 지식으로 경제력이 향상되며, 다른 사람들은 당신을 열심히 노력하는 사람으로 이해한다. 이것은 무엇이든 잘 준비했을 때 느끼는 것과 유사한 감정이다. 가끔은 결과에 행복해지기도 하지만, 결과가 그렇게 중요하게 느껴지지도 않는다.

우리는 이미 세상을 사는 데 필요한 적지 않은 기술을 습득했다. 그리고 읽을 수 있으면 행동으로 옮겨 실행할 수 있다. 지금까지의 내 말을 정리하면 이런 뜻이 된다. "이 혁명은 기술과 사람을 연결하며, 우리는 모두 서로를 필요로 한다. 만약 당신이 내면 깊숙이 감추어버린 작은 위험에 대한 흥미와 다섯 살에 가졌던 호기심 어린 눈과 행동할 작은 용기를 끄집어낸다면 어떻게 될까? 그러면 당신은 세계 곳곳의 사람들과 연결을 통해 만들어지는 기회를 포착할 수 있다. 이것은 우리 세대 이전에는 아무도 가질 수 없던 기회이다."

누구를 위한 학교인가

우리가 어떤 것을 잊을 때는 그에 관해 한번 생각해볼 필요도 있다. 어떤 경우는 행동방식을 통해 그렇게 생각했던 이유를 판단할 수 있다. 우리를 만들어준 시스템, 그러니까 학교는 이에 관해 생각해보기 좋은 사례다. 학교에 관해 알아야 할 첫 번째는 다음과 같은 것이다. "학교는 당신을 위해 설계되지 않았다."

'그들'은 자신들을 위해서 학교를 설계했다. 당신은 '그들'이 누구인지 궁금해졌을 것이다. 적어도 선진국에서는 생산 요소를 소유하고 관리하는 정부와 산업, 비즈니스 리더가 '그들'이다. 우리가 알고 있는 학교는 급속히 산업화하는 세계에 잘 적응할 유능하고 규정을 준수하는 '작업자'를 만들기 위해 설계되었다.

산업혁명 이전에는, 특히 농업이나 공예와 관련된 일을 하던 사람들은 부모님이 했던 일을 하고 있었을 가능성이 매우 컸다. 그들은 가족의 전통을 따라야 했고, 필요한 기술은 대개 부모나 가까운 친척에게서 배웠다. 어떤 사람은 가족 사업체에서 일하기도 했는데, 대부분은 가족을 부양하기 위한 음식이나 의복, 주거의 공급에 일차적인 초점을 두고 근근이 살아갔다. 이들 근로계급에는 돈에서는 거의 잉여가 없었지만, 상당한 자유가 주어졌다.

변화가 고통스러운 이유

변화에 대처하는 일이 왜 그렇게 어려운지 궁금할 텐데, 그 이유는 두 가지다. 하나는 우리가 안정을 추구하도록 프로그래밍 되었고, 다른 하나는 무지의 시대 이후부터는 만들어진 시스템을 추종하도록 주입됐기 때문이다. 아주 어린 나이에 이해하는 능력이 생기는 순간, 우리는 기업이나 정부의 알고리즘에서 만들어진 지시를 기다리는 작은 산업용 로봇처럼 만들어진다.

그래서 변화는 불편하다. 하지만, 변화가 불편한 것이 우리 잘못은 아니다. 세계 대전과 대공황에도 불구하고 200년이 훨씬 넘는 산업 시대는 오랫동안 체계적이고 안정적이며, 탁월한 물질적 번영을 지속해 왔다. 여러 세대 동안 더 큰 번영의 삶을 살기 위한 공식이 만들어졌고, 인간 로봇에게 주입되었고, 위대한 약속을 배경으로 산업혁명이 계속 확장하며 성취되었다.

전 세계에서 사랑받은 나의 첫 번째 저서 〈위대한 해체*The Great Fragmentation*, 인사이트앤뷰〉에서도 언급했듯이, 지금의 우리는 산업혁명 이전의 왕족보다도 더 잘살고 있다. 그래서 이런 편안함을 뒤엎으려고 위협하는 것은 두려운 일이다. 우리가 변화의 가능성을 맞았을 때 초조해지는 이유는 제대로 변화를 만들어본 적도 없을 뿐만 아니라, 시스템을 만들고 유지하는 사람들에게 순종하도록 평생토록 주입되었기 때문이다.

경제적으로도 우리는 과잉보호 상태에 계속 노출되어서, 만들어진 시스템에 영원히 봉사하도록 설계된 것이 인간이라고 믿게 되었다. 하지만, 이제는 그런 생각이 틀렸다는 것이 분명해졌다. 우선 시스템이 극적으로 변화하고 있다. 이를 인식했다면 이제 우리는 주변을 둘러싼 모든 것을 변경해야 한다. 우리에게는 다음과 같은 두 가지 선택이 남았다.

하나, 시스템이 다시 내게 맞춰 복구될 때까지 기다린다.

둘, 내가 누구인지 재발견하고, 삶을 재설계하고, 그 과정에서 시스템을 재구성하는 일을 한다.

우리는 지금까지 경제에서 외래 환자 취급을 받아왔다. 그저 우리가 열심히 일하기만 하면 정부나 신뢰할 수 있는 기관이 모든 사회 경제적 요구에 따른 기회를 제공해 줄 것으로 믿었다. 그리고 그들의 조치를 기다렸다. 우리가 이런 식으로 생각하는 것은 전혀 놀라운 일이 아니다. 그들이 직업과 안전을 계속 제공할 것으로 믿으라고 우리에게 주입했기 때문이다. 하지만, 그들은 그렇게 하지 않을 것이다. 단순하게 경영진의 성과보수 체계를 들여다보기만 해도 왜 그렇게 될 수 없는지, 왜 그런 일이 일어나지 않는지 쉽게 알 수 있다.

성과보수는 행동의 어머니

사람들의 행동을 성과보수보다 명확하게 지시하는 것은 세상에 없다. 오늘날 '시장'과 거의 같은 의미로 취급하는 우리의 경제적 삶은 실제적으로는 '단기적인 이해관계의 집적'에 불과하다. 정부와 기업의 리더는 자신들이 내리는 중요한 결정의 영향력에 관해 심도 있게 검토하지 않는다. 〈포천Fortune〉 500대 기업 CEO의 평균 재임 기간은 4.9년이다. 하지만, 평균 연봉은 1,380만 달러로 근로자 평균 임금의 204배이다.

리더는 '회사'가 아니라 자기 '지위'를 유지하는 쪽으로 결정을 내리게 된다. 그들이 회사 주식을 보유하고 있다 해도 이 또한 자신의 이익을 위한 것이다. 그래서 자신의 재임 기간 양호한 대차대조표를 유지하는 데만 집중하게 된다. 그래서 그들은 단기간의 유지 관리만을 선호하며, 재정적인 고통을 수반하는 장기적인 변화는 회피한다.

그 결과는 어떻게 될까? 나중에 회사 사정이 악화해도 자신들은 수백만 달러의 퇴직금을 받은 후, 어딘가 멋진 곳에 있는 야자나무 아래에 누워 있을 것이기 때문에 회사가 어떻게 되든 상관하지 않는다. 멋지지 않은가! 그 후에는 더 높은 보수를 받기로 한 또 다른 CEO가 행복한 표정으로 엉망진창이 된 회사를 처리하느라 애쓴다.

정치인은 어떨까? 당신이 짐작하듯 정치인 대부분도 그런 식으로 일한다. 그들은 자기 일자리를 유지하고 지지율을 높이기 위해 사양 산업에 정부 자금을 투입한다. 개발도상국의 저비용 노동자들이 제조업에 대거 진출하면서 다른 선진국과 마찬가지로 호주도 커다란 변혁을 겪었다. 그중 하나가 자동차산업이다. 우리가 알듯 2017년에 호주의 자동차산업은 완전히 정리되었다.

이는 당연한 결과였다. 호주는 고임금에, 다른 나라에 비해 인구가 적으며, 주요 교역 상대국으로부터 지리적으로 멀다. 무역 장벽과 관세가 줄어드는, 급속히 세계화하는 자동차산업에서 호주는 경쟁할 수 없는 구조였다. 그러나 지방 정부가 한 일이 하나 있다. 그것은 보조금을 지급하며 산업을 유지하는 일이었다. 호주에 진출한 부유한 다국적 기업의 체면을 지켜주기 위해 자금을 지원하는 일 말이다.

2013년까지 호주는 자동차산업에 연간 5억5,000만 달러의 보조금을 지원했다. 제너럴모터스GM의 100% 자회사인 홀덴Holden은 시가 총액이 505억 달러이지만, 보조금으로 직원 당 50,000달러를 매년 정부로부터 지원받았다. 세금으로 투자된 자금이 매몰 비용이 되어버렸다는 의미다. 제대로 투자했다면 국가의 미래를 보장하는 새로운 산업이 지속해서 창출되고 경제를 키웠을 것이다.

시스템에서 독립하라

나는 교육 시스템이 빠르게 변화하지도 않겠지만, 할 수도 없다고 생각한다. 그래서 독자들이 이미 정규교육을 마쳤으리라는 가정에서 출발해 현재의 시스템으로부터 독립하는 방법을 말하려고 한다. 우리가 배워야 하는 첫 번째 중요한 교훈은 이것이다. "정규교육을 통해 우리가 배운 것보다 사회적 혹은 경제적 가치가 더 큰 교훈을 한 곳에 모아야 한다."

이 책에서 다루고자 하는 것은 현대 교육이 무엇을 할 수 있다거나, 어떤 것이어야 한다는 그런 문제가 아니다. 나는 삶에 개입하는 여러 시스템의 실패에도 불구하고 우리가 인생에서 원하는 것을 얻는 방법을 말하려고 한다. 그래서 이 책은 미래를 만들어가는 데 필요한 일련의 도구를 당신에게 제공할 것이다. 나도 그 도구들을 발견했을 때 깜짝 놀랐고, 왜 학교에서 이것을 가르치지 않았는지 정말 궁금했었다.

당신이 이 책을 통해 자신만의 인생을 설계하고, 새로운 경제 체제를 이해하고, 배운 도구를 활용해 인생을 만들어가는 방법을 실행하길 바란다. 그렇게 해서 자기가 택한 방식으로 자신만의 삶을 형성하기를 희망한다. 이 책을 다 읽게 되면 당신이 사는 시스템, 그 시스템이 당신을 형성한 방식, 그 과정에서 굳어진 나쁜 잔재를 없애는 방법을 확실하게 이해할 수 있을 것이다. 또한, 당신과 당신이 영향력을 미치는 회사의 미래를 만들어내는 방법과 돈에 관한 몇 가지 중요한 원리를 이해하게 될 것이다. 이 책을 이해하면, 우리가 진입하고 있는 과학기술 융합의 시대를 삶에 활용할 수 있는 단계로 이동하게 될 것이다.

앞서 설명한 역사적 교훈 몇 가지는 아주 중요하다. 이것은 우리가 세상에 뛰어들어 살아갈 때 '경제와 생활이라는 숙제에서 계속 발생하는 질문에 왜 답하지 못했는지' 이해하는 힌트이기 때문이다. 학교의 기본 설계 원리를 파악하면, 학교에서 배우지 못했던 교훈들이 무엇인지 알 수 있다. 행복한 삶에 필요한 요소들, 스스로 깨우쳐 배우는 방법과 같은 삶에 가장 소중한 것들을 하나도 배우지 못한 이유가 분명해진다.

한때는 성공으로 이끌던 방법이 더는 쓸모없다는 사실을 알게 되었을 때, 그때가 살면서 알고 있던 경제나 기술의 실체에 관해 의문을 제기할 때다. 이제부터는 달려야 한다. 그러니 안전띠를 단단히 매라. 당신이 배운 산업의 시대는 끝났다. 이제 우리는 그들의 방식이 아닌 우리 방식으로 우리의 미래를 쇄신해야 한다. 무엇보다 좋은 소식은 우리가 할 수 있는 한계에 관한 우리 생각을 스스로 바꿀 수 있다는 사실이다.

2장

학습을
혁신하라

산업 경제는 발전 과정에서 다양한 선형적인 성과보수와 기대치를 도입했다. 그 내용은 다음과 같다.

"학교에 다녀라. 열심히 공부하라. 자격을 갖춰라. 안정된 회사의 좋은 일자리를 구하라. 그리고 행복한 삶을 살아라."

이것은 우리 부모님이 내게 전해 준 대사이다. 당신도 이런 말을 수도 없이 들었을 것이다. 물론 타당한 이유에서 그런 말씀을 하셨다. 이 대사는 20세기의 재정적 성공을 위한 공식이었다. 그러나 이 말의 의미를 정확하게 이해하기 위해서는 행간을 읽어내야 한다. 행간을 이해하면, 중간 부분의 대사가 예고 없이 변경되었음을 알 수 있다. 특히 마지막 두 요소가 그렇다.

안정된 회사의 좋은 일자리를 구하라

이 말은 당신이 대기업의 그늘 밑으로 들어가야 '더 크게 발전할 수 있다'라는 말이고, '더 좋은 근로 조건에서 더 오랫동안 더 많은 돈을 벌 수 있는 더 좋은 기회를 얻을 수 있다'라는 생각을 함축적으로 표현한 것이다. 대기업은 중소기업보다 시장에서 더 많은 권력을 쥐고 중소기업보다 임금을 더 지급한다. 또한, 내부에서 일하는 사람들에게는 대기업 직원이라는 개인적인 브랜딩 혜택이 주어져 대기업은 시장에서 존경받았다. 대기업에서의 경험은 대단한 경력이 되고, 높은 임금은 부모보다 더 잘살 수 있는 배경이 되어 주었다. 하지만, 잊지 말라. 그들이 필요하다는 그 자격이 없으면 대기업은 당신을 뽑지 않을 것이다. 여기서 자격은 능력이다.

행복한 삶을 살아라

좋은 직업이 돈을 잘 벌게 했고, 실제로 20세기에 돈은 행복으로 가는 길이었다. 이 말의 맥락은 조금 더 깊이 살펴봐야 한다. 우리는 부모님과 그분들의 부모님이 등장했던 세상을 기억해야 한다. 그들은 우리가 누리는 물질적인 안락에 근접하지 못했다. 장난감과 엔터테인먼트에 관해서가 아니라 세면용품, 찬장, 식료품 저장고와 냉장고, 히터와 개인 교통수단과 같은 오늘날 우리가 당연하게 여기는 가정용품을 생각해보자.

이를 생각하려면 우리보다 이전 세대들이 감당했던 투쟁과 고난의 삶까지 깊이 있게 거슬러 고찰해야 한다. 그 세대들은 극히 기본적인 필수품조차 부족해 전쟁에서 이기지 않는다면 경제적 불황의 시기를 거쳐야 했다. 그래서 돈은 행복의 대용물이 될 수밖에 없었다. 돈이 충분하다면 필요한 물건을 살 수 있고, 필요한 물건을 가지면 어떻게 행복하지 않겠는가? 그래서 돈은 인생에서 성공의 척도가 되었다. 그러나 희소성의 시대가 급속하게 저물자, 현명한 사람들은 돈이 결코 행복을 보장하지 않는다는 사실을 서서히 깨닫기 시작했다. 하지만, 아직도 여전히 많은 사람이 돈이 행복을 보장한다고 믿는다.

"행복은 돈에서 비롯된다. 돈은 좋은 일자리에서 나온다. 좋은 일자리는 좋은 학교 교육에서 나온다. 좋은 학교 교육은 학교에서 잘하는 것이다. 학교에서 잘하려면 규칙을 따라야 한다."

가정과 학교에서 우리를 가르친 사람들에게 형성된 문화적 환경을 한번 들여다보면, 그들이 왜 그렇게 생각하게 되었고 그런 말로 우리를 격려했는지 이해할 수 있다. 물론 그들은 우리가 잘되는 최선의 이익을 생각하고 있었다. 그러나 그들이 말하는 인생 공식이 당신의 성격, 스타일, 사고방식에 어울리지 않는다면 어떤가? 당신은 그 시스템에서 추방당할 것이고, 사회로 진출해 돈 싸움을 시작하기도 전에 자신감이 산산이 조각날 것이다.

사회는 구성원들이 의식하지 못하는 사이에 계층 구조 속에 배열했다. 당신이 학교 교육을 더 많이 받을수록 계층사다리에서 당신이 서 있는 위치가 높아진다. 당신의 잠재력과 당신에 대한 기대치는 어떻게 달라질까? 그것은 사회생활을 시작하기 이전의 시스템에서 당신이 얼마나 많이 성취했는지에 따라 달라진다. 물론, 항상 예외는 있다. 하지만, 우리 대부분은 사회생활을 시작하기 전의 계층 구조에서 어떤 위치에 있었는지에 따라 자리가 결정되었다.

하지만, 학교 교육은 우리의 능력을 제한적으로 측정할 수밖에 없다. 시스템이 알아낼 수 없는, 믿을 수 없을 만큼 가치 있는 능력과 기술을 우리가 가졌을 수도 있다. 시스템은 그런 것들을 중요하게 여기지 않았다. 고려된 것은 오로지 정규 시스템에서 우리가 어떤 성적을 거두었는지가 전부다.

우리는 선택받기 위해서 학교 교육에서 내세우는 사고방식과 측정 방법에 순응해야 했다. 시험이라는 프레임 밖에서 우리가 가진 능력을 보여줄 기회는 거의 주어지지 않았다. 그래서 우리가 얼마나 훌륭한지, 우리가 정말로 무엇을 할 수 있는지 시스템이 발견하지 못했을 수도 있다.

기회가 사라지는 줄서기 교육

당신은 내가 학교 교육에 반대한다고 생각할 가능성이 있다. 하지만 그 생각은 틀렸다. 교육은 의심할 바 없이 내 인생에서 활용해온 모든 가능성의 원천이다. 아마 당신도 마찬가지일 것이다. 하지만 학교는 지나치게 목표 지향적이다. 우리가 중학교나 고등학교에 입학하면, 우리의 선택은 점점 더 좁은 범위로 집중된다. 중학교 2~3학년이 되면 이미 자신이 선택한 분야로 '진로 결정'이 시작된다. 금요일 밤에 자기가 하고 싶은 일도 제대로 결정하지 못하는 나이에 인생에 관한 결정을 내려야 한다.

이 시기에 특정 과목에서 성취가 저조하면, 그와 연관된 진로에서 성취할 기회마저 박탈당하게 된다. 지금은 조금 덜 하지만, 음악이나 미술처럼 좌뇌 논리 사회에서 가치가 떨어지는 특정 과목을 좋아하면, 그것을 추구하지 말도록 요구당한다. 중학교 때 수학에 실패하면 고등학교 수학에서 성취하기 어려우며, 고등학교 수학에서 높은 성취를 이루지 못하면 좋은 대학에 진학할 수 없다. 고등학교 2학년에 진로를 바꾸려고 생각하면 특정 과목의 학습 시기를 놓쳐 삶의 흐름 자체가 깨진다.

따라서 비교적 어린 시기, 법적으로도 이성적인 나이에 훨씬 못 미쳤을 때 과학, 예술, 인문학을 선택해야 한다. 우리는 이제 더는 배우는 법을 배우지 않는다. 오히려 특정 주제 영역에서 테스트를 통과하는 방법만을 배우고 있다. 우리는 구체적인 정보를 암기하고, 이것을 통해서만 더 높은 수준의 주제에 계속 집중할 수 있는 자격을 받는다. 궁극적인 목표는 최종 관문을 통과하여 공식 자격을 얻는 것이다.

당신이 회계사나 엔지니어처럼 전통적인 산업 시대의 직업을 갖고 싶다고 하자. 중학교 3학년이 되면 이 직업을 준비할 특정 기초과목들을 수강하기 시작할 것이다. 고등학교에서는 대학이 원하는 필수 과목을 수강하지 않으면 진학할 수 없다. 그리고 대학 학위가 없으면 잠재적 고용주는 당신을 채용하려고 하지 않는다. 또한, 그들이 원하지 않은 영역에서 자격을 얻었더라도 똑같이 좌절하게 된다.

우리가 과목을 선택하는 데에도 그 이면에는 사회적 판단의 가중치가 깔려있다. 우리 선생님과 동료들이 지적 위계 상에서 우리를 어디에 배치할지 피악히는 데는 많은 시간이 필요치 않다. 잠재력이 가장 뛰어난, 가장 똑똑한 사람은 좌뇌 논리 사회에서 가장 가치 있는 과목인 수학과 과학에 능한 사람이다. 위계 구조상 바로 한 단계 아래에는 금융, 경제, 문학 등 존경받는 인문학에 밝은 사람이 있고, 당연히 위계 구조의 바닥에는 예술과 같은 과목에 뛰어난 사람이 자리한다.

예술과 같은 과목에 뛰어난 사람은 대개 낙제생으로 여겨지며, 그나마 자기 재능을 활용하여 삶과 경력을 유지하면 다행이다. 예술가 대부분에게 경력은 경제적 가치가 거의 없고, 기껏해야 나머지 사람들에게는 여가를 즐기는 부수적인 활동일 뿐이라고 아이들은 거짓 설득을 당한다. 하지만 애플과 나이키와 같은 회사가 제품의 예술적 디자인을 바탕으로 상품 중심의 경쟁에서 어떻게 성공했는지를 생각해보면 아이러니하다. 어쨌든, 왜 제한된 과거의 경제적 잠재력만을 근거로 개개인에게 주어진 재능과 열정을 경시해야 하는가? 이런 경제적 제한이 급격히 뒤바뀌고 있다는 사실에 주목하라.

우리는 학교 교육의 기초형성 시기에 학습의 기본부터 배운다. 그러니까 자기 두뇌와 신체가 할 수 있는 것을 배운다. 매우 신중하고 반복된 연습을 통해 우리는 읽기, 쓰기 그리고 수학과 씨름하는 능력을 키운다. 우리는 사물을 예술과 놀이, 창의력과 혼합한다. 물건을 만들고 자기 몸을 도구로 사용하기도 한다. 또한, 폭넓은 학습 경험의 하나로 스포츠와 신체 활동을 탐구한다. 우리는 다른 사람과 놀고 협력하며, 함께 일하는 것이 자신에게 미치는 영향을 배운다.

초등학교가 끝날 무렵이면 견고한 기초가 구축되며, 그것만으로도 아이 대부분은 자기 삶에서 어떤 일이든 할 수 있다. 하지만 독창적인 자기만의 감각을 개발하지 못한 채, 그저 지적 가능성만을 열어두고 더 큰 게임을 하기 위해 졸업한다. 중등학교에서는 학습의 기본 요소들이 실제 삶을 시작하는 데 활용되기 시작한다. 그리고 이제부터는 교육 피라미드 모델이 실제로 적용된다.

학년이 거듭될수록 개인적인 활동이나 참여는 제한된다. 이런 제한은 육체적인 활동에서 시작된다. 글쓰기나 타자 이외의 다른 곳에 손을 사용한다면 곧바로 제한된다. 예를 들어, 우리가 한 시간 정도 체육이라는 사치를 누렸던 때를 생각해보자. 이 시간을 거의 자유시간이라는 '선물'로 간주하지 않았는가? 과학을 공부한다면 어떤가? 인문학을 배울 기회를 잃게 된다. 그 반대도 마찬가지이다.

그다음에는 관심사가 같은 사람들이 함께 배우고 일하는 경로로 들어선다. 꿈이나 여러 가지 재능, 세계관이 다른 동급생들은 우리가 가는 학습 경로에서 사라지고 다른 경로에 들어선다. 우리가 배우는 과목의 폭이 좁아질 때마다 사고의 유연성은 조금씩 상실된다.

중학교 졸업반에 이를 무렵의 나는 어땠을까? 밀접하게 연결되고 세분된 과목들로 넘어가기 시작했고, 이로 인해 내가 선택할 수 있는 진로가 심각하게 제한되었다. 내게는 어떤 진로가 기다리고 있었을까? 내가 선택할 수 있는 전공은 경제학, 회계학, 법률학, 영어 그리고 수학 이었다. 이런 시스템의 결정대로 나는 과학을 더 배울 수 없는 시스템 속에서 그대로 시간을 보냈다. 불행하게도 내가 과학에 대한 열정을 발 선한 것은 훨씬 나이가 들어서였다.

학습 피라미드에 더 높이 오를수록 선택한 과목은 더 깊이 파고들지 만, 그만큼 우리의 세계관은 제한된다. 사회와 경제가 극한으로 변화 하는 시기에, 특히 오늘날과 같이 과거에 서로 완전히 나뉘었던 다양한 산업이 교차하는 시기에, 사람들에게 필요한 것은 다양한 가능성에 노 출될 기회를 얻는 것이며, 다양한 학문에 열린 마음을 갖는 것이다.

"어떤 일을 하는 방법을 배우는 것도 좋은 일이지만, 그 일이 어떻게 이루어지는지 아는 것은 훨씬 더 가치 있는 일이다."

사라지는 서류, 사랑받는 화면

학위 대부분은 전적으로 특정 자격조건을 원하는 학생이 자격을 갖 추도록 하는 데에 초점이 맞춰졌다. 이런 현상은 지난 200년간 산업사 회를 거치면서 뿌리 깊은 형식주의 사회를 고착시켰다. 무언가를 하고 싶다면 무조건 선택받고 자격을 갖추어야 했다. 의사든 회계사든 벽에 매달아둔 서류를 보라. 승인받았다는 스탬프이자 경쟁할 곳으로 들어 갈 입장권이 이것이다. 어디를 가든지, 무엇을 소유하든지, 어떤 일을 하든지 우리의 자격이나 정체성을 증명해줄 어떤 형태의 서류가 항상 필요하다.

이것은 대개 자격증으로 표현된다. 우리 인생에서 최초의 자격증은 우리가 누구이며, 어디에 속해 있는지를 증명하는 출생증명서이다. 우리는 평생 이 문서를 보호하고 소중하게 간직한다. 마치 잃어버리면 우리 자신이 끝나버리는 것처럼 생각한다. 다른 사람을 만나거나 국경을 넘어 사업할 때도 자신이 누구인지 그리고 얼마나 합법적인 존재인지를 증명하는 서류를 제시한다. 우리가 제시하는 서류는 여기에 있을 자격이 있고 합법성 테스트를 통과했음을 다른 사람들에게 알려준다. 어쨌든 이것은 권력을 가진 누군가가 우리에게 이런 권한을 문서로 부여했기 때문이다.

경제생활에서 가장 중요한 서류로는 자격증과 학력 증명서가 있다. 공인회계사 자격증은 회계 분야에 전문적 자격을 갖췄다는 사실을 인증한다. 변호사, 의사, 엔지니어에게도 유사한 문서가 필요하다. 이런 자격을 묻는 증명서는 꼭 필요한 것이며, 단기간에 얻거나 바꿀 수도 없다. 아마도 건강, 안전, 재정에 직접적인 영향을 끼치는 종류의 일을 하는 사람들에게 적절한 자격을 요구하는 것은 내가 희망하는 세상에도 여전히 필수적일 것이다.

그러나 공식 자격이 바람직할 수도 있지만, 이것이 필요 없는 직업도 많다. 가끔은 놀라운 능력을 갖춘 몇몇이 마케팅 책임자, 수석 건축가, 역사 전문가, 그래픽 디자이너, 애플리케이션 개발자 등으로 자격증 없이 진입한다. 실제로 합법적인 자격 인증이 필수적인 직업은 그렇게 많지 않다. 의사, 변호사, 물리 치료사, 검안사, 간호사, 회계사, 구조 기술자, 약사, 교사, 조종사…. 여기에는 당연히 대부분의 전문직이 포함되지만, 그조차 일터에서 공부하면 배울 수 있다.

왜 공식 자격이 경세생활의 표준이 되었을까? 그 이유는 간단하다. 예전에는 우리가 사람을 평가할 수 있는 유일한 방법이 이것뿐이었기 때문이다. 공식 자격이 없다면 어디에서 관련된 지식을 습득할 수 있을까? 전문적 지식과 기술에 접근하는 것조차 불가능하거나 적어도 어려울 수 있다. 어쩌면 도서관에서 공부할 수도 있겠지만, 고용주는 그 사람이 실제로 알고 있는 것을 확인할 방법이 없다. 당신이 특정 영역에서 숙련된 기술을 습득해서 대학에서 그것을 전공한 사람만큼 숙련되었다고 가정해보자. 당신은 여전히 당신의 기술을 설명할 방법이 없을 것이다.

그렇다면 공식 자격증을 갖추었지만 뛰어나지 못한 지원자보다 공식 자격증이 없는 숙련된 지원자를 선택하는 것을 고용주는 어떻게 정당화할 수 있을까? 여기에 인터넷이 관여한다. 인터넷은 우리가 거의 모든 것을 배울 수 있는 거대한 자원일 뿐만 아니라, 자신의 능력과 지식을 보여줄 수 있는 중요한 장소이기도 하다. 인터넷 자체가 이력서 생성기가 될 수도 있다. 어떤 사람의 이름을 구글_Google_에 입력해 검색하기만 하면, 공식적으로 획득했든 실제 경험을 통해 획득했든 그 사람의 자격을 바로 확인할 수 있다.

케빈 켈리_Kevin Kelly_는 자신의 저서 〈인에비터블_The Inevitable_〉에서 "우리

사회가 책 문화로 존속해왔고, 문서로 책을 쓴 저자의 권위가 인정하는 범위 내에서만 사물의 가치를 인정해왔다."라고 주장했다. 그는 우리 세계를 '전문 지식의 문화'라고 정의했다. 완벽함은 '관련 문서'로 완성된다. 법률은 공식적인 책으로 정리되었고, 계약서는 서면으로 작성되었으며, 지면에 단어로 표현되지 않으면 유효한 것은 아무것도 없다. 서양 문화의 핵심은 책의 페이지를 넘기는 것이었다. 하지만, 오늘날 우리 대부분은 화면을 넘긴다.

과거에는 누군가의 시각예술 학위를 인증하는 한 장의 종이와 강의실에서 만들어진 포트폴리오가 창의적인 예술 감독이 될 수 있는지를 결정했다. 하지만 이제는 유능한 고용주가 당신이 실제로 성취한 것을 인터넷으로 보고 결정한다. 앞으로는 그들이 세상에 증명해 놓은 당신의 유튜브*Youtube* 채널을 세세하게 확인할 가능성이 크다. 전에는 시장에 드러내기 어려웠던 것이 이제는 쉬워졌고, 과거에는 필수적이었던 자격조건보다 더 가치 있게 평가된다. 한 가지 더 놀라운 것은 서류는 영구적이지만, 화면은 자유롭게 모양을 바꿀 수 있다는 점이다. 따라서 당신에게 유리하게 만들어갈 수 있다.

장벽을 허문 학습

성인교육은 오랫동안 다시 돌아온 아이들을 위한 요새와 같았다. 청소년 시절에 미래에 대한 욕망이 부족하고 끈기와 열정이 없었던 많은 사람에게 성인교육은 경력을 구제하는 장치로 활용됐다. 그래서 많은 사람이 만년에 다시 시스템으로 들어가서 공부하고, 그 중요한 서류를 얻으려고 시도하는 것은 놀라운 일이 절대 아니다.

교육 시스템에서 '시간'은 개인의 성과와 관련하여 고려되지 않는 요소이다. 어떤 이유에서인지 우리는 마치 유효기한이 정해진 1리터짜리 우유처럼 취급된다. 우리는 출생 증명서에 적힌 날짜를 기준으로 정해진 날짜 이전에 정규교육을 이수해야 했다. 하지만 사람들이 각자 다른 속도로 발달한다는 것은 기본적인 생리학적 사실이다. 걷기와 말하기를 습득하는 시간은 서로 다르며, 사춘기에 도달하는 단계도 다르고, 자신의 최고 신장에 도달하는 시기도 다르다. 그러나 학교에서 우리는 시스템에 의해 설정된 유연하지 못한 직선형 시간표에 따라 발달할 수밖에 없다.

내게 포스트스쿨Postschool이나 비정규 학습은 미래를 쇄신하는 방법이었다. 십 대 소년이었던 나는 학업 성취보다는 친구들에게 어떤 존재인가가 더 중요했다. 지금도 중학교에서 이탈리아어를 배우게 되었을 때 흥분했던 일이 생생하다. 외국어를 할 줄 아는 것은 대단히 멋진 일이라고 생각했다. 당시에 공부하고 싶은 마음이 간절하여 학기가 시작하기도 전에 이미 혼자서 첫 장을 공부했다. 그러나 이탈리아어 첫 수업이 시작되었을 때, 나와 달리 친구들은 무관심했다. 그들은 수업을 계속할 수 없을 정도로 무관심했고, 심지어 선생님을 놀리기도 했다.

불행하게도 그 중학교는 내게 낯선 학교였다. 중학교에 같이 진학한 초등학교 친구가 둘뿐이어서 나는 전적으로 학교생활 적응에만 중점을 두었다. 그 나이에는 다른 친구들이 나를 받아들이고 내가 새로운 친구를 사귀는 일이 매우 중요했다. 이것은 인간 DNA 깊숙이 프로그램된 생존 메커니즘이다. 결국, 나는 이탈리아어를 깊이 공부하는 대신에 다른 아이들처럼 수업에 무관심하기로 했다. 나는 배울 기회를 허비했고 이탈리아어 과목에서 낙제했다. 얼마나 낭비인가?

우리 대부분은 어린 시절 내가 경험했던 이탈리아어 수업과 비슷한 일을 경험했을 것이다. 진정으로 뭔가 하고 싶었지만, 학교라는 시스템이 만든 사고방식과 그 학교 사회의 압력이 기회를 훔쳐갔다. 내가 가장 부끄러워하는 것은, 대부분 잃어버린 기회를 회복할 다른 기회를 얻지 못한다는 점이다. 새로운 압력이나 재정 문제 등이 우리가 어른이된 후에도 계속 등장하기 때문이다.

운이 좋게도 나는 이탈리아어를 배울 두 번째 기회를 얻었다. 오히려 그래야만 했다. 내 성性인 사마티노*Sammartino*를 강조하며 돌아다니면서 이탈리아어를 모른다는 것은 무척 당혹스러운 일이었다. 지금의 아내를 만났을 때, 내가 할 수 있는 언어라고는 영어뿐이었다. 하지만, 아내는 여러 언어를 할 줄 알았다. 내가 행동해야 할 시기였다. 나는 다시 이탈리아어를 배우기로 했다. 처음에 언어를 배우지 못했던 이유인 '친구 문제'가 다시 언어에 도전하게 된 동기인 것은 아이러니하다.

나는 친구나 동료집단이 우리 삶 전체에 가장 크게 영향을 미친다고 생각한다. 사랑하는 사람들과 잘 지내려는 열망은 누구에게나 강력하다. 그래서 우리를 둘러싼 사회적 집단이 중요하다. 비즈니스 철학자 짐 론*Jim Rohn*은 "우리가 가장 많은 시간을 함께 보내는 다섯 사람의 평균

이 될 것"을 제안한다. 우리가 결과를 바꾸기 위해 할 수 있는 최고의 방법은 우리가 함께 시간을 보내기로 선택한 사람을 변화시키는 것이다. 정말 다행인 것은 요즘에는 만난 적도 없는 세계 최고의 사상가들과 그런 시간을 보낼 수 있다는 점이다.

그래서 나는 스물여덟이라는 나이에 다른 성인 학습자들처럼 교육 센터에 등록했다. 나는 곧 모든 학생이 언어학습의 기회를 처음에 놓쳤던 내 경험과 비슷한 경험이 있음을 알게 되었다. 당시에 낙제했던 이유 대부분은 능력보다는 환경의 영향이 더 컸다. 하지만 스스로 선택해서 어떤 일을 하려고 동기 부여된 사람에 둘러싸이면 큰 차이가 생긴다. 계급을 올라가는 광대가 되기 위해 경쟁하는 대신, 우리는 서로를 격려하며 언어를 배우기 위해 협력했다. 이 일은 내 인생 궤적을 바꿔놓을 만큼 놀라운 경험이었다. 태어나서 처음으로 어떤 일이든 하기에 너무 늦은 나이는 없다고 믿게 되었다.

하지만 솔직히 말해서 생각처럼 그렇게 쉬운 일은 아니었다. 그래서 수업을 듣는데 그치지 않고 혼자서 더 노력했다. 숙제는 물론이고 추가로 어휘를 연습했고, 이탈리아 라디오 방송을 들었으며, 이탈리아어로 된 영화를 빌려봤다. 실제 이탈리아인과 대화하기 위해 이탈리아식당에 가기도 했다. 조금 더 노력한 결과는 정말 놀랍다. 나는 가능한 한 더 많은 학습 방법을 채택해가면서 언어학습 과정 자체를 내 것으로 만들었다.

만약 성인교육센터가 없었다면 내가 다시 시작할 출발점이 없었을 것이다. 이것은 다른 사람에게도 문제가 된다. 운이 좋게도 나는 비용을 부담할 정도는 돈이 있었다. 성인교육은 돈이나 시간으로 환산하면 저렴하지 않다. 수업료, 책값, 주차비 그리고 퇴근 후 몇 시간의 투자가 포함되어야 한다. 이것은 가족의 생계를 돌보고 주택대출금을 상환하는 사람에게는 힘든 일이 될 수 있다. 그리고 대도시에 살지 않으면 기회조차 훨씬 줄어든다.

다행인 점은 그때가 2002년이었다는 것이다. 그때부터 세상이 급속하게 바뀌었다. 지금은 누구든지 어학학습을 하려고 마음먹으면 비용은 거의 들지 않는다. 당신이 어느 곳에 살든 필요한 것은 네트워크에 접속하는 일뿐이다. 그때와 오늘날의 어학학습에서 우리가 사용할 수 있는 도구의 차이가 바로 이것이다. 유튜브에는 친절한 교사가 가르치는 모든 레벨의 무료 어학 강의가 넘쳐난다.

듀오링고*Duolingo*와 같은 앱을 사용하면 학습을 허드렛일에서 재미있는 게임으로 바꿀 수도 있다. 페이스북*Facebook*이나 트위터*Twitter*를 통해 원어민을 팔로우할 수도 있으며, 최신 유행하는 속어를 배울 수도 있다. 블로그를 읽고 댓글을 달면서 글쓰기를 연습할 수도 있다. 믿을 수 없는 수준의 놀라운 번역 실력을 자랑하는 구글 번역기를 활용할 수도 있는데, 수준 높은 번역이 가능하다.

이런 방법을 쓸 수도 있다. 한국어를 배우려는 다른 나라 사람과 친구가 되는 것이다. 당신은 한국어를 가르쳐주고 상대는 영어를 가르쳐주는 식이다. 스카이프*Skype*는 이런 일에 최적이다. 당신이 선택한 언어로 아이들이 좋아하는 만화나 텔레비전 프로그램을 볼 수도 있다. 이런 일들은 가상현실 기기를 착용하고, 엄청난 지적 능력을 발휘하면서 어학 프로그램에 참여하는 것이 아니다. 그저 그 언어를 사용하는 나라 사람이나 만들어진 프로그램을 통해 상호작용하고 학습하면 된다.

시리*Siri*와 같은 인공 지능 프로그램은 거의 언어학자 수준이다. 그녀는 17개 언어를 능숙하게 구사한다. 그녀가 마음에 들지 않으면 아마존 *Amazon*의 알렉사*Alexa*도 있고 구글의 어시스턴트*Assistant*도 있다. 만약, 당신이 잘 알아듣지 못하면 그녀에게 계속 반복하라고 요청할 수도 있다. 아마도 당신이 그녀에게 처음으로 잘못한 일이 될 것이다!

과거에는 성인교육은 접근하기가 무척 어려웠다. 값비싸고 거리상의 문제도 있었다. 그런 면에서 성인교육은 소매와 약간 비슷하다. 당신이 사는 곳에서 당신이 원하는 물건을 팔기를 바랄 뿐이었다. 당신이 필요로 하는 것을 얻으려면 그걸 파는 장벽 안에 있어야 했지만, 이제 당신에게 가능성이 무제한으로 열렸다.

이제 어학학습은 전통적이고 강의실 중심의 환경으로부터 우리가 선택한 시간과 장소에서 대부분 무료로 이루어지는 학습으로 변신했다. 다행스러운 점은 이런 일이 당신이 생각할 수 있는 학습 영역에서 가장 잘 실현된 단 하나의 사례에 불과하다는 점이다. 어쨌건 당신은 이런 기회를 인류 역사상 처음으로 누리게 되었다.

기회의 땅으로

어떤 이유든 우리는 삶의 많은 부분이 이미 결정되어 변할 수 없다는 생각을 한다. 우리는 마치 자신이 나무이며, 가족이나 사회적 차원이 아니라 물리적으로도 뿌리가 달린 것처럼 행동한다. 그래서 우리가 할 수 있는 가장 강력한 일의 하나는 뿌리를 거두어 올리고 다른 곳으로 이동하는 것이다. 삶이 우리에게 필요한 영양을 공급해주지 못한다면 위치를 바꿔보면 어떻겠는가?

우리는 종으로만 살면서 아주 오랫동안 잘해왔다고 생각하는 이 적응력에 매여 진짜 우리의 강점을 잊어버렸다. 회사가 문을 닫으면 사는 곳에서 다른 일자리를 찾는다. 이것은 일이 우리를 찾아오기를 기다리는 것이다. 제발 일이 당신을 찾아올 때까지 기다리지 마라. 가서 찾아라. 제발 가뭄에 비를 기대하면서 하늘을 바라보는 나무처럼 행동하지 마라. 우리에게는 뿌리가 아니라 다리가 있다는 사실을 기억하라. 우리는 원한다면 새로운 기회와 더 훌륭한 생태계가 있는 곳으로 이동할 수 있다.

나는 사무실에서 자동차로 15분 거리에 있는 교육센터에서 새로운 삶을 시작했다. 어쩌면 당신은 당장 뿌리를 뽑고 다른 사람과 함께 어딘가 다른 곳으로 가서 다른 경험을 하며 새로운 지적 양분을 찾아야 할지도 모른다. 그것이 겁난다면 가상세계로 가서 그 일을 할 수도 있다. 그저 편안하게 당신 집에 앉아 당신이 생각해낸 아이디어를 실행하거나, 같은 생각을 하는 다른 사람을 찾아 세계 어느 곳이든 즉시 이동할 수 있다.

"새로운 사고로 새로운 행동을 창출할 수는 있지만, 새로운 행동으로 새로운 사고를 창출하지 못 하는 일은 없다."

3장

미래는
창조되는 것이다

앞에서 공식 자격이 필요한 직업이 생각만큼 많지 않다는 사실을 확인했다. 이번 장에서는 경제적 측면으로 어떻게 비정규 시장이 형성되는지 살펴본다.

언젠가부터 위험을 선호하는 사람들이 주목받기 시작했고, 마침내 존경받는 시대가 열렸다. 살아 있는 가장 유명한 예술가의 한 사람인 뱅크시*Banksy*를 만나보자. 특별한 교육조차 받지 않은 뱅크시는 영국 출신의 거리 예술가이다. 뱅크시의 예술 작품 대부분은 불법으로 제작되어 침입이나 파괴 행위로 빈번하게 고발되었다. 하지만 그는 자기 정체성을 철저하게 지키기로 유명하다.

거리에 있는 사람들에게 뱅크시에 관해 물어보라. 적어도 그가 누구인지 사람들은 다 안다. 하지만 서양화가로서 무수한 상을 받은 게르하

르트 리히터Gerhard Richter는 그렇지 않다. 그에 관해 아는 사람은 소수에 불과하다. 뱅크시가 하는 일에는 특별한 의미가 있다. 그의 작품은 세계가 나아가야 할 방향에 관한 단서를 제공한다. 지금 세계는 공식적인 계층 구조가 지배하는 구조에서 자신의 규칙을 만들거나 선택할 수 있는 구조로 빠르게 이동하고 있다.

판매된 작품의 가치로 판단하면 놀랍게도 뱅크시는 살아 있는 예술가 명단에서 상위 84번째에 자리하고 있다. 하지만 그는 대부분 예술가와는 달리 누구에게도 예술가로 평가받지 못했다. 그럴 수밖에 없는 이유는 그가 전통적인 예술가로서의 경로를 통해 예술 세계에 등장한 것이 아니기 때문이다. 그저 그는 예술이라는 영역에서 스스로 할 일을 골랐을 뿐이다.

그는 거리 낙서 예술가로 경력을 시작했다. 전하고 싶은 메시지를 유머러스하고 반항적으로 거리의 벽과 건물에 표현했다. 그는 반소비주의와 같은 가장 배타적인 컬처 재밍Culture Jamming 영역에 진출하여 대중에게 사랑받는 길이 반드시 하나가 아니라는 사실을 증명했다. 그가 선택한 도구는 누구나 가질 수 있는 스프레이 캔이며, 캔버스는 콘크리트 벽과 브리스틀Bristol 뒷거리의 건물들이었다.

뱅크시는 르네상스 시대 이후로 그다지 변화하지 않던 예술계를 쇄신하고 있다. 그는 위치, 도구, 규칙을 변경했으며, 심지어 예술품의 가격이나 가치에 대한 고정관념조차 뒤엎었다. 그의 작품 일부는 유통시장에서 엄청난 가격으로 거래되지만, 수많은 작품이 공공장소에서 무료로 공개된다. 자세히 살펴보면, 뱅크시가 하는 일과 웹이 우리의 사고방식을 바꾼 일에는 유사점이 있다. 뱅크시는 내일의 혁신 모델이다.

내가 사는 멜버른*Melbourne*에도 거리 예술 문화가 강하다. 시는 거리 예술가들이 자신만의 예술을 추구하도록 도심에 수많은 길을 배치했다. 대단한 점은 거리 예술이 자체적으로 마이크로경제를 구축해가고 있다는 것이다. 깨진 창처럼 쓸모없다고 여겨졌던, 보상조차 기대할 수 없어 사회적 비용으로만 여겨졌던 것들이 이제는 정반대가 되었다. 이제 멜버른의 뒷골목은 세계적인 관광지가 되었다. 한때는 황량한 벽돌과 콘크리트 벽만이 존재했지만, 이제는 여러 색이 어우러져 특별한 즐거움을 선사하는 곳으로 변했다.

지역의 카페와 바는 번창하고 있으며, 이 도시의 독특한 매력을 많은 사람이 사진 촬영 배경으로 사용한다. 이곳은 현재 멜버른에서 예술 중심지의 명예를 놓고 빅토리아 국립미술관*National Gallery of Victoria*과 경쟁하고 있다. 과거에 권리를 박탈당했던 청년들이 예술이라는 소명을 얻었고, 변두리 주민들이 상업의 전면에 진출하는 길을 열었다. 삶에서 경제적 동력이 될 수 있는 비정규 기술을 확보할 기회가 당신에게도 왔다.

내면의 기업가정신을 발견하라

사물의 기원을 깊이 생각하면 그것으로 무엇이 가능한지 이해할 수 있다. 우리가 존경하는 사람이나 공동체가 특별한 재능이나 우위에서 출발해서 누구도 시도하지 않던 일에 도전하는 일은 많다. 오늘날 실리콘 밸리*Silicon Valley*는 21세기 기업가정신의 진원지로 여겨지며, 여러 방면에서 인간의 능력을 초월한 지역처럼 느껴지기도 한다.

스탠퍼드대학교 졸업생들, 거대한 군산복합체, 벤처 자본 등 다양한 동력원을 공급받으면서 실리콘 밸리는 이제 과거와 현재 입주자들이 하나의 혈통처럼 생각된다. 그리고 이미 그들은 우리가 상상하는 수준을 추월해 갔다. 하지만 실리콘 밸리에 지금까지 이런 요인들이 크게 영향을 미친 것은 사실이지만, 놀랍게도 경제라는 관점에서 기업가정신이 어떻게 작용하는지는 별로 논의되지 않았다.

프레드 터너*Fred Turner*는 〈반문화에서 사이버 문화까지*From Counterculture to Cyberculture*〉에서 실리콘 밸리가 디지털 혁명의 중심으로 부상한 배경에 관한 깊이 있는 이야기를 들려준다. 최초의 온라인 집단으로 일컬어지는 초기 디지털 원주민들은 1960년대 히피 문화에서 태어났다. 히피 문화는 공유와 협업의 관점에서 위계적이고 형식적인 문화보다 높이 평가받는다. 그들은 냉전 시대의 악의적인 도구를 다른 이타적인 목적에 사용할 수 있다고 생각했다. 결과적으로 이 기술은 실제로 구축한 사람들의 생각에 정반대로 사용될 수 있다고 믿었다.

그리고 이 유토피아적인 몽상가들에게는 뿌리 깊은 기업가정신이 내재하고 있었다. 재정적 후원자가 없어 자립해야 했던 이들은 조직도 스스로 꾸렸다. 그들 중 대다수가 협동조합, 미니 슈퍼체인, 유기농 식품 재배 등으로 자급자족했다. 공공시설이 없는 지역에서는 자기 물건을 팔거나 마케팅을 하는 등 기존 공동체와 섞여 생활해야 했다. 그들은 미디어를 활용해 대안을 수립하고 대중의 관심을 불러일으키는 방법을 알고 있었다. 그들은 같은 생각을 하는 사람을 모으는 모임과 행사를 열었다. 그들은 의식적으로 깨닫지는 못했겠지만, 기업가로 훈련되고 있었다.

이런 독특한 요소가 융합하면서 전혀 새로운 사조가 등장했다. 이것이 등장하는 데는 십 년이 걸렸다. 현재를 주어진 대로 받아들일 수 없으며, 새로운 도구를 새로운 방식으로 사용하며, 상상하기 어려운 새로운 프로젝트를 열정적으로 시작하는 것이 그것이었다. 샌프란시스코와 그 주변에서는 오늘날에나 볼 수 있는 엄청난 폭풍이 이미 시작되었다. 이것은 기술을 뛰어넘는, 폭풍을 주도하는 사람들의 태도였다.

스튜어트 브랜드*Stewart Brand*는 1968년 〈전 지구 카탈로그*Whole Earth Catalogue*〉라는 상징적인 반문화 도서를 발간했다. 이 책자는 공동체로서 새로운 협력 사회구조라는 개념을 토대로 하였다. 1984년 그는 〈전 지구 전자적 연결*Whole Earth 'Lectronic Link, WELL*〉이라는 온라인 버전을 만들었는데, 이것은 아마도 최초의 공개 소스이며, 누구나 참여할 수 있는 인터넷 포럼이었을 것이다. 여기에는 세계가 한 번도 경험하지 못한 방식으로 정보와 지식을 공유할 수 있는 토론 게시판이 제공되었다. 이는 사실상 하이퍼링크 월드 와이드 웹*World Wide Web*의 시초였다.

브랜드는 컴퓨터가 '새로운 환각제'이자 '변형을 위한 도구'라고 선언한 것으로 유명하다. 확실히 그가 옳았다. 우리는 컴퓨터를 활용하여 상상할 수 없는 방식으로 가능성을 향해 생각을 열 수 있기 때문이다. 지식과 연결하는 이 장치는 자신의 삶을 바꾸기를 원하는 누구에게나 최고의 기회를 제공하며, 다른 사람의 허가조차 받을 필요가 없다. 우리 모두에게 과거 사람들이 누리지 못했던 미래를 창조할 기회가 주어졌다. 하지만, 그것을 행동으로 옮길 내면 깊은 곳의 기업가정신을 발현하려면 대담한 용기가 필요하다.

새로운 기회가 온다

"사람은 직업이 있다. 기업은 그 일자리를 제공한다."

한 동료가 이런 말을 할 때, 나는 상사에게 무시당하며 평범하게 회사생활을 하고 있었다. 내가 이 말에 관한 통찰력을 얻기 전까지는 회사에서 경력을 쌓아야 한다는 잘못된 생각을 하고 있었다. 강력한 조직이 우리의 작고 소박한 미래를 이끌어준다고 생각한 것이다. 그러다가 사람들이 자신을 시장이 어떻게 인식하는지를 왜 그렇게 걱정하는지 깨달았다. 간단했다. 기업가정신을 우리의 마음에서 도난당했기 때문이다. 언젠가부터 구조화된 산업용 로봇이 되는 과정에서 우리는 자립하는 방법을 잃어버렸다.

"우리는 창조적이고 예술적이며 도전적인 사고를 갖고 태어나지만, 12년의 학교 교육은 의도적으로 그것을 지우고 있다."

과거로 돌아가 보자. 공장 노동이 주는 상대적 편익을 찾아 농장과 마을을 떠나기 전에 그들 대부분은 독립적인 생활을 하는 노동자들이었다. 그들은 장인, 대장장이, 목수, 이익을 분배받는 농업인이었다. 그들은 상대방을 찾아 거래했고, 대부분은 조직체 밖에서 일했으며, 노동자 길드에도 소속되었다. 그들은 대가를 받고 기술을 제공하는 독립적인 노동자들이었다.

그들에게 고용주가 있더라도 임금을 받지는 않았다. 대신 그들에게는 자기 고객이 있었다. 소매점에 들어가는 고객이나, 검색 엔진을 통해 같은 제품을 싸게 판다고 좋아하는 고객이나, 이미 구매한 제품을 또 사달라고 유명 브랜드를 앞세워 전화를 걸어 만들어지는 그런 고객을 말하는 것이 아니다. 당신이 확보하고 봉사해야 하는 진짜 고객을 말하는 것이다.

당신이 창업해서 고객을 창출해 생존하려면 그 일을 둘러싼 여러 기술에 생존이 달렸다는 사실을 알게 된다. 당신이 창업했을 때는 어떤 교육 프로그램이 가르쳐줄 수 있는 것보다 훨씬 많은 일을 직접 해야 한다. 직접 판매하고 현금흐름을 관리하고 결산하며, 원료 공급 체인을 관리하며, 더 숙련되기 위해 시간과 돈을 투자해야 하며, 새로운 소프트웨어에 숙달해야 한다. 일이 틀어져 사업이 잘되지 않으면 스스로 원인을 파악해 신속하게 대응해야 한다. 이렇게 당신은 철저히 자립해야 한다.

작물 수확량이 떨어지거나 고객 수가 감소하는 일도 생길 것이다. 농장이나 공예품점에서 소득이 감소하면 당신은 이에 대응하고 변화를 시도해야 한다. 당신은 문제를 해결하고 기술 격차를 메워야 하며, 다른 소득원으로 사업을 다각화하는 등 선제적으로 상황을 관리해야 한다. 소득이 없이는 휴가도 없다. 불필요한 중복도 없어야 한다. 오로지 자립만이 있을 뿐이다. 현실 세계에서 모든 사람이 상을 타는 일은 결코 없다.

산업혁명 이전에는 매우 적은 사람만이 임금을 받는 직원이었다. 신뢰할 수 있는 통계를 찾기는 어렵지만, 일부 보고서에 따르면 그 수치가 10% 정도의 낮은 수준이었다. 그런데 오늘날에는 그 수치가 역전되었다. 자영업자는 유급고용자의 10%를 약간 웃도는 수준이다. 하지만 많은 사람이 독립적인 수입원을 다시 찾기 시작하면서 추세가 변화하기 시작했다. 이것은 사람들이 더 안정적인 고용환경을 찾기 위해 고심하고 있거나, 프리랜서 기회와 창업 기회가 새로운 기술에 의해 창출되기 때문이다.

영국통계청의 2014년도 연구에 따르면, 지난 40년 동안 영국에서 자영업은 15%로 가장 높은 비율을 보였다. 이 수치는 1975년에 8.7%로 낮은 수준에 머물렀는데 당시 영국은 산업 강국이었으며, 시기적으로는 저임금 노동시장을 가진 아시아 제조업이 영국의 제조업을 무력화하기 직전이었다.

당신도 이런 큰 흐름을 봐야 한다. 당신의 관점을 자신이 가진 자원과 고유 기술을 활용하는 방향으로 바꿔야 한다고 판단한다면, 그 시기는 지금이다. 당신은 일찍이 시대를 앞서 살고 있다고 생각했겠지만, 관찰력이 있고 실행력이 높은 사람들은 그 경향을 이미 파악하고 행동하고 있었다.

속도가 변화를 만든다

서류의 시대에서 화면의 시대로 전환되면서 변화의 속도는 더욱 가속되었다. 이것은 폭발적인 기술력이나 컴퓨터 활용능력에 관한 것이 아니라, 지식과 정보의 유동성을 말하는 것이다. 마치 우리가 생각하는 모든 것이 시장에서 거의 즉각적으로 생산되고 출판되고 교환되는 것 같다. 어제는 사실이었던 것이 밤새 바뀔 수도 있다. 기술혁신이나 연구 결과를 알려는 사람들은 거의 실시간으로 그 내용을 파악할 수 있다. 우리의 연결 능력은 빛의 속도로 정보를 전송하는 것을 의미하며, 이것은 또 다른 영향을 만든다.

연결된다는 것은 더 강력한 인지력을 갖춘다는 것이고, 더 신속하게 접근한다는 의미다. 이처럼 신속하게 아이디어가 교환되면 모든 작업이 빨라지므로, 정규교육과정을 제공하는 사람들에게 문제를 일으킨다. 이렇게 되면 구조화된 환경에서 만들어진 교육과정은 유지하는 것조차 쉬운 문제가 아니다. 이제 사람들은 필요한 정보를 얻기 위해 비공식적인 영역으로 모여든다. 지금 사람들이 정보를 어떻게 얻는지 생각해보라.

우리는 새로운 미래를 창조하는 사람과 만나야 한다. 당신은 당신이 선택한 일에 항상 관심을 두고 그 일을 재구축하는 데 도움이 될 사람들을 찾아야 한다. 그리고 내가 하는 일의 경계를 면밀하게 살펴봐야 한다. 그러나 더 중요한 것은 겉보기에는 크게 관련이 없는 정보라도 다양한 각도에서 탐색할 만큼 관심과 호기심이 유지되어야 한다는 점이다. 우리가 관심을 두는 공간들이 처음에는 거의 관련이 없어 보일 수 있지만, 그 공간들이 새롭고 흥미로운 방식으로 언제든 융합할 수 있다.

당신이 가진 독특한 경험과 삶에 대한 시각도 새로운 방식으로 경제적 이윤을 창출할 것이다. 당신이 가진 독특한 경험은 누구나 가진 것이 아니다. 당신이 그 경험을 시장에 적용하면 그곳이 금맥이 된다. 우리는 모두 디지털 세계의 '1'과 '0'이라는 똑같은 생산 요소를 사용하지만, 같은 패턴이 만들어지지는 않는다. 각자에게 주어진 특별한 경험은 각각의 고유한 가치를 만든다. 중요한 것은 비정규적이고 비공식적으로 학습하고 학습한 것을 경험과 융합하는 능력이다. 현실 사회에는 무언가 잘못했을 때 잘못을 지적해주는 빨간 펜과 같은 것은 없다.

어떤 것이든 만들어야 할 때

반나절 동안만 다섯 살짜리 아이가 노는 것을 지켜보라. 그러면 당신을 흥분시킬 창의력을 발견하게 된다. 아이들에게는 '물건을 만드는' 놀라운 능력이 있다. 그리고 아이들은 시장에서 즉각적으로 피드백을 얻는다. 즉, 함께 노는 다른 아이들이 그들이 제안하는 아이디어나 게임이 마음에 드는지 바로 알려준다. 그러나 성인인 우리는 반대로 한다. 우리는 자기 생각과 의견이 별로 중요하지 않다고 확신한다.

나는 학교에서 수필을 쓸 때조차 다른 사람들의 작품을 인용해야 한다는 말을 들었고, 그 말이 얼마나 이상하게 느껴졌는지 기억이 생생하다. 왜 내가 생각한 것을 그대로 쓰면 안 되는가? 과학 이외의 영역에서 내가 표현할 아이디어와 견해를 다른 사람의 것으로부터 끌어내야 할 이유가 있는가? 다른 사람들의 생각이 왜 내 생각보다 더 중요한가? 그것이 다른 사람의 작품이든, 어떤 대상이 어떻다는 것을 증명하는 연구든, 받아들여지려면 그 아이디어를 얻은 곳이나 근거를 제시하라고 강요당한다.

물론 이것이 과학에서는 중요한 일이다. 하지만 일반적으로 소득을 얻는 데에는 적용되지 않는다. 오히려 그 반대가 옳다. 오늘날 가치 있는 모든 것은 지금까지 없던 우리가 새로 창조하는 것이다. 우리가 하는 일이 합법성의 경계 안에서 이루어지는 한, 문자 그대로 가능한 많은 것을 '만들어야' 한다.

우리에게 주입했던 속임수를 잘 들여다보자. "독창적인 생각을 하지 말라. 새로운 것을 창조하지 말라. 자기 의견을 드러내지 말라." 이제 이런 설득은 급격히 힘을 잃고 있다. 그리고 다음과 같은 사실이 나를 흥분시킨다.

"우리는 모두 '만드는 능력'을 여전히 갖추고 있다. 이제 우리는 도구에 접근하여 어떤 것이든 창조한다. 이제 경제가 완전히 재설계되고 있다. 들었던 것은 잊어버리고 자신의 의견을 내세우고 새로운 것을 창조하기 시작하라. 누군가 '멋져요. 그 아이디어를 어디에서 얻었나요'라고 묻는다면, 당신은 자랑스럽게 '내가 생각해냈습니다'라고 대답하면 된다. 내 안에 숨은 어린이를 찾아라."

'아니요'가 더 나은 '예'를 창출한다

내가 처음 벤처 기업을 시작했을 때는 수입이 적어 궁핍하게 살 수밖에 없었다. 나는 상당한 시간과 돈을 투자하고 있었고, 어느 정도는 부가적인 수입이 필요했기 때문에 기업가로서의 내 일에 지장을 주지 않는 범위에서 다른 일자리를 얻고 싶었다. 그때 대학에서 강의하는 데는 박사학위가 필요 없다는 사실을 알게 되었다. 그저 필요한 것은 가르치려는 분야의 학사 학위와 그 분야에 관련된 경험이었다.

그렇게 나는 마케팅에 관해 가르치는 일자리를 얻었다. 교사로서 정규적인 훈련을 받은 적은 없었지만, 나는 이 일에 열정을 쏟았다. 실제 마케팅 경험과 대학에서 배운 원리를 응용하여 가르치는 일을 잘 해냈다. 물론 강의계획서와 계속 씨름해야 했지만, 학생들에게 필요한 내용을 전달하는 좋은 방법을 창안해서 적용했다. 나는 현장에서 사례를 발굴하고 학생들이 잘 아는 브랜드에 연관된 과제를 냈다. 학기가 끝나자 많은 학생이 모든 교과 중에서 최고였다고 말했다.

4년 동안 나는 1학년, 2학년, 3학년 학생들에게 마케팅과 관련된 많은 과목을 가르쳤다. 나는 가르치는 일을 정말로 즐겼고 그 일에서 최고가 되고 싶었다. 나는 학생들을 가르치는 동안 교육이라는 일에는 애정을 쏟았지만, 보잘것없는 소득은 정말 마음에 들지 않았다.

그 이유는 두 가지다. 교사는 우리 사회에서 가장 중요한 직업의 하나이기 때문이며, 잘하기가 어렵기 때문이다. 또한, 강의 자리를 얻는 데에 많은 사람이 필사적으로 달려들었다. 이 일은 주로 박사학위 소지

자와 정규 직원의 몫이었지만, 나는 이 일을 할 기회를 얻었다. 수시로 대타 강의도 해야 했고, 갑자기 새로운 강의를 맡아 시작해야 했다. 하지만 강의가 끝나면 주변에 많은 사람이 모였다.

이 이야기를 하는 이유는 내가 대단하다는 것을 보이려는 것이 아니라, 여기에 중요한 의미가 숨어있기 때문이다. 당신이 속한 회사나 산업 또는 경제적으로 임무를 수행하는 조직에서 당신의 미래에 관해 결정을 내리는 사람들을 생각해보라. 당신의 생각과 달리 이들은 산업이나 조직은 물론 당신조차 제대로 이해하고 있지 못하다는 사실을 반드시 알아야 한다.

실제로 당신이 우수하거나 잠재력이 있다면, 당신이 그들의 삶을 혼란스럽게 만들지 몰라 두려워한다. 그들은 당신을 일종의 위협으로 간주하기 쉽다. 특히 당신이 '그들과 같은 부류'가 아니거나, 그들이 아는 정규적인 방법으로 일하지 않거나, 그들과 같은 학연이나 지연이 아니라면 더욱 그렇다.

나는 수년간 대학에서 급여를 받으며 그들의 고객인 학생들에게 교육 서비스를 제공했다. 그러다가 '기업가정신'이라는 새로운 과목이 개설될 예정이라는 사실을 알게 되었다. 학생들은 그 과목을 통해 새로 기업을 설립하고 운영하는 방법을 배우게 된다. 그 무렵, 전 세계 대학들이 '기업가정신'에 관해 진지하게 고민하기 시작했다. 나는 흥분했다. 이 과목이야말로 내가 주도하는 것이 타당하다는 확신도 들었다.

나는 이야기하고 아이디어를 공유하며, 청중의 관심을 끄는 것을 즐겼다. 나는 정말 가르치는 것을 좋아했다. 다른 사람들과 아이디어를 공유하는 것보다 더 훌륭한 일은 없다고 생각했다. 그것은 당사자 모두에게 순수한 선물이다. 그래서 나는 대학에서 강사를 선정하는 의사결정권자와 면담을 신청했다. 그들은 내가 학생들에게 큰 호응을 얻고 있다는 사실을 알고 있었다.

왜 내가 새로운 이 주제를 다루어야 하는지, 수업 내용을 어떻게 구성할 것인지, 학생들에게 어떻게 영감을 불어넣을 것인지에 관해 설명했다. 나는 어려서부터 기업가로서의 경력을 쌓았다. 열한 살에 첫 번째 유기농 달걀 농장을 창업했고, 내 회사를 키워 성공적으로 두 번이나 매각한 경험이 있다. 그리고 지난 몇 년간 집중적으로 신생기업과 대기업을 연구하고 비교했다. 그 당시 나는 지금의 지역 언론으로 성장한 웹 기반의 신생 언론기업을 설립하고 있었다. 나는 기업가정신을 갖춘 그들과 함께 호흡하며, 경험을 통해 영향을 줄 수 있는 기업가였다. 다음은 면담에서 그들에게 들은 말이다.

"나는 당신이 잘할 수 있다는 것을 알고 있다. 당신이 우리 학생들에게 이 과목을 가르치는 최고의 선생님이 될 것도 잘 알고 있다. 그러나 나는 당신이 이 과목을 맡아 수업하는 것을 허락할 수 없다. 내가 데리고 있는 '연구자' 중 한 명에게 이 일을 맡겨야 하기 때문이다."

나는 거절당한 것보다 교수나 강사 대신에 '연구자'라는 단어를 사용한 이유가 궁금했다. 그들은 '연구자'가 논문을 내기 위해 거치는 과정에 있는 사람이라고 설명했다. 나중에 알게 된 일이지만, 그들이 선택한 '연구자'인 강사는 벤처든 신생기업이든 어떤 기업도 운영한 적이 없는 그저 공부만 하던 사람이었다. 마치 실험실에 들어간 적도 없는 과학자에게 과학을 배우는 일이 벌어진 것이다.

지금도 나는 그 의사결정권자의 얼굴을 기억한다. 그가 한 말은 내 머릿속에 영원히 새겨져 있다. 이 일을 여기에 이렇게 쓰는 이유는 사실 일종의 카타르시스 때문이다. 나는 누구의 잘못인지 말하려는 것이 아니다. 조직은 자체의 프로세스와 목표를 가지고 있다. 그런데도 종종 직원들은 상사가 무엇을 원하는지에 따라 의사 결정을 내리도록 강요당한다. 저런 이유로 탈락한 경험이 있는 사람들을 위한 위대한 조언이 여기에 있다.

"매우 그럴듯한 기회라고 생각할지도 모르지만, 그들이 요구하는 것은 당신의 능력이 절대 아니다. 이런 일이 우리에게 닥쳤을 때, 일 때문에 정신까지 병들도록 하지 않는 것이 절대적으로 중요하다. 그러니 누구도 당신이 하고 싶은 일을 하는 것을 방해하지 못하게 하라. 다만 빠르게 전진하고 열릴 때까지 문을 두드려라. 계속 두드리면 결국은 열리게 될 것이다. 그리고 문이 열리면 그 안의 사람들은 당신을 원하지 않던 밖의 사람들보다 당신에게 더 감사할 것이다. 이것을 선택으로, 그러니까 당신에게 맞는 사람들을 찾는 과정으로 생각하라."

마침내 대학에서 하던 강의가 끝났다. 하지만, 당시 나는 전 세계에서 출간된 〈위대한 해체 *The Great Fragmentation*〉 덕에 '비즈니스와 기술의 미래'에 관한 강연 요청이 쏟아졌다. 지금도 나는 당시에는 상상하기 어려운 보수를 받으며 강연하고 있다. 나를 강연에 초청하거나 컨설팅을 의뢰하는 사람들은 신설 기업을 통해 겪은 나의 실제 경험뿐만 아니라, 내가 만들었던 기상천외한 것들에도 경의를 표한다.

이제 나는 전 세계를 여행하고, 새로운 창업 비즈니스에 관해 글을 쓰고, 스타트업을 설립할 수 있는 여유 시간이 생겼다. 이런 일은 대학이 제공할 수 없는 보너스다. 나는 강의와 컨설팅을 통해 새로운 아이디어와 신선한 콘텐츠를 창출한다. 그러면서 내 강의를 계속 업그레이드한다. 이것은 일종의 선순환이다. '아니요'가 종종 더 나은 '예'를 창출할 수 있다고 믿는 것이 얼마나 중요한지 일깨워주는 경험이었다.

당신이 모르는 성공의 정의

'성공하려면 얼마나 똑똑해야 하는가?' 이 질문에 대답하기 전에 두 단어를 정의하는 것이 중요하다. 왜냐하면, 솔직히 말해서 대부분 사람은 '성공하다'와 '똑똑하다'에 관한 잘못된 정의를 사용하고 있기 때문이다.

'성공'은 내적인 척도이다. 그래서 다른 사람의 성공에 관해 이야기할 때 사람들은 좌절감을 느낀다. 그들은 예전 동료가 포르쉐를 타고 지나가거나, TV에 출연하는 것을 보고는 "아, 그 사람 정말 성공했네!"라고 말한다. 나는 이렇게 반문한다. "당신이 그걸 어떻게 알아?"

우리는 스스로 설정한 목표를 토대로 해서만 성공을 측정할 수 있다. 특정한 재정적 보상을 성공이라고 할 수도 있지만, 그렇지 않을 수도 있다. 물론 돈이나 명성을 원하는 것은 아무런 문제가 되지 않는다. 하지만 돈과 명성은 무한한 성공 리스트 중에서 겨우 두 가지 척도에 불과하다. 우리에게는 아직 도달하지 못한 다른 목표가 얼마든지 있을 수 있다. 모르긴 해도 돈과 명성을 가진 그들이 불행할 수도 있다.

'돈과 명성'은 사회가 우리에게 믿도록 만든 성공을 측정하는 척도의 하나지만, 우리 사회에서 정말 현명한 사람들은 '행복'이 궁극적인 성공이며, 그것을 성취하는 경로는 얼마든지 많다는 사실을 이해하고 있다. 무엇보다, 돈과 명성은 우리가 이 두 가지 척도를 목표로 하지 않을 때 우리에게 다가올 가능성이 크다.

성공은 선택이다

1956년 얼 나이팅게일*Earl Nightingale*이 말한 성공에 관한 최고의 정의는 이것이다. "성공은 가치 있는 이상理想의 진보적 실현이다." 이 짧은 문장에는 정말 대단히 귀중한 의미가 담겨 있다. 그래서 이 말을 분석할 가치가 있다.

- 진보적 – 이것은 길이자 그 사람의 기도이다. 이것이 목적지일 수도 있지만, 반드시 목적지일 필요는 없다. 정말 중요한 것은 시작점이다. 이 단어는 소유가 행동해야만 존재한다는 사실을 상기시켜 준다.
- 실현 – 우리는 포기하지 않는다. 목표에 도달할 때까지 우리는 계

속 노력한다.

· 가치 있는 – 목표만으로는 충분하지 않다. 시간과 노력을 쏟아 실행할 만한 가치가 있는 일, 자신과 지역공동체나 사회에 희망을 심는 그런 일이어야 한다. 정서적으로 그리고 도덕적으로 우리를 전진하게 해야 한다. 돈을 창출하는 것이 목표라고 해도 좋다. 하지만 아무리 돈이 중요하다고 해도 자신을 돈에 한정해서는 안 된다.

성공에는 다른 무엇보다 큰 노력이 필요하다. 우리는 모두 이를 직관적으로 알고 있다. 우리는 어떤 일이든 최선을 다했을 때 얼마나 기분이 좋은지 알고 있다. 쉽게 얻거나 운이 좋아서 얻은 승리보다 최선을 다했을 때 더 만족스럽다. 이것은 영혼을 키우는 시도이다. 우리가 삶에서 경험한 위대한 일들을 생각해보자. 그 위대한 일들은 대부분 사물이 아니라 어떤 순간이다.

사람들과 함께 행복한 시간을 보내거나, 웃고 회의하고 여행하고 프로젝트를 완료한 후 자부심을 느꼈던 시간을 떠올려 보라. 우리가 원했던 값비싼 '물건'을 샀을 때조차도 기분이 좋았던 이유는 그 물건 자체가 아니라, 그것을 얻기 위해 열심히 노력했기 때문이다. 우리가 소중히 여기는 것은 만족이다. 물건은 실제로 우리가 한 일의 결과일 뿐이다. 돈을 추구해도 좋지만, 그 이유가 항상 더 중요하며 돈을 추구하는 가치를 만들어준다.

내게는 재정적 성공에 관한 간단한 규칙이 있다. 그렇게 하면 밤에 훨씬 잠을 잘 잘 수 있다. '다른 사람을 희생시키지 말아야 하며, 그들에게 봉사하기 위해 돈을 모아야 한다.' 이것이 우리가 일하는 의미 있고 훌륭한 척도이다. 그리고 이런 기준을 대입하면 어떤 일이 과연 추구할 만한 가치가 있는 일인지 쉽게 확인할 수 있다. 우리가 이 작은 정신적 유혹을 통과하면, 재정적인 케이크를 차지해 먹을 수 있다.

당신은 생각보다 똑똑하다

이제 성공의 진정한 의미를 이해했으므로, '똑똑하다'라는 것에 관해서도 살펴보자. 보통, 부정확한 정의로는 이 단어의 의미를 '지적 매력'에 관련시킨다. 당신이 짐작하듯이, 나의 정의는 우리가 학교에서 시험을 통해 심사받는 지적 평가와는 거의 관련이 없다. 이런 평가는 우리 마음속에 내재한 놀라운 잠재력에 관한 것이 전혀 아니다.

성공의 사례처럼 한 문장으로 이 단어를 표현할 수는 없지만, 누군가를 현명하게 만드는 것이 무엇인지에 관한 기준을 제공할 수는 있다. 우선 이 일을 하는 가장 쉬운 방법으로 접근해보자. 먼저 어떤 사람이 얼마나 똑똑한지를 보여주지 못하는 것들의 목록을 만들어보자.

자, 전통적인 학교들이 선호하는 IQ^{지능지수, *Intelligence Quotient*} 로 시작해보자. 솔직히 IQ는 똑똑함을 측정하는 가장 끔찍한 척도이다. IQ 테스트는 실제로 누군가가 IQ 테스트를 받을 때 '얼마나 테스트를 잘 받는지'를 결정하는 데만 유효하다. IQ 점수를 향상하기 위해 속임수를 쓸 수 있다는 사실이 이 테스트의 본질을 말해준다.

나는 IQ를 올리는 방법에 관한 책을 산 적이 있다. 그 책에는 점수를 높이는 데 필요한 연습이 많이 포함되어 있었다. 나는 IQ 점수에서 25점을 올리는 데 성공했는데, 이는 IQ가 일종의 지적 단거리경주라는 명확한 예시이다. 과연 내가 25점만큼 똑똑해졌을까? 아니다. IQ는 연습을 통해 향상할 수 있지만, 특별한 지적 노력을 기울이지 않으면 삶에서 높은 IQ는 별로 중요하지 않다.

리스트에서 지워야 할 또 다른 한 가지는 '일을 얼마나 빨리하느냐'이다. 물론, 빨리 뭔가를 작업하고 조각을 모으고 남들보다 먼저 이해할 수 있으면 좋지만, 대부분 그런 능력이 삶에서 필수는 아니다. 이런 기준은 정의에 관여해 고정관념처럼 작동하도록 해서 행동에 영향을 미치는 마감 라인과 시간 기준의 '공장 윤리'이다.

세 시간짜리 시험을 예로 들자. 시간이 정해진 스포츠 경기나 시간을 기준으로 하는 테스트를 제외하고 인생에서 시간이 그처럼 중요한 어떤 일을 해본 적이 있는가? 매일같이 마감기한이 있는 일과 느리더라도 일관성 있는 행동이 필요한 중요한 과업을 사람들은 종종 혼동한다. 후자는 우리 삶을 개선하는데 더 크게 영향을 미친다. 내가 해왔던 중요한 모든 일은 끝날 때까지 며칠, 몇 달, 심지어 몇 년이 걸렸다. 당신도 그렇지 않은가? 그러니 '똑똑하다'라는 정의에서 '완성 시간'은 제거되어야 한다. 그런 사고방식은 당연히 걸리는 시간보다 더 빨리 끝내도록 재촉하게 하는 잘못을 만든다.

똑똑한 사람이라면 하지 않는 일들의 목록을 만들어야 한다. 똑똑한 사람은 기회를 낭비하지 않으며, 자신의 선천적 재능도 낭비하지 않는다. 차이는 있지만 누구에게나 그런 재능은 있다. 그들은 변화하는 환경에서 만들어지는 기회를 낭비하지 않는다. 그들은 자기 시간을 낭비하지 않는다. 시간은 누구에게나 공평하게 주어지는 위대한 수단이다. 누군가 시간이 아무리 많이 필요하다고 해도 하루 24시간 이상은 쓰지 못한다. 그래서 그것을 어떻게 사용하는가가 중요하다.

똑똑한 사람은 돈을 낭비하지도 않는다. 돈은 지출하고 즐기고 공유하고 투자해야 하지만, 부주의한 방식으로 써서는 안 된다. 똑똑한 사람은 사려 깊게 돈을 쓴다. 모든 돈은 흘러 들어가 어딘가에 할당되므로 우리의 선택은 그만큼 중요하다. 누구나 조금만 배우고 사려 깊게 생각하면 90%의 사람들이 돈을 사용하는 방법보다 더 잘 사용할 수 있다. 이에 관한 자세한 내용은 제Ⅱ부에서 다룬다.

똑똑한 사람은 선천적 재능을 포함해서 자신이 가진 모든 능력을 활용한다. 똑똑한 사람은 마치 시간이 지나면 복리로 늘어가는 예금을 활용하는 것처럼, 자신의 작은 강점을 활용하며 단계적으로 발전해간다. 똑똑한 사람은 평생 학습자다. 똑똑한 사람은 배운 것을 결합하고 융합하는 방법을 알고 있다. 배운 곳이 책이든 직장이든 삶이든 상관없다. 그들은 그 모든 것을 융합하여 자신에게 의미 있는 것으로 바꾸기를 두려워하지 않는다. 무엇보다 실용적이다. 똑똑한 사람은 단거리 선수가 아닌 장거리 선수다. 그들은 자신의 핵심 역량에 속근速筋이 있더라도, 장기적인 관점으로 활용하기 위해 집중하는 방법을 알고 있다.

잠재력을 활용하는 데는 별 관심이 없지만, 매우 똑똑한 사람들을 나는 만난 적이 있다. 반면에 똑똑한 사람만이 할 수 있다고 생각되는 놀라운 일을 해내는 보통 사람도 많이 만났다. 실제로 '똑똑함'이란 똑똑한 일을 하기 위해 자신이 가진 능력을 활용하는 일일 뿐이며, 대부분 보통 사람은 그 정도는 똑똑하다. 똑똑한 사람들은 일반적으로 인간에게 가치 있는 특성인 정직, 성실, 친절, 관대함, 공감, 유머를 표현할 줄 안다. 마지막으로 똑똑함이란 인생에서 다른 사람이 아닌, 자신의 목표를 달성하기 위해 활용할 수 있는 것을 활용하는 능력이다. 당신에게 가치 있는 이상理想은 당신이 원하는 대로 단순할 수도 복잡할 수도 있다.

똑똑함은 상대적이다. 똑똑함은 개인적인 목표를 성취하기 위해 자신에게 주어진 잠재력을 어떻게 활용하느냐에 달려 있다. 그러니 똑똑함은 활용과 관계가 있다. 결국, 충분히 똑똑해질 능력이 있는 데도 제대로 활용하지 못하는 것은 우리의 영혼을 약화하는 일이라는 사실을 알아야 한다. 이제 똑똑함에 관한 나의 정의를 내려보겠다.

"똑똑함이란 자신과 타인의 행복을 위한 잠재력을 극대화하도록 감춰진 능력을 활용하는 것이다."

끌어내고 기르고 양육하라

이제 중학교에서 내가 받았던 여러 가지 학교성적을 공개한다. 그렇다. 성적표에는 나에 관한 당혹스러운 진실이 적혀 있다. 그러나 내가 성적표를 공개하는 이유는 우리의 정규교육에서 성적이 얼마나 사소한지, 그리고 평범한 사람들이 우리 세상에서 어떻게 잘할 수 있는지 보여주려는 것일 뿐이다.

나는 중학교 1학년 때, 나의 바람대로 A와 B를 받았다. 하지만 외국어인 이탈리아어와 의사소통기술은 엉망이었다. 앞에서 언급했듯이, 나는 동급생들의 영향으로 이탈리아어를 포기했다. 3학년이 되자, 이제는 시스템이 동급생들과 마찬가지로 나를 좌절시켰다. 성적 하락이 시작되었다. 평가등급이 탁월*Excellent*에서 불만족*Unsatisfactory*까지 하락했다. 자존감이 오르락내리락 요동쳤다. 고등학교 2학년이 되자, 시스템이 더는 나를 위해 작동하지 않았다. 이때는 내가 능숙했던 과목마저 실패하고 있었다.

알다시피 나는 학자가 아니다. 평균적인 지적 능력, 그러니까 읽고 이해하는 능력을 갖춘 사람이면 누구나 놀라운 삶을 스스로 구축할 만큼 똑똑하다고 봐야 한다. 나는 인생에서 알게 된 중요한 모든 것, 읽고 쓰는 것을 제외한 현재 나의 삶을 창조하고 형성한 모든 것을 대부분 스스로 배웠다. "학교 교육이 우리 교육에 간섭하지 못하게 하라."는 마크 트웨인*Mark Twain*의 조언을 따르는 것이 중요하다.

'교육'이라는 단어의 어원은 교육이 무엇인지에 관한 모든 단서를 가지고 있다. 라틴어 동사인 'educare'는 '끌어내고 기르고 양육하는' 것을 의미한다. 우리가 아이들에게 하는 것처럼 말이다. 우리의 교육은 학습하고 성장하며, 우리 주변의 세계에서 사물을 추론할 수 있는 능력에 관한 것이다. 그저 순종적이며 종종 지루해하는 동료 학생들과 같은 교실에서 얼마나 긴 시간을 보냈느냐를 교육으로 판단해서는 안 된다.

4장

일의 미래로
가라

변화는 빠른 것이 아니라 급격하다. 우리는 변화의 속도가 빠르다고 항상 말하지만, 뇌가 기하급수적인 변화를 이해하는 것은 물론 인식하는 것조차 불가능에 가깝다. 인간의 마음은 국소적이고 선형적이다. 변화가 기하급수적이라고 들어도 우리는 그 영향을 과소평가한다. 내가 좋아하는 사례가 있다. 32개의 계단을 걷는다고 상상하자. 계단이 1m면 약 32m를 전진할 것이다. 같은 수의 계단을 걷는데, 한 계단씩 전진할 때마다 각 계단의 높이를 두 배로 하면 지구를 54회 일주하게 된다. 약 2,200,000km를 여행하는 것이다.

이것이 중요한 이유는 오늘날 우리가 활용하는 기술 대부분이 기하급수적으로 발전하고 있기 때문이다. 기술은 18~24개월마다 집적도나 효율성에서 두 배로 향상되며, 이는 우리가 활용하는 도구 유형과 우리가 사는 세계에 영향을 미친다. 초등학교 수학에서 지수指數, *Exponent*는 종종 수학적 호기심의 대상으로 등장한다. 영향이 얼마나 빨리 확산하는지 보여주는 앞의 사례를 생각해보자. 우리는 이것을 보고 깜짝 놀란 다음, 그냥 지나쳐 버린다.

하지만 이것은 그냥 지나칠 사례가 아니라, 실제로 우리 시대의 가장 중요한 수학 원리 중 하나이다. 왜냐하면, 매일 우리가 연결하고 활용하는 기술과 돈을 버는 방법에 영향을 미치기 때문이다. 이런 수확 가속의 법칙을 따르는 다양한 기술들의 몇 가지 사례를 살펴보자. 사실 스마트 폰, 무인 항공기, 자율주행 자동차, 네트워크 속도, 데이터 저장 장치 등을 하나씩 설명할 이유조차 없다. 디지털기술에 의존하는 모든 것은 18개월 만에 두 배 효율이 향상되고 강력해진다.

시리*Siri*, 코르타나*Cortana*, 알렉사*Alexa*, 구글 어시스턴트*Assistant*와 같은 현재의 인공 지능 비서를 생각해보라. 시리는 이제 일곱 살이지만, 열 살짜리 아이의 지능보다 똑똑하다. 그러나 5년 후 시리의 지능은 지금보다 약간 더 발달하는 데서 멈추지 않을 것이다. 선형적 사고로 짐작할 수 있는 열다섯 살 아이의 지능보다는 훨씬 높을 것이다. 어쩌면 시리는 세상의 누구보다 똑똑한 천재가 될지 모른다. 시리는 모든 분야에서 박사학위를 취득하고, 인간이 아는 모든 것과 그 이상을 이해하는 능력을 갖추게 될 것이다. 이것이 지금 우리가 사는 세상이다.

이미 사라진 당신의 직업

미래의 일은 직업이 아니다. 구조화된 직업이 누리던 영광의 세월은 이미 우리를 떠났다. 미래에는 오늘날 우리가 알고 있는 일자리가 대부분 사라질 것이라는 주장은 충분히 설득력이 있다. 사실, 당신의 직업은 이미 사라졌다. 시간이 아직 지나지 않았을 뿐이다.

인간은 자신이 상상하는 미래를 발명하는 놀라운 능력을 갖췄다. 우리는 사물에 관해 생각하고 무의식적으로 그것을 만드는 방법을 찾는다. 이것은 집단 지각의 한 형태이다. 우리는 어떤 일이 일어날 것으로 생각하면 그 방향으로 움직이는 경향이 있다. 당신의 일자리와 내 일자리가 사라지는 두 가지 중요한 이유가 있다. 첫 번째는 인공 지능이고, 두 번째는 독립적인 근로자, 그러니까 프리랜서와 기업가 세계로의 복귀이다.

그렇다면 둘 중에서 정말 무서운 인공 지능을 먼저 살펴보자. 지금까지 자동화의 대체 대상은 주로 블루칼라인 작업 근로자들이었다. 그러나 지금은 처음으로 화이트칼라와 심지어 경영진도 대체될 위기에 직면하고 있다. 최고의 자격조건을 갖춰야 하고 사회적으로 존중받는 직업조차 예외가 될 수는 없다.

외과 의사를 대체하는 수술 로봇인 트라이코더*Tricorder*는 벌써 성공을 거두었으며, 변호사를 대체하는 법률 애플리케이션도 개발이 완료되었다. 우리가 한때 화석 연료로 움직이는 기계에 화물을 맡겼듯이, 이제 인공 지능에 우리의 '똑똑함'을 점점 더 많이 맡기게 된다. 좌뇌 논리가 지배하던 일자리는 이제 곧 인공 지능에 맡겨질 것이다. 인공 지능을 탑재한 기계를 사용하는 것이 비용마저 절감된다면 기업이든 정부든 인공 지능을 선택할 것이다.

인공 지능이 미래에 미칠 경제적 영향은 걱정스럽다. 호주경제개발위원회의 최근 보고서는 현재 호주에 존재하는 직업의 40%는 기술 발전으로 향후 10년에서 15년 사이에 사라질 가능성이 크다고 경고한다. 이러한 예측은 전 세계적으로 나타난다. 특히 노동력이 서비스에 집중된 선진국에서 계속된다. 직업이 사라진다는 연구 결과는 공포증을 유발하지만, 관심을 둔다고 해서 선택할 수 있는 일도 아니다. 그러니 긍정적으로 보자. 쓸데없는 일자리를 대체하고 우리는 시대가 원하는 더 나은 일을 할 수도 있지 않겠는가.

2016년 세계경제포럼World Economic Forum이 발표한 〈미래 일자리 보고서〉에 의하면, 지금 초등학교에 입학하는 아동의 약 65%가 아직 존재하지 않는 직업에서 일하게 되리라고 예측했다. 초등학교에 막 입학하는 아이를 둔 사람으로서, 나는 더 할 수 없이 기뻤다. 왜냐하면, 드디어 우리가 아이들을 좁디좁은 직업 경로로 성급하게 밀어 넣는 일을 그만해도 되기 때문이다. 이것은 아이들에게 단순하게 직업 훈련을 시키는 것이 아니라 적응력, 융통성, 실제 사회 문제를 다루는 핵심 기술을 가르칠 필요가 있다는 의미이기도 하다. 그러나 불행하게도 지금 우리는 일이 극적으로 변화하는 현실에 직면하고 있다.

그렇다. 당신의 직업은 로봇의 것이다. 그러나 한번 생각해보라. 과거에 그 많던 들소 사냥꾼이 이제는 없지 않은가! 모든 직업은 결국 기술로 인해 대체되거나 변화한다. 기술이 주도하는 실업은 항상 정해진 결과물이었다. 노동의 역사를 생각해보자. 나는 이를 창槍, 종자種子, 스패너Spanner, 실리콘Silicon이라는 네 단어로 요약한다. 인간 진화의 모든 단계에서 조금 더 자동화된 도구는 과거의 과업 접근 방식을 혁신하고, 새로운 과업을 도입했다.

우리의 도전 과업은 항상 가진 도구를 최대한 활용하는 것이었다. 창을 든 사냥꾼은 사냥한 식량을 집으로 가져오는 데 성공했는가로 판단 받았다. 농민은 수확량을 높이기 위해 종자를 보관하고 농기구를 최대한 활용했다. 우리는 곧 인공 지능을 활용해 일을 얼마나 잘 수행하는가로 판단 받게 될 것이다.

인공 지능이 우리 주위에서 점점 더 많은 일을 수행하게 될수록 결코 인간이 빼앗기지 않을 일자리도 있다는 것을 확신하게 될 것이다. 지금부터 50년간은 우리가 하던 일자리가 침해되면 인간권리가 침해된 것으로 여겨질 것이다. 하지만 더럽고 위험하고 존중받지 못하던 일은 '비非 인간'에게 의뢰되며, 이는 인간에게도 도움이 될 것이다. 기술은 일자리의 창출자이기도 했다. 과거에 사람들이 농장을 떠날 때는 할 일을 걱정했지만, 대안을 찾았고 그것이 삶의 질을 크게 향상했다.

미디어의 주요 에너지원은 공포이다. 진실을 말하자면, 미디어가 변화의 긍정적인 측면을 강조한다고 해서 유언비어처럼 흥미를 유발하지는 않는다. 진화론적으로도 우리는 기쁨보다는 위험에 더 관심을 기울이도록 프로그램되어 있다. 우리의 현재 운영체제인 '인간 운영체제

Operation System'는 200,000년이 넘었다.

이 인간 운영체제는 생존을 위해 복잡하고 위험한 세계를 신속하게 이해해야만 했다. 그래서 특정 상황에서 지름길이나 편향을 개발했다. 가장 보편적인 편향은 긍정보다 잠재적인 부정적 상황을 우선시하는 것이다. 오늘날에도 이 운영체제는 비관적인 뉴스와 인터넷의 미끼 링크 때문에 더욱 활성화되었다. 어쨌건 '만일을 대비해서' 우리는 부정적인 상황에 주의를 기울일 수밖에 없다.

경제 보고서에는 아직 소개되지 않았지만, 일자리가 사라진다는 나쁜 소식에 맞서 최근에 생겨난 일자리들이 있다. 이 일자리들은 영화 〈어벤저스*The Avengers*〉에 등장한다. 그 목록은 아래와 같다.

"UX 디자이너, 앱 개발자, 드론 운영자, 크라우드펀딩 조언자, 스마트폰게임 개발자, 블로거, 팟캐스터*Podcaster*, 소셜 미디어 전문가, 위키피디아 중재자, 콘텐츠 큐레이터, 커뮤니티 관리자, 우버 드라이버, 에어비앤비 호스트, 웹 비디오그래퍼*Videographer*, 유튜브 콘텐츠 제작자, 전자책 발행인, 비트코인 안내서 전문가, 전자상거래 상담사, 검색 엔진 최적화 전문가, 유전 카운슬러, 지속가능성 고문, 시민 기자, 무크*MOOC* 교사, 빅데이터 분석가, 클라우드 서비스 전문가, 로봇 윤리 전문가, 개인정보보호 컨설턴트, 사물인터넷 개인정보보호 전문가, 스냅챗 마케팅 에이전시, 가상현실 소매점"

내가 보기에 이 목록들은 아주 작은 예제에 불과하다. 오히려 각각의 일자리마다 100가지 이상의 변형 일자리가 존재한다. 당신의 경험이나 세계관을 접목하면 당신 스스로 이 목록을 크게 확장할 수 있다고 확신한다. 현재 전 세계에는 1,000만 명에도 못 미치는 앱 개발자가 있으며, 매년 800,000명 이상이 새로 이 일을 시작하고 있다. 강조하자면 이 일은 스마트 폰 이전에는 존재하지 않던 직업이다.

이 '새로운 일자리들'이 정말 멋진 점은 대부분 무료로 배울 수 있는 일이라는 것이다. 필요한 것은 '읽을 수 있는 능력'과 '인터넷 연결'이다. 오로지 배우고 하려는 의지만 있으면 된다. 그렇다고 정부나 직장 상사가 당신을 돕지도 않을 것이며, 비용을 지원하지도 않을 것이다. 아무도 당신을 대신해 팔굽혀펴기할 수는 없지만, 당신이 노력하면 보상이 주어진다. 새로운 직업 주변에는 비즈니스 기회가 항상 있으며, 종종 당신의 오래된 직업보다 더 많은 보수가 생긴다.

내가 잘 아는 사실의 하나는 UX$^{User\ Experience}$ 디자이너가 소프트웨어 엔지니어만큼, 때로는 그보다 더 많은 돈을 번다는 점이다. 당신의 예상대로 UX 디자이너는 사용자가 경험하게 될 제품이나 서비스에 관한 전체 경험을 디자인한다. 여기에는 종종 화면 기반 상호작용을 위한 시각 디자인이 포함된다. 흥미로운 점은 이러한 유형의 작업이 필요한 곳이 많다는 것이며, 학습 과정은 상대적으로 쉽다는 점이다. 대부분 사람이 집중적으로 노력하면 잘 배울 수 있다.

그러나 더 멋진 점은 기술 산업 내에서 이 직업이 갖는 비기술적 특성으로 인해 진입장벽이 상대적으로 낮다는 점이다. 그래서 내가 만난 최고의 UX 디자이너는 최고의 기술자가 아니라, 가장 공감 능력이 높은 사람이었다. UX 디자인 업무의 기술적 측면은 비교적 짧은 시간에 학습할 수 있다. 그래서 종종 기업이 이 일을 통해 경쟁우위를 확보하려고 할 때, UX 디자이너라는 고소득 일자리 수요는 증가할 수밖에 없다.

실제로 선택은 세계가 변하지 않고 어제와 같기를 바라거나, 오늘 주어진 기회를 활용하는 것 중의 하나다. 현존하는 일자리 중에 미래가 보장된 일자리는 정확하게 말해 하나도 없다. 들소 사냥꾼에서부터 바이너리 코더*Binary Coder*에 이르기까지, 그들은 결국 인간의 진보에 굴복한다. 구조적 실업은 인간이 진보하는 한 영원한 부산물이며, 가장 잘 대응하는 방법은 변화를 수용하고 같이 변화하는 것이다.

따라서, 우리가 할 수 있는 가장 우선적이고 가치 있는 일은 유연한 사고방식을 갖는 것이다. 이를 통해 우리 주변의 세계와 마찬가지로 자신을 변화시키고 혁신하는 일에 참여해야 한다. 그리고 기억해야 할 것은 지금 우리가 목격하고 있는 것이 계속 강조하고 있는 그 변화라는 점이다.

그렇다. 변화의 속도는 무섭다. 하지만 기술을 숙련하고 직업을 전환하기 위해 새로운 기술을 학습할 기회도 동시에 개선되었다. 그리고 당신이 속한 산업이나 직업, 재정적 미래에 관한 보고서를 읽을 때, 그것이 당신에게 어떻게 영향을 미칠지를 결정하는 것은 오로지 당신의 결정이라는 점을 기억하라.

연결된 일자리로 이동하라

　미래에 직원이 한 명도 없는 회사를 상상해보라. 당신은 이것이 불가능하다고 생각할 수도 있다. 나도 동의한다. 기업을 인간이 고안했다는 점을 고려하면 인간이 할 수 있고, 해야 하며, 하기를 원하는 과업 또한 항상 존재할 것이다. 게다가 이 과업들은 규칙적이지 않으며, 이질적으로 연계되기도 한다. 그런데도 대부분 회사의 목표는 종업원 비용을 줄이는 것이다. 그래서 우리가 생각하는 것보다 훨씬 빨리 직원이 없는 회사를 보게 될 것이다. 앞으로도 기업에서 많은 사람이 일하겠지만, 그들 중에 공식적인 회사 직원은 한 명도 없을 수 있다.

　이 패턴은 이미 분명히 자리 잡아가고 있다. 우리는 이미 소유의 세계가 아닌 연결의 세계로 빠르게 이동하고 있다. 많은 사람이 이를 '공유 경제Sharing Economy'라고 부르지만, 더 정확하게 말하면 임대 경제Rental Economy이다. 임대는 소유보다 훨씬 저렴하다. 역사적으로 임대와 관련된 마찰은 근로자를 포함해서 매우 높은 수준이었다. 하지만, 기술은 마찰을 제거하고 자산을 유동화하고 가시성과 가용성을 높이는 방법을 마련했다.

　사람들은 물건을 소유하는 대신 물건을 연결하려고 한다. 그들은 자신이 소유한 대부분 물건을 아주 짧은 시간 동안만 사용한다는 사실을 깨달았다. 냉장고와 냉장고를 보관하는 집을 제외하고, 살면서 가장 많이 사용되는 자산은 침대인데 12시간을 사용한다면 최대 50%의 사용률을 기록한다. 우리가 사는 두 번째로 비싼 물건은 자동차인데 10%의 낮은 사용률을 기록한다.

소유보다는 연결이 주택, 자동차, 음악, 서적에 이미 널리 확립된 원칙이 되어가고 있다. 무언가 필요할 때, 소유했을 때의 모든 혜택이 주어지면서 그것에 연결하는 것이 더 저렴하다면, 연결하는 방식으로 이동하는 것은 당연하다. 이제 기업도 사람이 필요하면 연결한다. 그래서 사람들은 임대공간에 들어간다. 앞으로 기업은 필요할 때마다 핵심 역량을 시장에서 임대할 것이다. 그래서 사람들은 여러 회사를 위해 다양한 프로젝트를 진행하는 프로젝트 진행자가 될 것이다.

이 프리랜서 세계를 들여다보자. 사용자는 프로젝트 중심으로 회사를 운영하므로 프리랜서에게 더 많은 돈을 지급할 수 있다. 사용자는 프로젝트 결과의 가치에 관심이 있다. 그래서 직원을 소유하는데 필요한 비용을 고려하지 않고 프로젝트 결과의 가치만을 근거로 대가를 지급한다. 사용자는 당신이 일하지 않는 동안은 돈을 지급하지 않을 것이고, 당신도 일하는 동안만 돈을 받기 때문에 시간을 낭비하지 않을 것이다. 사용자는 교육훈련에 투자할 필요가 없으며, 연금, 의료 보험, 초과 근무 수당, 연차 수당, 휴일 수당 등에서 벗어난다.

당신은 그로 인해서 더 부유하게 될 것이다. 어떻게 이런 일이 가능할까? 절반의 시간에 현재보다 두 배로 벌게 되기 때문이다. 그것도 자신이 연금이나 의료 보험 등 모든 비용을 충당할 만큼 충분히 벌게 된다. 프리랜서를 위해 관리업무를 맡아주는 신설 기업이 생겨날 것이며, 대규모 인력이 필요한 기업에는 할인을 제공할 것이다. 새로운 고용 형태로 인해 기업과 프리랜서에게는 과거에 기업이 했던 일보다 훨씬 많은 기회가 주어진다. 이런 세계에서 기업은 직접 해야 할 일에 집중하고 나머지는 외주로 처리하게 된다.

역사적으로도 고용된 직원보다 임대한 전문가가 항상 더 많은 보수를 받았다는 사실을 기억하자. 의사, 물리 치료사, 회계사, 치과의사, 배관공 등의 전문가는 항상 독립의 이점을 누렸다. 그러나 이제는 마찰이 제거되어 기업에 근무하지 않고도 모든 작업을 수행할 수 있다.

그리고 다수의 고객에게 시간을 빌려주는 프리랜서에게 좋은 소식이 하나 더 있다. 누군가와 거래가 끊어져도 걱정하지 말라. 다수의 상대와 거래하는 당신은 여전히 사업에 종사하고 있으며, 그로 인해 생활의 위험을 크게 줄일 수 있다. 프리랜서도 연결된 상태라면 생활의 위험은 제거된다.

이런 플랫폼 비즈니스는 생활의 모든 면에서 발생한다. 플랫폼에 구축되는 정보의 층은 실제 세계의 콘크리트와 강철처럼 사이사이에 구축되는 메타*Meta* 구조라고 할 수 있다. 그래서 다른 사람이 제공하는 정보의 무대인 플랫폼에서 춤을 추는 일이 늘어나게 된다. 어떻게 이런 일이 오늘날 벌어지고 있는지 몇 가지 사례로 살펴보자.

- 앱 스토어는 모든 유형의 앱 개발자와 기업가가 춤을 출 수 있는 플랫폼이다.
- 우버*Uber*와 리프트*Lyft*는 운전자를 위한 비즈니스 생성 도구를 제공한다.

- 워드 프레스*Word Press*는 시민 기자들과 월드와이드웹 상의 모든 사이트 중 24%를 위한 오픈 소스 플랫폼을 제공한다.
- 스포티파이*Spotify*는 음악가를 위한 플랫폼을 제공하고, 유튜브*Youtube*는 비디오 포맷으로 콘텐츠를 게시하고자 하는 모든 사람을 위한 플랫폼을 제공한다.
- 페이팔*Paypal*, 스퀘어*Square*, 스트라이프*Stripe*는 웹에서 송금하고자 하는 누구에게나 세계적 수준의 지급플랫폼을 제공한다.
- 블록체인*Blockchain* 데이터베이스는 중앙집중식 권한이 없어도 스마트 계약을 가능하게 하는 플랫폼을 제공한다.
- 공동작업 공간은 프리랜서가 전 세계 어디에서나 작업할 수 있는 공간을 제공한다.
- 99디자인즈*99designs*, 업워크닷컴*upwork.com* 및 프리랜서닷컴*freelancer.com*과 같은 프리랜서 웹 사이트는 사람들이 필요로 하는 기술을 찾는 장터를 제공한다.

이상은 아주 작은 사례이고 시작에 불과하다. 그러나 눈을 해외 개발도상국으로 돌리면 이런 일이 어떻게 전개되는지 확인할 수 있다. 인프라가 부족한 시장은 기존 체제를 유지하는 강력한 시스템이 없어서 이런 구조 변화를 더욱 신속하게 받아들이는 경향이 있다. 예를 들어, 유선 통신 환경이 부족한 경우 많은 사람이 모바일이나 무선 환경으로 직행한다. 그래서 결코 PC를 소유하거나 유선 인터넷에 연결하려고 하지 않는다. 또한, 그들은 선진국의 임금 체계에 변화를 가져올 글로벌 프리랜서 기회를 수용한다. 선진국은 개발도상국에 의해 와해당하지 않으려면 그들의 선례를 따라갈 수밖에 없다.

프리랜서와 기업가를 위한 이러한 플랫폼은 몇 가지 핵심 기술 요소로 가능해진다. 우선, 도구 사용료가 급격히 떨어지고 있다. 예를 들어, 사무실에서 사용하는 장비는 과거에 엄청난 비용이 들었다. 복사기, 레이저 프린터, 통신 설비, 화상 회의 장비는 큰 비용을 들여야 쓸 수 있었다. 그런 것들이 이제는 스마트 폰과 와이파이를 통해 저렴하게 여러 가지 방식으로 제공된다. 어디를 가든지 연결은 쉽다. 그래서 일을 하기 위해 엔지니어나 프로젝트 진행자를 찾는 마찰이 거의 사라졌다. 그조차 필요한 사람을 몇 번의 클릭으로 찾아 요청하면 된다.

프리랜서처럼 독립적인 업무 플랫폼으로 이동하는 경향을 가속하는 또 다른 요소는 사람들이 '회사나 직장을 이동하는 빈도'이다. 내가 처음 취업했던 시절에는 적어도 5년 동안은 한 회사에 머물러야 정상이라고 생각했다. 하지만, 이제는 2년 동안 같은 일자리에서 같은 일을 하고 있다면 당신에게 뭔가 문제가 생겼는지 사람들이 궁금해한다. 오늘날에는 경력 유동성과 이동성이 존중받는다.

"프리랜서는 독립이 정상이라고 새롭게 인식하는 세계에 진출하는 완벽한 플랫폼이다."

이런 변화는 제2차 세계 대전 후 종신고용의 시기가 무너지며 발생한 급격한 변화이다. 선진국에서 애플*Apple*, 알파벳*Alphabet*, 아마존*Amazon*, 페이스북*Facebook*과 같은 기술기업들이 형성한 신세계의 새로운 질서는 엑슨모빌*Exxon Mobil*, 포드*Ford*, 제너럴 모터스*GM*, 제너럴 일렉트릭*GE* 등이 누리던 구질서와는 매우 다르다.

새로운 기술기업들은 수익 1달러당 직원 수에서 전통 기업보다 현저하게 적다. 2016년 중반 페이스북의 직원 수는 14,495명에 예상수익은 연간 82억 달러였다. 직원당 수익으로 환산하면 565,000달러이다. 이것을 포드자동차와 비교해보자. 포드는 현재 199,000명의 직원과 77억 달러의 수익을 올리고 있으며, 이 실적은 직원당 39,000달러에 불과하다. 패턴은 분명하다. 페이스북의 이런 수치는 성장하는 시장에서 엄청난 투자를 계속하는 것까지 고려하면 더욱 과소평가된다.

과거에는 기업이 지역사회에 소득원을 제공했지만, 이제 기업은 지역사회가 수익을 창출할 기회를 제공한다. 이런 변화는 향후 어느 시점에 일어나는 것이 아니라, 이미 진행 중이다. 우리는 과거의 방식으로 돌아가고 있지만, 이번에는 산업 시대 이전에는 존재하지 않던 기업 안팎의 디지털 장인으로 변화할 것이다.

우리의 개인 브랜드, 시장인지도, 기술 변화를 평가하고 받아들이는 능력이 우리의 성공 열쇠가 된다. 우리는 변화를 찾아내고 이에 적응할 수 있어야 한다. 인간은 할 일을 만들어내는 존재이므로, 결코 일이 없는 세상은 오지 않으리라고 확신한다. 그러나 기술 격변의 시기에는 가치가 창출되는 방식에 대한 우리의 고정관념을 바꿔야 할 것이다.

새로운 에스컬레이터를 타라

아주 단순한 경제적 사실을 살펴보자. 지갑에 100달러가 있으면 100 달러는 항상 여러 부분으로 나뉘어 사용된다. 1996년에는 100달러에서 10달러가 영화를 보는 데 사용되었다. 이제 그 돈은 스마트 폰의 월 사용료로 사용된다. 사용처가 바뀌고, 그렇게 바뀐 사용처를 중심으로 일자리도 바뀌지만, 항상 돈은 소비되고 저축되고 투자된다. 미래를 보장받고 싶다면, 친구들이 시간과 돈을 지출하는 대상에 세심한 주의를 기울이는 것이 무엇보다 중요하다. 경제적 변화는 월스트리트를 강타하기 전에 항상 거리에서 먼저 일어난다. 사람들의 지출 패턴과 자금이 어디에 투자되는지는 우리에게 많은 것을 말해주므로 주목할 가치가 있다. 그곳에 항상 내일의 기회가 있다.

인간의 노동은 마치 에스컬레이터와 같다. 등장하는 모든 새로운 산업과 직업, 새로운 일자리 유형은 일정 기간 '노동 에스컬레이터'에 들어온다. 과업을 해결하는 더 효율적인 방법을 찾을 때까지 직업이나 일자리의 유형은 에스컬레이터에 잔류하게 되는데, 그 후 에스컬레이터는 정지한다. 이러한 일자리 유형 중 일부는 요리나 의학처럼 변화하지 않고 매우 오랜 시간 동안 에스컬레이터에 잔류했다. 전화교환원, 리프트 운전자, 타자원과 같은 일부 직업 에스컬레이터도 아주 오랫동안 사람들을 앞으로 이동시키지 않았다. 이런 일자리 일부는 50년 동안이나 이동하지 않았다.

모든 직업 에스컬레이터가 이렇게 나란히 놓여 있지만, 모두가 다른 속도로 이동하고 있다고 생각해보자. 어떤 것들은 곧 멈출 것처럼 보인다. 일부는 당신의 경력이 끝날 때까지 탑승할 수 있을 것으로 보였는데, 이들 대부분은 존경받던 직업이었다. 일부 에스컬레이터는 시간이 흐르면 면적이 축소되어 탈 사람이 줄어들기도 한다. 이런 에스컬레이터에서는 가능한 한 빨리 뛰어내려야 한다. 그리고 우리가 해야 할 일은 더 전망이 좋은 다른 에스컬레이터를 찾아 갈아타는 것이다.

그러려면 우리는 에스컬레이터를 단순히 타는 것으로 취급해서 그 위에 서 있어서는 안 된다. 에스컬레이터 안에서 일하고 앞으로 걸어가고 주위를 둘러보고 다른 에스컬레이터로 도약할 준비를 해야 한다. 장기적으로는 에스컬레이터에 그저 승차하는 것이 아니라, 소유권을 얻으려고 노력해야 한다. 그러나 무엇보다 에스컬레이터가 멈출 때 울어서는 안 된다. 오히려 에스컬레이터가 멈출 때를 알아야 한다. 그때를 준비하고 그 시간이 왔을 때 뭔가 하는 것이 우리의 일이다. 우리는 자립해야 한다.

이 에스컬레이터는 인간이 만든 발명품인 직업이다. 우리는 해야 할 일을 창안한다. 오늘날 인간이 하는 일 대부분은 물리적인 측면인 먹고사는 문제로 보면 거의 필요하지 않다. 우리는 인간의 창조적 발명을 과소평가해서는 안 된다. 앞으로의 변화는 불편하고 울퉁불퉁한 전환이 될 것이다. 많은 사람이 실직하고 정서적으로 황폐해지며 경제적 어려움을 경험하게 될 것이다. 이것이 내가 이 책을 쓰는 이유이다.

올바른 지식을 갖고 이 울퉁불퉁한 노면을 잘 지나고, 준비만 하면 필요할 때 새로 탈 수 있는 에스컬레이터를 발견할 수 있다는 사실을 나는 잘 알고 있다. 하지만, 이 문제는 학교의 문제이기도 하다. 학교는 우리에게 변화하는 삶을 준비시키지 않는다. 우리에게 한 에스컬레이터를 타는 방법을 가르쳐주기는 하지만, 그곳에서 다른 에스컬레이터로 이동할 방법을 가르쳐주지는 않는다.

인간 욕구 단계의 재고

'매슬로*Abraham Maslow*의 욕구 5단계'는 인간의 동기에 관해 설명하려는 경영학 교과서에 자주 언급된다. 이 이론은 또한 인간 집단의 기술적, 사회적 진화를 밝혀주는 유용한 기준을 제시한다. 욕구 단계를 다시 살펴보자.

[매슬로의 욕구 5단계]

매슬로는 욕구 단계에서 상위 욕구로 이동하기 위해서는 하위의 기본적인 욕구를 우선 충족해야 한다고 주장했다. 우리의 육체적 욕구가 충족되지 않는다면 더 높은 수준의 안전이나 사회적 욕구가 충족되기를 희망할 수 없다. 구조적, 경제적 관점에서 욕구 단계를 살펴보면 사람들이 일반적으로 상향식 궤도를 따르는 것을 알 수 있다.

우리의 육체와 안전의 욕구가 충족되면, 감정적으로 만족스러운 일을 찾는 데에 점점 더 집중한다. 자동화할 수 있는 가장 쉬운 욕구는 욕구 단계의 하위 레벨을 차지하는 욕구이다. 산업 시대에 우리는 자기 근육과 짐수레를 끄는 동물의 노력을 화석 연료로 구동되는 기계로 대체했다. 그렇게 우리는 여전히 '마력'으로 엔진을 측정한다. 고등학생은 무거운 물건을 얼마나 잘 들어 올리는지를 기준으로 능력을 판단 받지 않는다. 산업 시대에는 기계라는 새로운 근육을 좌뇌 논리와 조화시켰다. 그래서 학교는 고전적으로 논리적인 과목을 매우 높게 평가했다.

산업이론은 사회적 욕구 단계보다 낮은 수준인 인간적 문제를 해결하기 위해 논리와 기계 기술을 사용했다. 오늘날 우리는 좌뇌 논리의 미적분을 실리콘Silicon으로 만든 컴퓨터 칩에 적용하고 있다. 실리콘은 이제 우리의 저차원적 사고를 대체하고 있다. 그래서 요즘은 암기할 필요가 없다. 나는 더욱 창의적인 노력을 위해, 정신적인 램RAM을 절약하며 사용하는 것이 바람직하다고 생각한다.

내가 창의적이라고 말할 때 예술을 생각하지는 마라. 내가 예술이라고 말할 때 그림을 생각하지는 마라. 창의력은 새로운 방법을 적용하여 결과를 향상하는 것이다. 우리는 개인적이고 독특한 삶의 경험을 통해 겉보기에는 이질적인 요소들을 융합한다. 당신이 어떤 분야에서 창의적이라면, 당신은 예술가이다. 현대는 창의적인 모든 사람을 예술가라고 부른다.

예술가는 새로운 아이디어와 방법을 고안하고 새로운 각도에서 사물을 본다. 예술가는 대상을 혁신하고 더 나은 결과를 얻을 수 있는 새로운 시각을 창조한다. 단지 지시사항을 이행하고 따르는 것만으로는 새로운 가치를 창출하는 것도, 대체 불가능하다고 평가받기도 어렵다. 자신만의 아이디어를 만들고 자신만의 새로운 가치를 만들어야 한다.

우리가 다른 사람이 만든 규칙만 따를 경우, 바로 그 규칙이 우리를 대체할 사람을 선택한다. 그리고 그 규칙이 대체자에게 쉽게 인계될 수 있음을 기억해야 한다. 아니면 그 규칙이 우리가 있던 곳에 기계를 배치할지도 모른다. 과업이 일상적일수록 위험은 훨씬 크다. 단순히 기능적이라면 비용·효과 논리가 항상 이길 것이다. 그러나 덜 일상적인 일이라면 장래는 여전히 밝다.

이제 당신이 원래 타고난 대로 예술적이고 창조적인 사람이 될 때다. 이제 당신 안에 깊숙이 잠들어 있던, 12년의 학교 교육 동안 체계적으로 억압되었던 창의성을 깨울 때다. 그것은 세상에 필요할 뿐만 아니라, 빠른 속도로 경제적인 필수과제가 되고 있다. 기계조차 뛰어난 능력으로 우리를 흥분시키는 세상이다. 당신의 욕구 단계를 위로 끌어올릴 독창적 아이디어는 당신의 경제적 잠재 가치도 끌어올릴 것이다.

과거에는 "이런 일로는 도저히 생계를 해결할 수 없다."라고 했던 영역이 앞으로는 가장 수익성이 높은 영역이 된다. 당신에게 창의성이 있다면, 새로운 생태계는 당신의 편이다. 당신이 창의성을 깨워 세상에 내놓기만 하면, 창조적인 당신을 존중해 줄 사람이 수없이 많다고 확신할 수 있을 것이다.

많은 사람이 육체적 욕구와 안전의 욕구를 충족하기 위해, 문명사회의 기반인 사회적 욕구, 존경의 욕구, 자아실현의 욕구를 뒤로 미뤘다. 그러나 가까운 장래에는 우리가 하는 가장 가치 있는 일은 비록 기계나 로봇이 수행할 수 있을지라도 인간이 수행하기를 원하는 그런 일이다. 음악, 스포츠, 엔터테인먼트는 다가올 미래에 많은 단서를 제공한다. 인간이 무언가를 창조한다는 사실이 우리가 그것을 가치 있게 여기는 이유를 설명한다.

녹음된 파일로 음악을 무료로 들을 수도 있지만, 콘서트에서 라이브 공연을 보는 것은 전혀 다른 가치를 제공한다. 라이브 공연은 파일로 대체할 수 없는 일이고, 우리는 그 경험을 위해 큰 비용을 지급할 것이다. 단순히 '음악'이라는 명사에서 '공연한다'거나 '연주한다'라는 동사로 음악을 전환하면 청취자에게는 그 가치가 극적으로 바뀐다. 인간의 예술적 정신은 육체적 풍요의 세계에서 높은 프리미엄을 요구할 것이다.

당신의 약점을 무시하라

누구도 모든 것을 잘할 수는 없다. 하지만 모든 사람이 어떤 일에 뛰어나고, 심지어 천재가 될 수도 있다고 생각한다. 다음은 평생 듣게 되는 조언인데, 무시해도 좋다. "이것은 당신의 역량을 계발할 기회이다. 당신은 이러한 약점을 해결해야 한다." 당신은 전에도 이런 말을 들은 적이 있다. 학교성적표에서, 연말 인사평가서에서 그리고 당신의 단기 미래 중 일부를 통제하게 된 누군가로부터. 당신의 직장동료 한 명이 승진한 이후에 들었을 수도 있다. 당신은 이것과 저것 그리고 다른 것에 집중해야 한다. 그러면 당신은 좀 더 균형 잡힌 엔지니어, 회계사, 영업사원, 요리사, 학생이 될 것이다. 정말 그럴까?

이 조언은 사실 당신을 위한 것이 아니라, 그들을 위한 것이다. 잠시 그들의 관점에서 생각해보면 모든 것이 이해되기 시작한다. 회사는 어떤 업무에는 뛰어나지만, 다른 업무에는 실수하는 직원을 원하지 않는다. 그들은 직원이 평균수준이라면 신뢰할 수 있다. 그리고 감독 없이 최대한 많은 것을 해내는 착하고 균형 잡힌 직원을 원한다. 이는 일터를 더 효율적으로 만들어주며, 전체 시스템이 효율성을 기반으로 하는 경우에만 합리적이다.

어쨌든, 그들은 당신에게 피터가 왜 승진했는지 설명해야 한다. 그들은 피터를 더 좋아한다거나, 자신과 닮았다거나, 같은 학교 출신이라고 말할 수는 없다. 분명한 사실은 우리는 모두 약점을 가진 존재지만, 일부 사람의 약점은 간과된다는 점이다. 학교나 교사는 보통 어떤 과목에는 탁월하지만, 다른 과목에는 허둥대는 학생을 원하지 않는다. 얼마나 많은 학생이 자신의 핵심 역량을 발견했는지, 얼마나 많은 학생이 자신의 타고난 강점을 발견했는지가 아니라, 학급이나 학년 평균을 기준으로 평가된다는 말이다.

강점을 찾아 독립하라

자신의 약점을 용인하기로 했다면, 자신의 강점이 무엇인지에 대한 분명한 기준을 가져야 한다. 하지만 이것이 말처럼 쉽지는 않다. 특히 핵심 강점 중 일부는 쉽게 수입으로 전환될 수 없을 수도 있다. 그렇다. 이게 우리가 들었던 말이다. 나는 어렸을 때 비디오 게임을 좋아했었다. 어머니는 비디오 게임이 결코 가치 있는 결과를 만들지 못할 것이라고 불평했다. 그러나 비디오 게임업계는 올해 1천억 달러 이상의 매출을 기대하고 있으며, 전문 비디오 게임 플레이어는 관중 앞에서 라이브 게임을 하는 e스포츠에 참여해 연간 100만 달러 이상을 벌어들인다.

어떻게 생계비를 벌어야 하는지에 대한 제한이 풀리고 그 경계가 다시 설정되고 있다. 나는 아직도 내가 무엇이 하고 싶고 무엇에 강점이 있는지 몇 년마다 마음이 바뀐다. 어른이 되었을 때 무엇을 하고 싶은지 궁금하다면 다음과 같은 것들을 찾아야 한다.

독립의 기초, 3학년

3학년 때 곤란을 겪었거나 강점으로 인정받는 일이 성인이 되었을 때 당신이 하는 일의 기초를 형성한다. 내가 받은 모든 성적표는 '구두 표현'에서 '우수' 등급을 받았고, '너무 많은 약점'을 이유로 비판받았다. 이 '구두 표현'이라는 것을 내가 잘 했다는데⋯. 그런데 그것이 무슨 뜻일까? 대답은 항상 같았다. "당신은 말을 너무 많이 해." 오래전 초등학교 시절 그렇게 뛰어났던 그 강점이 현재 여러 해 동안 나에게 상당한 수익을 가져다주고 있다. 나는 전 세계에서 강의한다.

어쩌면 당신은 참고서 속의 그림 때문에 어려움을 겪었을 것이다. 어쩌면 당신은 종종 백일몽을 꾸다가 집중력을 잃었을 것이다. 어쩌면 당신은 의제에도 없는 엉뚱한 소리를 해서 다른 아이들을 흥분시켰을 것이다. 아니면 놀이터에서 재능을 보였을지도 모른다. 팀을 나누거나 평화를 유지하는 일로 말이다. 확실히 당신에게 빛나는 무엇인가가 있었다. 그리고 그 안에는 당신이 지금 잘할 수 있는 소중한 것이 있다.

10%의 법칙

햄버거 뒤집기에서 화장지 판매까지, 내가 거친 모든 일자리는 전반적으로는 그 일이 끔찍했어도 분명히 좋아한 부분이 있었다. 이는 실제로 탁월한 과업으로 나타나는 10%를 의미한다. 사무실의 다른 사람들이 그 일을 내가 잘한다고 판단해 도움을 요청하거나, 내가 그 일을 어떻게 잘 처리했는지 물어오는 그 10%를 말한다. 우리가 모든 과업에서 그렇게 할 방법을 찾을 수 있다면 우리는 더 많이 벌고 더 행복해질 것이다. 사실 이것을 실현하기는 대단히 쉽다. 그것이 강점이기 때문이다. 당신은 더 잘하고 더 존경받으며 다른 사람들이 경쟁할 수 없는 수준으로 향상할 수 있다.

신속하게 그만두라

무엇이 당신에게 도움이 될지 찾아내려면 어떻게 해야 할까? 누군가 월급을 줄 때 최대한 빨리 그리고 가능한 많은 것을 시도하면 된다. 우리는 이 작업을 신생기업처럼 실행해야 한다. 가능한 한 신속하고 저렴하게 많이 시도하라. 그렇더라도 성공에 이르는 길을 찾는 데는 번번이 실패할지 모른다. 이러한 시도가 실패해도 멋진 이유는 당신이 하기 싫은 것을 발견하도록 누군가가 돈을 대신 지급하고 있기 때문이다. 더 빨리 그만둘수록, 다음 아이디어를 더 빨리 테스트할 수 있다. 물론, 한 시즌 정도는 머물며 씨앗이 자라는지 확인하라. 그러나 당신이 보기에 땅이 비옥하지 않다면 더는 머물지 마라.

당신의 노력을 따르라

나는 내가 잘하지 못하는 많은 것에 열정적이다. 못하는 것이라고 해서 몇 번 하다가 그만두지도 않는다. 그렇다고 잘하는 다른 사람의 열정이나 따라다닐 만큼 어리석지도 않다. 억만장자 기업가 마크 쿠반 *Mark Cuban*이 지지하는 훌륭한 아이디어는 다음과 같다. "당신의 노력을 따르라. 노력은 재능과 능력의 결합에 관한 진실을 말해주기 때문에 흥미롭다." 노력은 평균 이상의 잠재력과 시장 보상이 교차하는 놀라운 지점이다. 우리가 해야 할 일을 알기 위해 우리가 한 일을 되돌아보는 것은 가치가 있다.

미래를 이해하는 가장 좋은 방법은 위대한 역사학자가 되는 일이라고 종종 말하는데, 이것은 훌륭한 조언이다. 하지만 이것은 우리 자신의 삶에도 구현할 수 있는 조언이다. 우리가 어려움을 겪을 때나 탁월한 능력을 보일 때, 우리가 남긴 발자취를 되돌아보면 다음에 우리가 무슨 일을 해야 할지 알게 된다.

우리는 향상하려고 항상 노력해야 한다. 그래서 세계를 탐색하는 기술 능력이 필요하다는 데에는 의심의 여지가 없다. 그러나 우리가 선천적인 재능을 가진 분야에 집중해 세계 최고가 되는 대신, 약점을 개선하려고 집중하는 것은 잘못된 일이다. 약점을 개선하라는 말은 빈약한 충고에 불과하다. 이것은 듣는 사람을 위해서 하는 충고가 아니라 충고하는 사람의 이익을 위한 경우가 대부분이다.

약점을 개선하라는 말은 지난 200년 동안 우리에게 순응하도록 압력을 행사했던 기득권 세력의 직접적인 산물이다. 가장 존경받는 과학자들과 기업가들이 자신의 재능 대신 약점을 개선하라는 충고를 들었다면 어떻게 되었을까? 아마도 현대 과학기술 사회에서 우리가 당연시하는 많은 것이 사라졌을 것이다. 인간 역사에서 주목할 만한 것을 창조한 사람은 누구나 자신의 강점에 초점을 맞추었다. 더구나 현대사회에서는 약점을 언제나 아웃소싱할 수 있다. 이제는 이런 생각을 삶의 경제적 영역에서 제거할 때이다.

경제학이 핵심이다.

물론 모든 일에 그렇듯이 규칙에는 예외가 있다. 우리가 모두 개선하려고 노력해야 하는 한 가지 약점이 바로 그 예외이다. 그 예외는 경제학이다. "당신의 전공이 무엇인지는 중요하지 않으며, 경제학이 항상 주전공이 된다." 우리가 돈을 어떻게 버는지에 관계없이 경제에서 돈은 모두가 공유하는 거래 도구이기 때문에 중요하다. 우리가 돈과 개인적인 재정 상황을 관리할 수 없다면 불행에 빠질 것은 자명하다.

돈을 세세히 이해하게 되면 인생의 스트레스가 줄어든다. 학교에서 재무를 공부할 때조차 배우지 못한 간단한 규칙과 도구가 가족과 가계를 효과적으로 관리하는 데 중요하게 쓰인다. '경제학*Economics*'이라는 단어가 고대 그리스어인 '오키오노미아*Okionomia*'에서 유래했다는 사실과 그 의미가 '집안의 규칙'이나 '가사 관리'를 의미한다는 점은 흥미롭다.

경제학은 현대 세계의 기초이다. 개인과 구조적 차원에서 돈이라는 시스템이 실제로 어떻게 작동하는지를 알지 못하면 이는 게임의 규칙을 모른 채 주사위를 굴리는 것과 같다. 하지만 아무도 그렇게 무모할 만큼 미치지는 않았다. 누구나 처음에 게임을 하기 전에 규칙을 묻는다. 하지만 인생의 중요한 게임에서 우리는 돈의 규칙을 거의 배우지 않으며 묻지도 않는다. 이 중요한 규칙은 회계나 재무 수업에도 등장하지 않는다. 돈은 대변이나 차변 그리고 장부에서 그것들의 위치와는 아무 상관이 없다.

돈에 관해 절대 바뀌지 않고 항상 작용하는 기본 원칙이 하나 있다.

부자가 되기를 원하든, 재정적으로 최상위 자리를 지키려고 하든, 이 원칙을 이해하면 미래를 위해 큰 도움이 될 것이다. 이 책의 다음 장인 '제 II부 수익*Revenue*'은 인생을 바꿔 놓을 금융 독립과 그를 위한 통찰력에 관한 것이다.

혁명을 위해 삶을 독립하라.

1. 가장 많은 시간을 함께 보내는 다섯 사람의 평균이 되자.

동료는 중요하다. 그들의 경제철학과 관점을 흡수하라. 동료를 조심스럽게 선택하고 신기술 반대자는 버려라. 오로지 미래에 집중하라.

2. 디지털 멘토 목록을 개발하라.

당신이 배워야 할 분야에서 세계 최고의 사상가를 활용하라. 그의 블로그, 팟캐스트, 트위터 등 온라인에 게시하는 모든 지혜를 당신의 편지함에 정리하라. 그리고 매일 필요한 분량의 정보와 영감을 꺼내라. 은밀하게 세계 최고들의 평균이 되어라.

3. 열 살의 당신에게 지금 무엇을 할지 물어보라.

이것은 당신이 얻는 가장 창의적이고 솔직한 대답일 것이다. 열 살에 당신은 기업가정신이 최고의 상태에 있었다. 이 사람이 아직 당신 속에 살아 있다. 그를 찾아라.

4. 장소를 변경하라.

일이 돌아가지 않을 때는 움직여라. 당신은 나무가 아니다. 많은 시간을 보내는 장소를 바꾸고, 일하는 장소를 바꾸고, 사는 장소를 바꿔라. 새로운 땅을 개척하라. 이동하라. 새로운 환경은 새로운 기회를 제공한다. 자신에게 강제적으로 적응력의 핵심을 키워 활용하라.

5. 그만두라.

일이 마음에 들지 않으면 최대한 빨리 그만두어라. 끝까지 노력하는 것은 바보짓이다. 도전의 숫자를 늘리는 편이 낫다. 그렇게 당신에게 맞는 일을 찾을 수 있다.

6. 자립하라.

자신에게 줄 수 있는 가장 큰 선물은 '자립'이다. 당신의 다음 행동이 자립의 크기를 증가시킬지, 아니면 제한할 것인지 질문하라.

7. 당신을 바꾸면, 모든 것이 당신을 위해 바뀐다.

비난을 멈춰도 영향이 전혀 없는 대상들이 있다. 부정적인 친척, 경제, 회사, 상사, 정부, 정치인, 동료, 말로만 친구인 사람이 그들이다. 그들은 당신의 성공에 영향을 미치지 않는다. 그들은 매번 직면하는 도전과 같으므로 대신에 자신에게 집중하라.

How to Hack Your Way Through the Technology Revolution

제II부
수익

우리는 모두 실제 세계에서 벌어지는 독점 게임에 참여해 주사위를 굴리고 있다. 하지만, 우리 중 극히 소수만이 게임 하는 법을 배웠다. 돈은 항상 특정 규칙을 따른다. 그래서 이 규칙을 이해하면 게임을 더 잘할 수 있다. 그들 중 일부는 게임 하는 동안에는 규칙을 배울 수 없다. 이 규칙을 알고 활용하는 사람이 풀어줘야만 알 수 있는 비밀이다. 그러나 좋은 점도 있다. 이 규칙들은 어떤 면에서는 철학적이며, 일반적인 규칙은 시간이 지나도 크게 변하지 않는다.

제II부 '수익'에서 우리는 돈에 관한 진실을 확인하고 교실에서 배운 적이 없는 것들을 발견하고자 한다. 경제학자들이 선호하는 '모호한 말'을 주의 깊게 살펴 피하는 방법을 발견하고자 한다. 무엇보다 단순하고 직설적인 언어로 이 개념을 탐구할 것이다. 우리가 여기서 관심을 두는 것은 임금이나 투자가 아닌, '돈의 흐름'이다. 그래서 나는 돈을 '수익'이라고 정의한다. 당신은 돈을 수익이라고 정의하자마자 어떤 생각이 드는가? 당신의 머릿속은 이미 임금 근로자의 사고방식을 극복하고 재무 전문가의 방식으로 생각하기 시작했을 것이다.

당신은 이제 곧 모든 돈이 동등하게 만들어지지 않으며, 어떤 돈은 만들기가 더 쉽고, 생각보다 위험이 크지 않다는 사실을 알게 될 것이다. 정부는 어디에서 돈이 만들어지는지에 따라 예상보다 훨씬 많은 돈을 유지하게 해줄 것이다. 경제 체제가 특정 플레이어나 특정 규칙을 지원하도록 조작하는 방법에는 여러 가지가 있다. 이러한 편견을 제대로 인식하고 두려워하지 않는 것이 모든 차이의 출발이다. 이것은 실제로 재정적 독립의 길을 성공적으로 만들기 위한 핵심 요건이다.

돈의 진실을
배워라

왜 그래야 하는지는 모르겠지만, 내가 어른이 되자 돈 문제를 이야기하는 것이 금기시되었다. 오늘날까지도 사람들은 자기가 얼마나 많은 돈을 버는지 이야기하고, 의견을 교환하는 것을 어색해한다. 돈 때문에 사람들은 조금 이상하게 행동한다. 돈이 전부는 아니지만, 돈은 현대 생활을 유지하는 접착제와 같으므로 그것이 어떻게 작동하는지 알 필요가 있다. 돈에 관해 알고 싶어 하는 사람들은 그것을 혼자서 찾아야 했다. 실제로 학교에 가는 이유조차 '돈을 버는 방법'을 배우는 것이 아니라 '직업을 얻는 방법'을 배우기 위해서인 것처럼 가장한다. "전쟁에 관해서 이야기하지 마라." 그러나 우리가 학교를 졸업하는 날, 인생은 돈의 전쟁터로 바뀐다.

돈에 관해 학교에서 가르치지 않은 이유를 이 책의 시작 부분에 썼다. 학교는 절대로 부자가 되는 방법을 가르치기 위해 세워지지 않았다. 그저 기존 산업이나 신흥 산업에서 직업을 얻는 방법을 가르쳐주기 위해 세워졌을 뿐이다. 학교는 읽기^{Reading}, 쓰기^{Writing}, 셈하기^{Arithmetic}의 세 가지 R을 가르치는 곳이다. 그러나 돈은 호기심이 아주 많은 짐승과 같아서 셈을 잘하는 것만으로 돈을 잘 관리할 수 있다는 보장이 없다. 그리고 돈을 많이 번다고 해서 돈을 이해했다거나 돈을 유지할 수 있다는 것을 의미하지는 않는다.

내가 가장 중요하게 생각하는 '수익^{Revenue}'의 'R'을 추가하는 이유가 그 때문이다. 내가 의도적으로 '수익'이라고 지칭한 이유는 다음과 같다. "나는 사람들이 일자리와 직업을 초월하여 돈을 벌기를 원한다. 그리고 돈을 축적할 수 있는 모든 방법을 포함하여, 돈을 온전하고도 객관적으로 보기를 원한다. 또한, 임금 근로자의 사고방식을 완전히 소멸시키기를 원한다." 우리가 사용하는 언어의 변화는 우리의 생각을 재구성하게 하여 우리의 삶을 변화시킬 수 있다. 수익이 작용하는 방식, 수익을 내고 키우는 방법을 알면 삶의 편의성을 높일 수 있다. 학교는 아이들이 간단히 이해할 수 있는 방식으로 돈에 관한 진실을 배우도록 준비하여 가르쳐야 한다.

생산 요소가 될 것인가, 생산 요소를 조직할 것인가

수익 창출에 관해서는 선택의 여지가 있다. 우리는 생산 요소가 될 수도 있고, 생산 요소를 조직하거나 소유할 수도 있다. 우리가 생산 요소라면, 우리는 본질에서 다른 누군가가 조직한 시스템의 도구이다. 우리는 과정 일부에 불과하며, 무언가를 이루는 데 작은 역할을 한다. 우리는 해야 할 일에 관해 이야기를 듣고, 우리가 노력한 대가로 보수를 받는다. 일반적으로 우리의 기여가 더 중요할수록, 우리를 대체하기 어려울수록 더 많이 보수를 받는다. 우리가 덜 중요하거나, 대체할 수 있으면 더 적은 돈을 받는다.

생산 요소를 조직할 때, 최고경영자와 같은 사업가는 시장을 위한 제품이나 서비스를 만드는 데 필요한 기술과 자산을 인간과 함께 결합한다. 이제 사업가의 과업은 제품이나 서비스를 생각하고 생산 요소인 인적 자원, 원자재 등을 조정하여 생산비용보다 더 많은 돈을 버는 것이다. 이것을 이익이라고 지칭한다.

간단한 거래가 아니라 당신이 생산 요소 중 하나라면, 기본적으로 당신은 사업가들의 이익을 위해 다른 누군가에 의해 조직될 것이다. 이것이 반드시 나쁜 것은 아니지만, 우리가 시스템의 질서 내에서 어디에 있는지를 명확하게 이해하는 것이 중요하다. 생산 요소를 조직하는 것은 일반적으로 생산 요소가 되는 것보다 수익성이 높다. 이것은 일반적으로 생산 요소가 되는 것보다 경제창출과정에서 재무위험이 더 크기 때문이다. 간단히 말해서, 우리가 흔히 듣는 위험과 수익의 관계로 요약된다. 재무위험이 클수록 해당 위험을 감당하는 사람에게 수익이 더 커진다. 대체되거나 중복되는 사람은 등식에서 항상 '생산 요소' 쪽에 가깝게 있다.

"당신이 누군가 다른 사람의 소유 일부일 때, 당신은 자신의 미래를 통제할 수 없다. 다른 누군가가 당신의 미래를 통제하는 것이다."

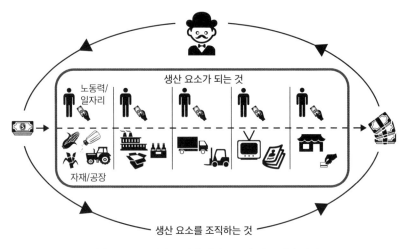

[생산 요소를 조직하는 것과 생산 요소가 되는 것의 대비]

생산 요소로서의 통제력을 확신할 수 있는 유일한 순간은 당신 없이는 생산 자체가 일어날 수 없을 때이다. 예를 들어, 콘서트와 같은 공개 이벤트를 생각해보자. 누군가가 그것을 고안하고 구성하여 판매하겠지만, 관객을 확실히 보장해주는 스타가 필요하다. 비욘세 없이 '비욘세 콘서트'는 없다. 이럴 경우, 그녀는 주최 측만큼, 때로는 더 많은 수익을 낼 것이다.

따라서 당신이 생산 요소로 참여한다면 경제적 공급망에 자신이 얼마나 중요한지 주의를 기울여야 한다. 우리가 가진 기술이 좋을수록, 더 큰 가치를 창출할수록 당신은 더 큰 돈을 벌고 대체가 더 어려워진다. 수요와 공급의 기본법칙이 따르기 때문이다. 당신이 하는 일에 과

잉공급이 있으면 가격은 내려간다. 그리고 다른 공급자나 자동화에 대체될 위험에 처한다. 당신이 하는 일을 할 수 있는 사람이 적어 공급이 제한되고, 당신이 가진 능력에 대한 수요가 크면 '당신'의 가격이 상승한다.

이 경제학의 첫 번째 교훈은 너무도 쉽게 잊는다. 당신이 생산 요소라면, 당신이 하는 일에 대한 수요와 독점을 반드시 확보해야 한다. 그래서 생산 요소가 되는 것보다 생산 요소를 조직하는 것이 중요하다. 시장 수요에 따라 조직하는 방법을 변경할 수 있으므로 기본적으로 생산 요소를 조직하는 쪽이 더 큰 유연성을 확보하게 된다.

ESTEEM이 중요한 진짜 이유

이 책의 시작 부분에서 STEM$^{Science, Technology, Engineering, Mathematics}$이 새로운 세계의 핵심적인 교육 영역을 적절히 취급하지 못한다고 주장했다. 그 이유는 경제학^{Economy}과 기업가정신^{Entrepreneurship}을 무시하고, 'STEM이 왜 중요한가?', '우리가 일부를 이루고 있는 여러 시스템에서 STEM은 얼마나 적합한가?'와 같은 논의만 해왔기 때문이다.

STEM은 우리의 기술을 시장으로 연결해주기는 하지만, 그 기술을 통해 혜택을 누리게 될 사람들에게 다가가는 방법에 관해서는 절대 알려주지 않는다. STEM은 생산 요소의 조직화가 생산 요소 일부가 되는 것보다 낫다고 가르치지 않는다. 그리고 STEM이 가치 있는 것을 창출하기 위한 근본적인 전제 조건이라는 점을 가르치지 않는다. 이것이 바로 발명가가 창출한 많은 것이 발명가의 것이 아닌 하나의 발명품으로만 인정받는 이유이다. 나는 토머스 에디슨*Thomas Edison*을 말하고 있다. 전구의 발명으로 널리 알려진 에디슨은 사실 그 기술에 이바지한 많은 사람의 한 명이었다. 하지만 그에게는 남들에게 없던 두 가지가 있었는데, 그것은 경제학과 기업가정신이라는 두 개의 'E'였다.

STEM의 성공은 경제학과 기업가정신에 달려 있다. 아이들에게는 STEM 교육으로 창조할 수 있는 훌륭한 기술에 초점을 맞추게 하면서도, 불행하게도 사람들은 여전히 STEM을 시스템 속의 소도구로 생각하는 낡은 사고에 갇혀있다. "이봐, 우리의 미래기술사회를 위해 중요한 것들을 배워!"라고 말하고는 "비즈니스는 '우리'에게 맡겨!"라고 말하고 있다. 이것이 STEM을 ESTEEM으로 대체할 것을 제안하는 이유이다.

자신의 아이디어를 일깨워 직접 실행하지 못하는, 비즈니스를 전혀 이해하지 못하는 차고의 영웅들이 너무 많다. 그러니까 조용히 집에서 뚝딱거리며 발명품을 만드는 평범한 사람이 너무도 많다는 사실이 나는 항상 의문스럽다. 당신은 어쩌면 그런 몇몇 사람을 알고 있을지도 모른다. 시장진입 방법을 찾지 못한 사람을 위한 훌륭한 도구, 그것이 여기에 있다. 이것이 시장과 고객이 기술을 필요로 하는 이유이며, 지역사회 전체가 이 기술로 혜택을 받을 수 있는 이유이다.

"모든 기업가를 위한 첫 번째 규칙은 간단하다. 생산 요소를 조직하라. 절대 생산 요소가 되지 마라. 당신이 기업가에게 팔고 있는 그 기술로부터 독립하여, 그 핵심 기술에 대한 수요를 탄탄하게 지지하는 시스템을 구축하라."

기술이 뒷받침하는 연결 혁명

우리는 점차 복잡해지는 세상을 살고 있다. 우리는 특정 기술과 특정 산업 분야에 경외심을 갖고 그들이 어떻게 그렇게 할 수 있는지 궁금해한다. 초고층 빌딩, 아름다운 현수교, 손가락 매듭처럼 연결된 고속도로 램프, 초고성능 컴퓨터 장비, 에너지 네트워크, 뉴욕시에 신선한 양상추를 공급하는 공항들, 당신의 궁금증은 어디서 시작하는가?

자신이 일하는 산업을 좀 더 자세히 살펴보라. 이 영역에서 자신이 전문가인데도 단지 일부만을 알고 있을 정도로 매우 많은 변수가 존재한다는 사실을 알게 될 것이다. 특히, 조직 계층 구조에서 상위에 자리 잡은 경우, 어떤 것이 어떻게 작용하는지 다 아는 사람은 현대 세계에는 존재하지 않는다. 인간을 구별하는 핵심적인 특징은 우리가 가진 사회적 본성과 우리가 집단으로 일을 처리하는 방식이다. 지구상에 있는 다른 동물과 비교할 수 없는 수준으로 우리는 분업하고 있다.

1958년, 레너드 리드*Leonard Reed*는 〈나, 연필〉이라는 유명한 에세이를 썼다. 이 글에서 그는 간단한 연필을 만드는 데 관련된 엄청난 복잡성을 논의했다. 그는 독립적으로 그리고 상호 의존적으로 일하는 사람들이 원자재를 완제품으로 단계적으로 변형시키는 과정을 추적했다. 그는 나무, 접착제, 흑연, 옻칠, 페인트, 페룰*Ferrule*, 팩티스*Factice*, 경석 및 와스에 관해 썼다. 선적물을 항구로 안내하는 등대지기부터 공장 바닥을 청소하는 환경미화원에게 이르기까지 각기 다른 산업에 종사하는 사람들에 관해서도 썼다. 지난주에 주문한 자전거나 스마트 폰, 심지어 포장판매 피자에 대해서도 같은 조사 방법을 적용하면 그 복잡성에 놀랄 것이다.

신기술일수록 이해하기 훨씬 어려운 수준의 복잡성을 포함하는 것은 사실이다. 하지만, 〈나, 연필〉에서 보여주듯이, 우리 주변의 세계에서 사물들이 어떻게 작용하는지 이해하지 못하는 것은, 어려운 일이라기보다 당연한 일이다. 그렇더라도 신기술에 대한 두려움에 겁을 먹고 신기술이 우리에게 제공하는 경제적, 사회적 영향을 간과하지 않는 것이 무엇보다 중요하다.

이 과학기술 혁명은 지난 산업혁명보다 더 친절하고 인간적이다. 이번에는 우리가 알지 못하는 것을 알고 있는 세계의 누군가와 연결하고자 한다면 키보드를 몇 번 두드리거나 음성 검색을 하면 된다. 어떤 것을 조직하는 데 필요한 사람을 찾을 수도 있다. 우리는 필요하다면 설명이 담긴 비디오를 볼 수 있으며, 그조차 대부분 무료이다. 이 선물을 생각할 때, 우리는 복잡성에 대해 과도하게 걱정할 필요가 없다.

우리의 두뇌는 여전히 우주에서 가장 복잡하다. 우리는 두뇌가 일할 때 어떻게 하는지 많이 알지 못해도 두뇌를 유용하게 사용한다. 우리 주위의 신기술에 압도당했을 때는 이를 기억할 필요가 있다. 자동차의 메커니즘이 어떻게 작동하는지 전혀 모르지만, 나는 평생 자동차를 탔고 운전해온 수혜자였다. 우리는 혜택을 제공하는 기술을 '가동'하기만 하면 되며, 일반적으로 표면 아래에 있는 부분은 '무시'하고 그 부분을 다른 사람에게 넘길 수 있다.

인간 노동의 '분업'은 먼 옛날부터 우리가 인생에서 할 수 있는 가장 강력한 일이 '연결'이라는 사실을 보여주었다. 사람을 연결하고, 자산을 연결하고, 아이디어를 연결하고, 업계를 연결하고, 지역을 연결한다. 나는 인터넷을 '기술이 뒷받침하는 연결 혁명'이라고 생각한다. 기술 그 자체는 단순한 '촉진자'일 뿐이다. 인터넷이 가능하게 만드는 새로운 연결은 모든 잠재적인 힘이 나오는 곳이라는 사실을 기억하라. 인터넷이 하는 일을 간단히 정리하면 다음과 같다.

· 인지적 잉여를 연결한다.
· 자원을 보다 효율적으로 할당한다.

인지적 잉여

인터넷에 연결된 모든 사람의 생각과 창의적인 투입으로 만들어진 모든 콘텐츠를 말한다. 이 잉여는 거의 무한하다. 위키피디아*Wikipedia*의 293개 언어로 된 270억 개 이상의 단어는 연결된 대중의 잉여 지혜를 나타낸다. 추상적인 주제에서 터무니없는 주제까지, 우리는 모든 주제에 관한 유튜브*Youtube* 비디오를 찾을 수 있다. 고양이 동영상만 해도 3천만 개 이상이 유튜브에 있다.

자원 배분

자원 배분 또한 변화했다. 인터넷이 탄생하기 전에는 어떤 자원을 활용할 수 있는지, 만약 다른 사람이 자원을 활용하고 있다면 다른 어느 곳에서 그 자원을 확보할 수 있는지, 최적의 가격이 얼마인지 등을 알 방법이 없었다. 그러나 자산에 대한 불투명한 정보를 투명하게 만듦으로써 이전에는 존재하지 않던 거래가 창출됐다. 이전에 유휴상태였던 것을 활성화함으로써 새롭게 돈을 벌 수도 있게 되었다. 더 개방된 방식으로 우리 세계의 물리적인 대상들을 연결하는 것은 효율성과 새로운 금전 수익을 창출한다.

간단히 말해서, 당신의 미래소득은 효과적으로 인지적 잉여를 조직하거나, 더 효율적으로 자원을 할당하는 것에 연결되면 커진다. 이렇게 되면 일반적으로 옆에 있는 사람이나 주변 사람보다 더 높은 수익을 올릴 수 있다.

당신도 시작하면 된다

학교는 시스템을 인식하는 방법이나 시스템에서 자산이 되는 방법은 가르쳐주었지만, 그것들을 조직하거나 고안하는 방법은 절대 알려주지 않았다. 요점은 이렇다. "당신이 동시에 둘을 다 할 수 없다는 규칙은 없다." 우리가 생산 시스템을 조직해 구축하는 방법을 배우는 동안 소득을 올리는 소도구인 시스템 자산이 될 수 있다. 사실, 내부에서 배우는 것보다 더 좋은 방법은 없다.

비록 당신이 준비한 일이 끔찍한 결과에 이르더라도, 어떤 식으로 일하면 잘못되는지는 확실하게 알게 될 것이다. 주변 사람들의 실수를 관찰하는 것은 어떻게 하면 일을 잘하는지를 배우는 가장 좋은 방법이다. 누구나 주말이나 야간을 활용해 전통적인 방식으로 생활비를 벌면서도 한편으로는 기업가정신을 배울 수 있다. 당신도 시작하면 된다. 비용을 낮추고 시도하라. 이에 대한 자세한 내용은 제Ⅲ부 '재창조'에서 다룬다.

여기에서 문제라면 대부분은 호기심과 용기의 문제다. 당신이 제대로 알지 못한다는 사실을 인식하고 어쨌든 그 일을 시작하라. 상식적인 결정을 내려라. 알고 있는 사람들에게 물어라. 그러면 당신이 배운 것들이 생각보다 훨씬 더 멀리 나가도록 할 것이다. 모든 자산을 하나의 벤처사업에 투자하거나, 다른 사람의 멀쩡한 생계수단을 위험에 빠뜨릴 만큼 바보는 아니지 않은가? 알다시피 시도하는 것 자체로는 위험이 거의 없다. 아무도 굶어 죽거나, 노숙자가 되거나, 호랑이에게 잡아먹히기를 원치 않는다.

기업가적인 일을 시작하는 것에 대한 두려움은 대부분 머릿속에 존재한다. 실수하면 안 되고, 위험을 감수할 필요가 없으며, 우리의 이름 옆에 빨간 글씨로 나쁜 기록이 남겨지면 안 된다고 생각한다. 언급한 대로 이런 생각은 대부분 어린 시절부터 주입된 교육에 뿌리를 두고 있다. 어쨌든, 적어도 실패는 성공의 반대가 아니다. 성공의 반대는 '무행동無行動'이다. '실패'하는 동안 적어도 점점 가치 있는 이상을 실현하는 것이다.

2016년 다큐멘터리 영화 〈하이퍼 노멀라이제이션*Hyper Normalization*〉에서 영화감독 아담 커티스*Adam Curtis*는 '우리 시대에 놀라운 정치적, 사회적 역설이 너무나 많이 있는 것처럼 보이는 이유'를 설명한다. 그는 "시스템이 고장 난 경우, 유효한 대안이 없는 것처럼 보이면 시스템이 고장 났다는 것을 확신할 수 있다. 하지만 우리는 모든 것이 정상적인 것처럼 계속 진행하며, 현상이 유지될 수 있는 것처럼 혼자서 가장한다."라고 했다. 영화의 제목은 알렉세이 유르차크*Alexei Yurchak*의 흥미로운 책에서 가져온 것으로, 그는 소련 붕괴 전인 1980년대 후반의 소련을 묘사했다.

커티스는 인터뷰에서 "모든 사람이 그 시스템이 가짜라는 것을 알고 있었다. 정치가들이 경제를 전혀 통제할 수 없다는 것도 알고 있었다. 그런데 대안이 없었기 때문에, 모든 사람이 시스템을 정상으로 간주했다." 그래서 유르차크는 하이퍼 노멀라이제이션이라는 용어를 고안했다. 이 용어의 의미는 거짓이 수용된 이유가 단지 대안도 계획도 없었기 때문임을 설명한다.

커티스는 대안에 관한 실질적인 계획이 없을 때, 우리가 겪는 경제적 무행동과 정치적 타성을 묘사했다. 정치인들은 당신에게 '그들이 어떻게 세상을 변화시키고 경제 상황을 개선할 것인가'에 관한 이야기를 들려주지만, 사실 그들의 약속은 대부분 공허한 것이다. 그러나 이 책의 마지막 부분에 제시된 '재창조'의 기회를 따라가면, 무엇을 해야 할지 정확하게 알 수 있다. 무엇보다 당신은 대안이 있다는 것을 알게 된다. 그 대안은 당신에게 절대적으로 필요한 것이고, 전통적인 권력 구조를 우회하는 방법이다.

일과 성장에 관한 거짓말

정치인이 하는 일자리와 성장에 관한 약속보다 더 악의적인 약속은 없다. 그들은 모든 잘못된 메시지를 사회에 보낸다. 이것은 기존의 시스템을 두둔하는 또 다른 방법이다. 그들의 말은 인생은 쉬운 것이며, 경제가 순조롭게 항해하던 호황기로 곧 회귀할 것이라는 향수 어린 약속이다. 진짜 문제는 이런 사고방식이 '사람들에게 어떻게 생각하도록 만드는가'이다.

이런 말은 다른 누군가가 우리를 대신해 일해줄 것이라는 믿음을 견고하게 만든다. '그들이 우리가 각자 직면한 문제를 해결해줄 것이다. 그들이 우리 산업을 고치고, 우리가 제공하는 제품이 수요가 있는지 확인해 줄 것이다.' 물론 경제 '성장'이 일정 부분 그것을 가능하게 해줄 수 있다. 그렇게 되면 우리는 이전보다 더 큰 돈과 많은 기회를 얻게 될 것이다. 우리가 그들을 선출하면 만사가 좋아질 것이다. 과연 그럴까?

정치인은 열심히 일하는 사람들에게 더 좋은 일자리를 약속한다. 그러면 열심히 일하는 사람들이 다음과 같이 답변한다. "당신이 더 좋은 일자리를 만들겠다고? 멋지군. 바로 우리가 필요로 하는 것이 그거야.

우리는 더 좋은 일자리가 창출될 때까지 앉아서 기다릴게. 정치인들이 도착하면 곧바로 우리에게 알려줘. 소리쳐줘." 그러면서 사람들은 정치인에게 달려간다. 그리고는 평생 모든 노력을 기울여서 습득한 기술을 발휘할 것을 약속한다. "이렇게 해줘서 고마워. 이제 인생이 좀 더 편하게 될 거야. 걱정은 그만둘 거야. 우리는 항상 해온 일을 계속하는 편이 훨씬 나아. 그냥 여기에 있을 거야."

문제는 여기에 있다. 즉, 이 생각은 안팎이 뒤바뀌었다. 사람들은 자신을 돌봐줄 누군가를 기다리고, 시스템이 자신들의 요구를 충족시킬 것이라고 믿는다. 그것을 아는 정치인들은 믿음과 인내만 있으면 된다고 말한다. 그리고는 사람들에게서 주도권과 자립심을 박탈한다. 사람들에게 창조자가 아니라 수신기가 되라고 가르친다. 이는 사람들이 자신의 자원으로 가능한 모든 방법을 통해 수익을 창출하는 것이 아니라, 단지 노동으로 참여하는 방법만 계속 생각하도록 만든다.

이는 변화하는 시장이 요구하는 것을 가지려면 자신을 쇄신해 재창조하는 일이 필요하다는 현실을 무시한다. 이는 프리랜서이든, 새로운 비즈니스 창업가든 독자적인 수익을 창출하기 위해서는 직접 무언가를 창출해야 한다는 생각을 포기하게 한다. 이는 적은 돈으로 사람들의 시급한 경제문제를 교묘하게 해결해줌으로써 새로운 경제적 기회를 적극적으로 찾고 고안하는 사회를 가로막는다. 그래서 나는 '일자리'라는 단어를 사용하는 것을 좋아하지 않는다. 이 단어는 너무 수동적이다. 나는 '수익'이란 말을 훨씬 선호한다.

"수익은 내게 '수익을 창출하는 방법이 많다'라는 사실을 알려준다.

한편 일자리는 '한 군데에서만 돈을 벌 수 있다'라고 알려준다. 하지만 이것은 사실이 아니다. 이것은 사람들의 생각을 제한하고 사회가 새로움을 창출하는 것을 제한한다." 우리는 그 이상을 받을 자격이 있다. 우리는 세상이 필요로 하는 것과 이 필요에 대응하는 방법을 제대로 알아야 하고, 그에 따른 존중도 받아야 한다. 전면적으로 진행되는 경제 변화에 대처할 수 없는 아이들처럼, 우리도 경제적인 측면에서 외래 환자 취급을 받고 있다.

오래되고 보수가 좋은 제조업의 일자리가 쇠퇴하는 한편, 새로운 기회도 끊임없이 등장하고 있다. 시장은 정치가의 약속에 관심을 두지 않는다. 시장은 오늘날 당신이 어떤 기술을 보유하고 있으며, 과거에 어떤 일로 성공했는지 신경 쓰지 않는다. 시장은 고객이 요구하는 것을 제공하고 희소성을 기준으로 가격을 책정한다. 페이스북이 거대한 시가 총액을 보유한 이유는, 페이스북이 17억 인구의 관심을 끌었고, 이 관심은 오늘날 시장에서 가장 희소한 상품의 하나이기 때문이다.

· 수요 × 희소성 = 시장이 부여하는 가치

우리는 어떤 형태든 자신이 참여하고 있는 경제활동에 관해 끊임없이 자문해야 한다. "사람들이 그것을 얼마나 많이 원하는가, 그리고 세상에 얼마나 많이 있는가?" 우리가 바뀌면 인생이 바뀐다. 우리가 나아질수록 인생도 나아진다. 그러니 일이 더 쉬워지길 바라지 말아야 한다. 우리가 할 수 있는 최상의, 가장 스트레스가 적은 투자는 정치인이나 시스템이 아닌 자신에게 투자하는 것이다.

우리가 그렇게 하지 않으면 어떻게 다른 누가 우리에게 투자하리라고 기대할 수 있겠는가? 기술은 이미 우리가 과거에 얻은 것이다. 이제 그 기술은 우리가 계속 설명해야 하는 대상일 뿐이다. 우리는 컴퓨터 소프트웨어를 정기적으로 업그레이드하는 것처럼 가치 있는 새로운 정보와 기술을 배우고 지능적 소프트웨어를 업그레이드해야 한다. 그렇게 할 때, 우리의 잠재력은 엄청나게 향상된다.

6장

돈은
돈이 아니다

"돈이란 무엇인가?" 이를 경제학자가 아닌 우리가 이해할 수 있는 방식으로 정의하는 것은 어려운 일이다. 역사적으로, 상어의 치아와 고사리 껍질과 같은 물질적 상품, 곡물 보관증, 수표, 동전과 지폐, 부채와 암호에 이르기까지 돈의 형태는 다양했다. 사실 대부분 돈은 세상에 존재하지도 않는다. 사람들이 소유하거나 청구하는 돈의 10% 미만만이 작은 종잇조각이나 금속 디스크와 같은 물리적 형태로 존재한다. 요즘 대부분 돈은 누군가가 미래의 특정 시점에 청구할 수 있도록, 어딘가에 전자적으로 저장해둔 숫자일 뿐이다. 사실 현대 화폐시스템의 안정성은 모든 사람이 같은 날 찾아가지 않는다는 점에 근거하고 있다. 그러니까 사람들이 보유한 돈의 고작 10%만 유통된다.

돈을 개념화하라

　여러 측면에서, 돈은 함축적인 권력 구조와 위계에 근거한 일종의 신화이다. 여기서 '돈의 정의'에 관한 문제로 돌아가 보자. 돈의 정의는 우리가 알고 있는 '통화通貨'와 관계없이, 의미를 창출하고 실재한다. 나는 통화를 기능화하는 수용성, 기능성, 저장가치와 같은 요소에 관해 말하는 것이 아니다. 오히려 나는 인간적 의미에서 돈이 사람들에게 무엇을 의미하는지를 말하려는 것이다.

　그렇다면 이렇게 정의하자. '돈은 미래 약속의 가치와 안전성을 나타낸다.' 사실 이것이 돈에 관한 전부이다. 물론 우리는 약속에 따라 가격을 다르게 설정하지만, 가치는 사람이나 조직이 서로 맺은 약속과 그 약속을 토대로 한다. 그리고 교환이 전달하는 기대를 토대로 한다. 일방적으로 약속을 깨면 돈은 사라진다. 지금이든 나중이든, 약속이 이행되지 않으면 신뢰가 깨지고 당사자들은 미래에 거래할 수 없다. 왜냐하면, 이 약속은 가장 깊은 인간의 사회적 계약이기 때문이다.

　나는 돈에 관해 환상적이고 초자연적인 정의를 내리려는 것이 아니다. 일단 내가 정의하는 방식으로 돈을 바라보게 되면, 생각이 자유로워져 '왜 어떤 사람은 다른 사람들보다 더 많은 돈을 벌어들이는 것처럼 보이는지'를 이해할 수 있다. 우리는 숫자로부터 자신을 해방할 수 있다. 그리고 가치 창출의 관점에서 돈에 관해 생각할 수 있다. 우리는 어떤 원인에서 돈이 특정한 패턴으로 움직이는지 이해할 수 있다. 또한, 돈의 주인이 바뀌기 전에 필수적인 신뢰와 기대에 관해 생각할 수 있다. 과거에 우리가 해왔던 화폐교환의 유형에 초점을 맞춰 실제로 돈을 살펴보자.

- 초콜릿 바의 구매 – 우리는 소소한 기쁨을 위해 적은 금액의 돈을 교환한다. 가격이 저렴하고 구매와 배송 사이의 시간이 무척 짧아서 거의 신뢰가 필요하지 않다.
- 식료품 배달 – 가격은 여전히 낮다. 하지만 제품을 납품했을 때, 제품 품질 약속이 이행되지 못하면 신속하게 신뢰를 바꿀 수 있다.
- 보험 가입 – 가격이 꽤 높다. 필요하다고 생각되면 보험회사에 많은 돈을 낸다. 보험사는 더욱 폭넓은 주변 환경을 경제적 위험으로 평가함으로써 위험을 축소한다.
- 집 구매 – 가격이 너무 높고 위험이 커서 정부가 거래에 관여해야 한다. 수입을 계속 유지할 확률에 기초한 우리의 잠재적인 미래 지급능력을 기반으로 큰 금액의 돈이 대출된다. 은행의 위험이 너무 커져서 신뢰가 깨지면 집을 압류할 수 있다. 양 당사자는 주택 가격이 오를 것이라는 미래의 기대를 반영한다. 그렇지 않으면 문제가 발생할 수도 있다.
- 취업 – 회사는 제공하기로 약속한 서비스와 수행해야 할 업무의 복잡성에 따라 돈을 지급할 것을 약속한다. 교환은 장기적이고 계속적이며, 각 당사자가 약속한 가치를 상대방에게 제공할 수 있음을 보여주는 일련의 서류를 필요로 한다. 최저임금 근로자는 고용주에게 위험이 낮고 대체 가능하므로 거래 절차가 훨씬 줄어든다.
- 주식투자 – 회사는 주주의 투자에 따라 수익을 제공할 것을 약속

한다. 주식의 가치는 회사가 수익을 보장할 것이라는 신뢰 수준을 반영한다. 이 신뢰가 클수록 투자자는 회사를 더 좋게 평가하여 '우량주'가 된다.

· 친구에게 돈을 빌려주는 것 – 이 형태의 사회적 계약은 우정을 바탕으로 한다. 돈을 빌려준 사람에게 상환 약속을 지키지 않으면 그 비용으로 친구를 잃는다. 친구 간의 사회적 신뢰가 상실되면, 제품이나 서비스의 상호 교환은 발생하지 않는다.

· 신용카드 지출 – 은행은 신용카드 지출이라는 미래의 상환 약속이 '무담보'라는 것을 알고 있다. 이는 집처럼 미래의 상환이 주택 담보로 담보되는 것과는 다르다. 은행은 미래 약속의 위험을 반영해 이자율을 엄청나게 높임으로써 이 낮은 신뢰를 완화한다.

· 병원 진료 – 의사는 가장 신뢰할 수 있는 서비스 제공자에 속한다. 정부에서 검사한 학습 과정을 의사들이 수년 동안 공부했다는 사실을 환자는 알고 있다. 의사들이 건강증진에 대한 약속을 지킬 것이라는 믿음이 너무나 커서 그것이 무엇인지, 그것이 어떻게 작용하는지조차 알지 못하고 대가를 지급한다. 순수한 신뢰다.

우리의 역할은 적어도 경제적으로 약속의 미래가치를 높이는 일이다. 우리의 약속의 가치인 브랜드가 강할수록 더 신뢰받는다. 신뢰가 높으면 때로는 우리의 약속에 대한 프리미엄을 요구할 수 있다. 프리미엄은 종종 제공하는 상대적인 가치와 정비례하지 않는다. 때로는 다른 사람의 신뢰를 얻어 미래에도 영향을 준다. 정규교육은 이러한 경로의 하나이다. 어떤 기술을 공식적으로 훈련받은 사람은 스스로 배운 사람보다 낫다는 보장이 없는데도, 학위나 자격과 같은 제삼자의 보증에 가중치를 부여한다. 신뢰는 우리의 가장 강력한 정서의 하나이다.

이런 식으로 돈을 개념화하는 것이 필요한 이유가 있다. 돈을 개념화하면 장벽을 통과하는 데 도움이 된다. 일단 당신의 사고방식이 바뀌면 당신은 자신을 신뢰할 확률이 더 높아진다. 장담하건대, 일단 돈에 관한 사고가 바뀌면 과거로 되돌아갈 수 없다. 이것이 프리랜서와 기업가정신의 영역에 들어가기 전에 해야 할 첫 번째 일이다. 자신이 신뢰할 만하다는 것을 당신은 직관적으로 알기 때문이다. 약속을 지켜라.

세 가지 유형의 돈

돈은 현실이 아니라 미래의 약속이므로, 돈에는 여러 가지 유형이 있다. 이러한 약속의 제공을 근거로 여러 종류의 약속과 가치가 다시 설정된다. 어떤 면에서는 돈은 '수송'과 약간 닮았다. 다른 유형의 돈은 서로 다른 속도로 이동한다. 일부 돈의 전송 방식은 다른 것보다 더 효율적이며, 다른 유형의 돈은 같은 노력에 대해 다른 수익을 창출한다. 그렇다. 당신은 이제 제대로 이해했다. 특정 유형의 돈은 노력에 대한 수익이 더 크다. 절대 모든 돈이 같게 창출되는 것이 아니다. 돈에는 세 가지 유형이 있다. 번 돈, 투자된 돈, 고안된 돈이 그것이다.

번 돈 – 임금이나 급여, 높은 확률, 낮은 수익

우리는 다른 사람을 위해 업무를 수행하고 대가를 받는다. 이 누군가는 사람, 회사, 정부일 수 있다. 세계 대부분 사람이 생계에 필요로하는 돈을 이렇게 번다. 우리는 제공하는 노동의 대가로 보수를 받는다. 완료한 일과 받은 돈 사이에는 직접적인 연관이 있다. 노동이 더 숙련될수록 보수가 더 높아진다. 일반적으로 이 유형의 돈은 노력과 비교하면 가장 낮은 수익과 가장 높은 확률을 갖는다. 이유는 우리가 생산요소이기 때문이다.

우리가 하는 일에 대해 시간당 보수를 받지만, 이 보수는 우리가 창안하는 가치의 양과 우리가 제공하는 일의 희소성을 기준으로 한다. 최저임금노동자는 단순히 1시간에 얼마를 버는 것이 아니고, 거기서 일하는 매시간 얼마의 가치를 창출하는 것이다. 우리는 시간당 버는 금액을 늘릴 수는 있지만, 하루에 일에 할애하는 시간을 대폭 늘릴 수는 없으므로 제한이 있다. 그리고 이것은 활동적인 수입이다. '참석'하거나 '할' 때만 돈을 벌 수 있기 때문이다.

투자된 돈 – 주식과 부동산, 중간 확률, 중간 수익과 위험

이것은 수동적 수입이다. 우리는 수익을 창출하기 위해 잉여자금을 사업이나 부동산에 투입한다. 주식이란 어떤 종류의 사업에서 몫을 갖는 것을 말한다. 부동산이란 건물이나 공장, 장비에 돈을 투입하는 것이다. 수익은 배당금이나 임대료로 이루어진다. 우리가 투자한 돈으로 사업하는 사람들이 벌어들인 돈을 받거나, 다른 사람이 우리의 부동산을 사용하게 하고 임대료를 받는다.

또한, 우리는 주식이나 부동산을 구매할 때 지급했던 것보다 높은 가격으로 판매함으로써 수익을 낼 수도 있다. 이것을 자본 이익이라고 하며, 투자한 돈보다 더 많은 돈을 벌게 된다. 일반적으로 수익이 올라가거나, 많은 사람이 미래의 어느 시점에 수익이 증가할 것으로 생각할 때 자산 가치는 올라간다. 이것은 당신이 자는 동안에도 벌 수 있는 돈이다. 일할 필요가 없다. 당신은 자산 자체에 돈을 투입하면 된다. '돈이 당신을 위해 일하게 하라'라는 말은 이것을 의미한다.

투자된 돈을 창출할 때의 위험은 매우 다양하다. 매우 안전한 투자에는 은행이자나 국채와 같은 것이 포함된다. 위험이 중간인 투자에는 주거용 부동산이나 삼성전자와 같은 우량주 주식이 포함된다. 또한, 광업에 관련된 주식이나 선물先物, 개발 프로젝트나 곡물과 같은 투기적 투자를 포함할 수 있다. 위험이 클수록 예상수익이 높다. 당신은 이 돈을 얻기 위해 끊임없이 정보를 찾고 '참석'할 필요는 없지만, 투자를 제대로 하려면 일정 수준의 '주의와 참석'이 요구된다. 또한, 투자자 간의 '약속'의 흐름과 공급망의 당사자들이 약속을 지킬 확률을 이해할 때 가장 실적이 좋다.

고안된 돈 – 기업가정신, 최고의 위험, 최고의 수익

이는 기업가들이 하는 일이다. 그들은 자원을 모으는 데 드는 비용보다 주주들에게 더 큰 금전적 보상을 제공해야 하는 문제를 해결하기 위해 자원을 투입하는 새로운 방법을 고안한다. 모든 비용을 고려한 후의 차액이 이익이다. 이익을 창출하는 기업가가 문자 그대로 돈을 고안한다. 이것이 프로세스가 시작되는 시점보다 끝날 때 돈이 더 많아지는 이유이다.

경제학자는 이것을 '승수효과*Multiplier effect*'라고 부른다. 사용되는 자원은 사람, 부동산, 공장, 원자재, 기술, 다른 사람의 돈 등 무엇이든 포함될 수 있다. 이러한 결과를 지속해서 제공할 수 있는 기업 활동을 중심으로 시스템을 구축하면, '비즈니스'가 창출된다. 부동산 '개발'은 이 프로세스의 한 예이다.

이 유형의 돈은 계층 구조의 최상위에 위치한다. 왜냐하면, 이 돈이 '번 돈'과 '투자된 돈'을 가능하게 하고, 노력 대비 최대의 수익을 가져오기 때문이다. 금전적인 수익이 미래의 아주 먼 시점에 가능하거나, 벤처사업이 결코 성공하지 못할 수도 있다는 점을 고려하면, 이 돈은 가장 위험할 수도 있다. 그리고 역사적으로 '돈을 고안하는' 데 필요한 자원의 취득에 드는 비용은 엄청났다.

산업시대에 대다수 사람에게 진입장벽은 기존기업과 경쟁하기에 너무 높았으며, 특히 제조업과 같은 전통적인 산업 분야에서는 더욱 그랬다. 그러나 지난 20년 동안 기업가들의 진입장벽은 역사상 최저 수준으로 떨어졌다. 새로운 벤처사업을 시작하는 것이 이처럼 쉬울 때는 없었다.

세 가지 돈의 확률, 수익, 위험

필요한 자원을 취득해야 하므로 벤처 기업을 창업하는 것은 일반적으로 위험이 크다고 여겨졌다. 돈이 없으면 투입할 자원이 있을 수 없고, 필요한 자원을 투입하지 않고는 벤처사업도 없었다. 하지만 반대로 이제는 가상 벤처의 시대로 접어들었다. 가상 벤처의 시대에 접어들면서 누구나 소유하지 않고 생산 요소를 조직할 수 있으며, 어떤 의미에서 벤처는 이익을 '가시화'할 수 있게 되었다. 우리가 '소유'했던 것을 이제는 간단히 '접근'할 수 있다.

우리는 크라우드 펀딩*Crowd Funding*을 통해 미래의 고객으로부터 자금을 조달할 수 있고, 소유하지 않은 공장을 이용할 수 있으며, 직원이 아닌 사람을 활용할 수 있고, 다른 사람의 플랫폼에서 팔 수 있으며, 돈을 지급하지 않은 채널을 통해 홍보할 수 있다. 우리는 아이디어를 온라인으로 얻거나, 창업 웹 사이트에서 공동 설립자를 찾을 수도 있다. 일반적으로 '엘리트계층'에 국한되던 '돈을 창출하는 전통적인 과정'이 민주화되면서 새롭고 훨씬 더 낮은 수준의 진입이 가능하게 되었다. 역사적으로 이번엔 정말 다르다. 돈을 고안하는 데 이보다 좋은 시기는 결코 없었다.

다음 그림은 세 가지 유형의 돈에 대한 '위험 - 수익 - 확률'을 예시하며, 다른 유형의 돈에 대한 사고방식을 보여준다.

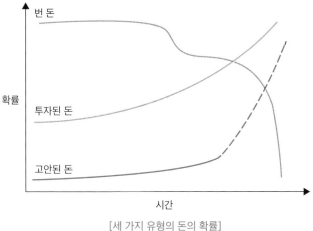

[세 가지 유형의 돈의 확률]

'번 돈'의 확률은 높다. 시간이 흘러 다른 사람과의 경력 중복단계에서 종종 하락이 발생하지만, 시간 경과와 특정 기술에 대한 수요 변화로 인해 영구적인 쇠퇴는 불가피하다. 또한, 고안된 돈은 가장 확률이 낮지만, 계속 노력해서 그 길을 찾는 사람에게는 빠르게 증가할 수 있다. 점선은 성공 가능성이 크다는 것을 나타낸다.

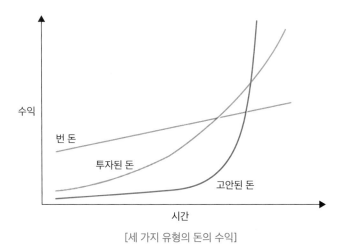

[세 가지 유형의 돈의 수익]

대부분 사람의 경우, '번 돈'은 그들의 경력에서 장기간에 걸쳐 꾸준히 작은 비율로 증가한다. '투자된 돈'은 꾸준한 성장을 보이며, 재투자하는 경우 시간이 지남에 따라 점점 더 높은 수익으로 돌아온다. '고안된 돈'은 성공에 달려 있다. 성공할 경우 기하급수적인 '노력의 대가'가 발생한다. 그러기 위해서는 대개 많은 시도가 필요하며, 대부분 사람은 너무 일찍 포기한다.

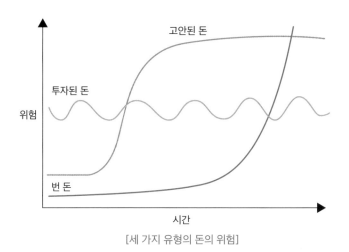

[세 가지 유형의 돈의 위험]

돈을 버는 것은 우리 삶의 대부분 기간에서 위험이 매우 낮다. 그러나 나이가 들면서 더 싼 노동자, 기계 그리고 조만간 인공 지능에 의해 대체된다. 운이 좋은 사람은 은퇴할 시기까지 돈을 벌지만, 번 돈은 여전히 제로로 끝난다. 투자된 돈은 항상 노면이 고르지 못하지만, 중급의 위험을 갖는다. 고안된 돈은 초기 성인생활에서는 매우 위험이 적다. 즉, 우리는 잃을 것이 별로 없고 얻을 것만 있다. 하지만, 수입과 기회비용이 증가함에 따라 위험은 대부분 사람에게 높아진다.

자본주의경제에서는 그 사람의 교육이나 배경에 상관없이 누구나 자신이 축적하는 돈의 유형을 바꿀 수 있다. 우리는 모두 그렇게 하는 방법을 배울 수 있다. 그러나 돈에 관한 반박할 수 없는 진리가 있는데, 이 진리는 세 가지 유형의 돈의 관계로 간단하게 증명된다.

"투자된 돈과 고안된 돈은 단순한 이유로 번 돈보다 낫다. 임금보다는 이익이 훨씬 높기 때문이다!"

'고안된 돈'에 관한 사실을 확인하자. 첫째, 수익을 창출하는 시스템을 구축하면 해당 기업을 다른 사람에게 팔 수 있다. 그럴 경우, 당신은 그 기업이 종업원, 주주 등과 같은 각 이해당사자에게 현재 지급하는 금액 이상이어야 매각할 것이다. 당신은 그 기업의 수년간 수익을 고려할 것이다. 다른 사람이 매입하는 이유는 바로 그 '미래의 수익'이다. 다시 말하면, '미래의 약속'을 매입하는 것이다.

중소기업은 연간수익의 2~3배 가격으로 매각되며, 대기업은 연간수익의 10배 이상으로 매각된다. 미래 경제의 중요한 부분이 될 무언가를 구축하고 있다면, 미래의 수익을 평가하는 지수가 놀라운 수치가 될 수 있다. 이것이 의미하는 바는 당신이 '고안'으로 돈을 벌면 다른 방법보다 훨씬 많은 돈을 번다는 것이다. 당신이 기업을 팔더라도 당신의 직업을 파는 것은 아니다.

"그럴 리는 없지만, 만약 학교에서 이것을 가르치는 날이면 나는 틀림없이 병이 나 쉬고 있을 것이다."

임금, 이윤, 세금

투자와 발명으로 인한 위험을 극복하게 되면 모든 면에서 일해서 돈을 버는 것보다 훨씬 낫다. 돈을 창출하기는 더 쉬워진다. 고안된 돈은 성장하는 경향이 있다. 돈은 재투자될 수 있으며, 당신이 돈을 축적할 수 있는 양은 제한이 없다. 임금은 매일 최대 24시간까지만 발생한다. 당신이 수익을 위해 자원을 조직할 때, 당신은 다른 사람들의 24시간에서 일부를 활용하는 것이다.

돈을 고안하는 것이 훨씬 더 나은 다른 이유도 있다. 이는 경제 체제가 어떻게 기업을 다루는가와 관련이 있다. 수익이 더 높아지고, 사업이 자리를 잡아갈수록 더 쉽게 이윤을 얻을 수 있지만, 이상하게도 이윤에 대해 임금보다도 낮은 세율로 과세한다. '금을 소유한 사람이 규칙을 만든다'라는 격언이 대단하지 않은가! 이상하게 들리겠지만, 실제로 대부분 국가에서는 '번 돈'에 대한 최고한계세율보다 더 낮은 세율을 적용한다.

호주를 살펴보자. 호주에서 '번 돈'에 대한 최고한계세율을 적용한 세금은 1달러당 45센트이다. 그러나 호주의 기업세율을 적용한 세금은 기업의 규모에 따라 1달러당 28센트에서 30센트 사이이다. 정치가들과 정부는 일단 회사를 통해 개인이 소득을 얻으면, 그들의 소득 부분은 개인 세율을 적용하는 것이 당연하다고 할 것이다. 그러나 기업이 얻은 이윤은 개인보다 세금 우위를 유지하면서 사업주가 다른 방식으로 보유, 재투자, 분배될 수 있는데, 당연히 이것은 속임수다.

기업이 개인보다 세금을 적게 낼 수 있다는 것은 불공평하다. 특히 기업이 단순히 사람들의 집단을 대표하는 것을 의미한다면 그렇다. 기업은 원래 소비자사회에 혜택을 주어야 하는 집단 내에서 재무위험을 감수하는 개인의 책임을 줄여 주기 위해 형성되었다. 그래서 대부분 선진국에서는 과세 패턴이 같다. 나는 개인적으로 이를 비도덕적이라고 생각하지만, 규칙을 적용하는 동안에는 당연히 우리 이익과 우리 가족의 이익을 위해 활용해야 한다.

심지어 일인 프리랜서조차도 기업의 과세구조를 활용할 수 있다. 이것은 임금경제를 극복하려는 노력이 극적으로 이점을 갖는 아주 단순한 이유이다. 당신이 보수를 받는 대상을 당신이라는 '개인'이 아니라 당신이 소유하고 통제하는 '회사'로 바꾸는 것만으로도 15%의 실소득 상승을 가져올 수 있다. 여기에 기업을 통한 이윤이 개인의 임금보다 나은 이유가 하나 더 있다. 기업은 이윤을 확정하기 전에 청구할 수 있는 세액공제가 개인의 세액공제에 비해 상당히 유리하다.

기업에 대한 이러한 낮은 세율의 근거도 사실은 약간의 속임수다. 이것은 '기업에 대한 낮은 세율이 투자를 촉진하여, 임금 근로자와 사회가 혜택을 얻을 수 있다'라고 하면서 경제 성장을 촉진할 것이라고 주장하는 낙수효과落水效果, Trickle-down effect 경제이론을 펼친다. 이 주장의 근본적인 문제는 '모든 돈이 순환하는 과정에 있다'라는 전제이다. 하지만 나는 돈을 '주기마다 성장하거나 위축될 수 있는 원'으로 생각한다.

그들은 세율이 낮은 저임금 근로자가 더 많은 돈을 써야 재화와 서비스에 대한 수요를 증가시켜 제품 생산에 추가투자수요를 창출할 것이라고 주장한다. 이런 논쟁은 부자가 부자를 위해 소개한 사기꾼의 논리이다. 이런 논리로 1% 부유층에게 보조금을 지급하는 것이다. 우리 대부분이 이러한 진실을 알지 못하는 이유는 우리가 절실히 필요로 하는 교훈을 경제학에서 배우지 못했기 때문이다.

기업을 통한 이윤에 대한 세율도 끝이 아니다. 호주에서는 투자한 돈으로 얻는 이윤에도 엄청난 세금보너스를 준다. 당신이 투자한 금액보다 높은 가격으로 주식을 팔거나, 이윤을 위해 부동산이나 회사를 파는 경우를 가정하자. 이렇게 '투자된 돈'을 통한 자본이득으로 얻게 되는 이윤에는 근로자가 '번 돈'에 부과되는 세율의 절반으로 세금이 매겨진다. 이것이 대기업이 경영진에게 스톡옵션처럼 주식을 보상으로 지급하는 이면에 깔린 핵심 이유이다.

부자가 더 부자가 되는 것은 당연한 이치다. 그들은 일반적으로 투자할 잉여자금이 더 많을 뿐만 아니라, 그들이 이윤을 거두면 '번 돈'이 갖지 못하는 이익을 얻는다. 이것이 우리가 투자를 통해 돈을 창출하려고 노력해야 하는 이유이다. 이렇게 하면 우리가 자는 동안 돈을 벌 수 있을 뿐만 아니라, 놀라운 세제 혜택도 따른다. 호주에서 자본이득에 대해 내야 하는 세금은 이윤에 대해 최대 22.5%^{한국 25%}이다.

하지만 열심히 일하며 평균 임금보다 훨씬 높은 수입을 올리면, 정부는 당신이 '번 돈'의 45%^{한국 42%}를 가져간다. 나는 기업과 개인 사이의 이러한 세금 격차를 비도덕적이라고 비난했다. 이런 격차는 존재해서는 안 되지만, 이미 존재하고 있으니 그것을 활용하고 공유할 필요가 있다. 우리는 수익의 흐름을 재구성해야 한다. 우리가 돈을 버는 방법과 돈을 구조화하는 방법의 비대칭성을 제거할 때, 운동장이 평평해지고 공정한 사회가 만들어질 수 있다.

7장

위대한 종자를
만들라

실제로 돈의 용도는 그렇게 다양하지 않다. 확실히 돈으로 많은 물건을 살 수는 있지만, 범주의 관점에서 볼 때 돈으로 할 수 있는 일은 몇 가지에 불과하다. 일단 우리가 이러한 범주를 이해하면, 더 많은 돈을 축적하고 최소한의 재정으로 삶을 단순하게 만들기가 쉬워진다.

일단 돈이 생기면 우리는 컴퓨터의 기록 수단인 '0'과 '1'처럼 두 가지 선택으로 시작한다. 그것을 소비해 '0'을 만들거나 저축하는 '1'을 선택한다. 그렇다. 딱 두 가지뿐인 옵션이다. 그런데 여기가 진실의 폭탄을 몇 개 떨어뜨려야 하는 지점이다. 정신 나간 소리로 들릴지 모르지만, 돈에 관한 확실하고 역사적인 진리가 하나 있다. '저축할 능력'이 모든 것의 핵심이다. 수전노가 될 필요는 없지만, 당신이 버는 것의 일부를 저축할 수 없다면 결코 자립하거나 독립한 삶을 살 수 없다.

당신이 버는 돈의 '유형'은 중요하지 않다. 당신 자신을 위해 일부를 저축하지 않으면, 그 밖의 모든 것이 쓸모없어진다. 이 진리를 표현하는 데는 여러 가지 방법이 있지만, 관련된 몇 가지 격언을 다루는 것이 실제로 저축의 중요성과 엄청난 효과를 소개하는 데 훨씬 유용하다.

소비한 돈과 저축한 돈

미국 기업가이자 억만장자인 클레멘트 스톤^{William Clement Stone}은 보험과 출판 분야에서 대단한 부를 쌓았지만, 기본적인 금융 원칙을 절대적으로 믿었다. "당신이 저축할 수 없다면, 위대한 종자는 당신 안에 없다." 얼마나 강력한 말인가? 내가 이 말을 좋아하는 이유는 접근성 때문이다. 그는 얼마나 많이 저축해야 하는지, 얼마나 벌어야 하는지를 말하는 게 아니다. 다만 수입 일부를 따로 떼어놓을 수 있어야 한다고 말한다. 최저임금을 받는 사람도 자신이 버는 것의 1%는 절약해서 저축할 수 있다.

저축은 우리가 돈을 소비하는 시기를 조금 지연시키는 능력이 있다는 사실을 증명하는 일이다. 우리가 소비하지 않고 저축하는 자제력을 행사할 수 없다면, 사업을 시작하려고 노력하는 것조차 시간 낭비이다. 실제로 이것은 태도일 뿐이다. 평범한 소득의 작은 비율조차도 새로운 방향과 추진력을 제공하기에 충분하다. 돈을 저축해본 사람은 누구나 그 돈과 함께 주어지는 긍지와 자부심을 이해한다. 그런 사람은 자신이 내린 의사 결정의 긍정적인 측면을 신뢰한다.

나는 단순한 삶의 지혜에 관해 들은 적이 있다. "돈의 절반을 절약하고, 한 해 걸러서 일하라." 이에 관해서는 깊게 생각해봐야 한다. 우리가 수입의 절반을 절약할 수 있다면 한 해 걸러서 일할 수 있다! 그러면 뭔가 다른 것을 추구하고 새로운 것을 배우고 탐구할 수 있다. 이것이 바로 다른 방식으로 표현된 저축의 힘이다. 저축하면 옵션이 생긴다. 나는 당신이 이런 삶을 원한다거나, 심지어 할 수 있다고 말하려는 것이 아니다. 이렇게 한 번만 하면 당신은 2년이면 시작지점으로 되돌아올 것이므로, 저축이 무엇인지 확실히 알게 된다.

저축 때문에 당신이 돈을 번다는 점을 기억하라. 저축은 두 번째 유형의 돈, 즉 '투자된 돈'이 되기 때문이다. '소비된 돈'은 '0'이 되어 죽은 돈이다. 사라진다. 더 나쁜 것은 종종 우리가 구매하는 물건의 유지와 보수를 위해 더 돈이 드는 일이다. 물건은 사는 비용뿐만 아니라 소유에도 비용이 발생한다. 자동차, 옷, 전화기, 컴퓨터, 주택 등 우리가 돈을 쓰는 거의 모든 것은 유지를 위해 더 많은 돈을 쓰게 한다.

기능 유지, 청소, 보험 가입, 갱신, 개선, 가구 사용, 보관, 보안도 유지해야 한다. 이들은 단절된 일회성 비용이 아니라, 그것을 생산하는 산업을 부양하도록 심도 있게 설계된, 돈을 빨아들이는 진공관이다. 그들은 우리가 사는 모든 물건에 대한 유지보수비용을 들이는 것이 가치 있다고 말한다. 하지만 당신이 상상하듯, 판매자는 전체적으로 얼마의 비용이 드는지를 설명하는 일은 거의 없다. 이것이 바로 그들이 보이지도 않는 작은 글씨를 약관에 사용하는 이유이다.

이는 적어도 선진경제권 사람들이 직면하는 가장 큰 재정적 문제들이다. 이 모든 것의 근원에 이것을 사용하는 사람들이 신용카드 부채가 있다거나, 임대료를 낼 돈이 없다거나, 자동차 대금을 낼 여유가 없다는 것이 아니다. 단지 저축했어야 하는 돈을 소비했다는 데 있다. 그들이 돈을 쓰거나 저축하는 것을 선택할 때, 진짜 문제는 저축은커녕 가진 돈보다 더 많이 소비하는 데 있다.

오늘날 탐욕스러운 금융 기관은 신용 구매를 너무 쉽게 만든다. 당신이 그것을 부담할 여유가 없다면 절대 사지 마라. 나는 사고 싶은 물건을 살 현금이나 그에 상응하는 돈이 없으면 절대 사지 않는다. 그렇다. 훈련이 필요하다. 하지만 부채로 인해서 나중에 등이 터지는 것보다는 훨씬 부담이 적고 가치 있는 훈련을 택해야 한다.

- 비참함을 부르는 공식 : 버는 돈보다 더 많이 소비하라.
- 행복을 부르는 공식 : 버는 것보다 적게 소비하라.

주당 2,000달러를 벌고 2,200달러를 소비하는 사람은 주당 1,000달러를 벌고 그중 200달러를 저축하는 사람보다 항상 가난하다. 이 200달러가 큰 차이를 만든다. 이것은 단지 재정적인 판단 기준을 넘어서 저축하는 자의 영혼을 위로한다.

사치품은 필수품이 아니다

그렇다. 우리는 이 저축을 통해 '인간'이 될 필요가 있다. 저축은 성공에 아주 중요한 요소이지만, 인생은 즐거워야 한다. 말했듯이, 이것은 그저 몇 푼을 절약하는 것이 아니라 '습관'에 관한 것이다. 수입을 활용해 물건을 사는 일은 대단히 즐겁다. 여행하고, 외식하고, 옷이나 장난감을 쇼핑하고, 첨단 제품을 구매하는 일은 인생에서 커다란 즐거움이다. 그러나 버는 것보다 더 많이 지출하면 다른 사람의 생산 활동에 필요한 소도구로 전락한다는 사실을 항상 기억해야 한다.

생활비가 급증하고 있어서 수입과 지출을 맞추기가 너무나 어려워졌다는 기사를 자주 언론매체에서 보았을 것이다. 실제로 그럴까? 나의 첫 번째 책 〈위대한 해체 _The Great Fragmentation_〉에서 말한 것처럼, 그보다 황당한 거짓말은 없다. 10년, 20년 혹은 50년 전보다 지금이 더 비싸다는 말은 앞뒤가 맞지 않는다.

우리는 이 생계비의 음모를 밝혀야 한다. 식료품, 텔레비전, 자동차, 옷, 전화기, 데이터, 컴퓨터, 호텔, 항공료, 음식 등은 일반적인 구매품목들이다. 이 품목들의 구매비용은 훨씬 저렴해졌다. 가격에 관한 진실을 가장 간단하게 확인하는 방법은 이것이다. 호주는 1946년 이후 지금까지 소비자물가지수상승률이 평균임금상승률보다 낮다. 소득 대비 생활비가 줄어든 것이다. 감소하지 않은 것은 탐욕스러운 마음이다.

문제는 소비자문화의 덫이다. 사치품은 현대 소비자문화의 생활필수품으로 통한다. 반짝이며 삶의 질을 높여준다고 믿게 된 사치품, 기한이 만료되었으니 연장하라고 외치며 아기처럼 울어대는 단말기, 가치 있는 삶으로 가는 길을 개척한다며 소비를 촉진하는 소비자 공동체를 보라. 우리는 단순해서 이러한 삶의 부수적인 것들을 필수품으로 착각한다. 우리는 미디어와 광고에서 보게 되는 것들 대부분이 행복과는 별 관계가 없는 껍데기에 불과하다는 사실을 기억해야 한다.

현대에 이르러서야 돈을 쓸모없는 데에 쓰도록 하는 새로운 방법이 끊임없이 개발되어 공격하는 것처럼 보이지만, 사실 이 문제는 새로운 것이 아니다. 18세기 프랑스 정치철학자인 샤를 드 몽테스키외*Charles De Montesquieu*는 다음과 같이 썼다. "우리가 단지 행복하기를 원한다면, 그것은 쉬울 것이다. 하지만, 우리는 다른 사람들보다 행복해지기를 원한다. 그리고 실제보다 그들이 더 행복하다고 생각하기 때문에 행복해지기가 정말 어렵다."

우리 대부분은 다른 아이들보다 별로 가진 것 없이 자란 것을 기억하거나, 적어도 부모님이 자신들보다 우리가 훨씬 더 많은 것을 가졌다고 말해준 것을 기억할 것이다. 이것은 우리가 인생을 살며 조금 더 감사하게 하려는 부모님의 교묘한 속임수가 아니라 엄연한 사실이다. 현재의 생활 수준을 토론할 때, 나의 아버지는 몇 가지 질문을 통해 우리가 지금 필요한 것보다 얼마나 많은 돈을 쓰는지 상기시켜주었다.

"어렸을 때, 아침 먹으러 몇 번이나 외출했지?"
"그런 적 없죠."
"휴일에 쉬기 위해 호텔에 몇 번이나 머물렀지?"
"그런 적 없죠."
"성인이 되기 전에 비행기를 몇 번이나 탔지?"
"한 번요."

"학교 다닐 때 신발이 몇 켤레였니?"

"두 켤레요. 학교에서 신는 실내화와 밖에서 신는 신발이 전부죠."

"우리 집에 텔레비전은 몇 대였지?"

"하나요."

"네 방이 있었니?"

"아니요. 열여덟이 될 때까지 동생과 한방을 썼어요."

"언제 처음으로 네 전화기가 생겼니?"

"집을 떠나고 나서죠."

"네 옷은 대부분 어떻게 입게 되었지?"

"형이 입던 옷을 물려받았죠."

"과외수업은 어떤 과목을 받았니?"

"딱 하나, 드럼 연주법을 배웠죠."

"음식점에서 하는 생일파티에 몇 번이나 가봤니?"

"없어요. 파티라고 해야 집에서 만든 케이크로 뒤뜰에서 했지요."

"브랜드 제품의 옷을 살 때는 몇 살이었지?"

"십 대요."

"주변에 SUV 자동차를 타는 집이 몇이나 있었지?"

"없었어요. 있다고 해도 세단 한 대에 꽉꽉 눌러 탔죠."

"어디에서 이발했지?"

"집에서 엄마가 부엌에서 쓰는 가위로 잘라주셨죠."

무슨 말인지 알 것이다. 부모님은 덜 가지고서도 행복해지는 법과
운 좋게 성취한 행운에 감사하는 법을 가르쳐주었다. 멋진 제품에 수입

대부분을 지출하며, 필수품과 혼동해왔다. 그것들은 새로운 표준처럼 보였으며, 인간은 비교하는 기계가 되었다. 나는 중요하지도 않은 그것들을 열거하고 싶지도 않지만, 우리는 이미 그것들을 알고 있다. 그렇다. 우리는 적어도 소득 일부를 저축하는 방법을 찾을 수 있다.

내가 창업하기 위해 처음으로 직장을 떠났을 때, 안락함을 버리고 새로운 길로 나아가는 어려운 결정을 내려야만 했다. 나는 매우 멋진 자동차를 가지고 있었지만, 그것을 팔고 대신 대중교통을 이용하기로 했다. 자동차로 30분 정도 걸리는 회의 장소에 가는 데 2시간이 족히 걸렸지만, 가능한 것을 이루기 위해서는 필요한 일을 하는 것이 옳다고 생각했다.

나는 남는 시간을 활용해 사업을 준비하고 책을 읽고 공부했다. 나는 변화를 긍정적인 경험으로 바꿨다. 사업에 투자할 돈을 저축하기 위해 호텔 대신 부모님이 계신 오래된 집의 침실로 돌아왔다. 이런 사례는 더 많지만, 적어도 당신은 상황을 이해했을 것이다. 나는 집으로 돌아가 부모님과 함께 살아야 한다는 말을 하는 것이 아니다. 하지만 자신을 냉정하게 평가하면, 멋진 것을 그렇게 많이 가지지 않아도 잘 지낼 수 있다는 사실을 알게 된다. 저축은 우리에게 다른 것을 시도할 기회, 즉 자유를 제공한다.

사회는 소비하라고 한다

우리의 소비에 영향을 주는 것은 매체가 전하는 완벽한 삶에 관한 유혹만이 아니다. 모든 것이 현대사회를 함께 묶어 직조해버린 직물이 되었다. 사회에서 가장 강력한 기관인 정부의 인센티브 정책에 관해서 생각해보라. 정부는 세금을 통해 자금을 모으는데, 이는 대개 소비에 근거한다. 그러니까 정부는 우리가 소비할 때 그 일부를 취한다. 정부는 기업이 우리에게 물건을 팔 때 얻는 이윤의 20~30%를 가져간다. 소득세는 주로 기업에서 근무하는 사람으로부터 징수해간다. 그런데 기업은 물건을 팔기 위해 사람을 고용한다. 그러니까 기업은 우리가 소비할 때만 살아남는 구조다.

자기들이 스스로 우리 편이라고 말하는 금융 기관은 어떨까? 그들조차 마법의 플라스틱 조각인 신용카드를 우리가 물건을 사는 데 지르거나 대출을 받아야 최소한 재무제표가 양호해진다. 금융 기관은 우리가 가지고 있지 않은 돈을 쓸 때 돈을 번다. 돈을 쓰는 것보다 저축하는 것이 중요하며, 이 둘의 비교우위에 관해 거의 듣지 못하는 것은 이런 구조에서는 당연한 일이다.

저축은 당신 이외의 그 누구도 부유하게 하지 않는다. 이것이 지금까지 우리가 봐온 거의 모든 광고가 지출에 관한 말도 안 되는 조언을 제공하는 이유이다. 정부와 기업은 사람들에게 저축의 중요성을 가르칠 이유가 없다. 사람들이 더 소비할수록 '일자리'와 '납세자'가 많아지고 사회복지에 대한 압력이 줄어든다. 나는 우리가 해야 할 일을 강조하는 정부 광고는 많이 봤지만, 저축의 중요성을 알려주는 광고는 거의 본 적이 없다.

그러나 저축이 중요하다는 것을 정부도 알고 있다. 왜냐하면, 정부가 하는 광고마다 우리가 '정부를 위해' 돈을 절약하려면 무엇을 해야 하는지 알려주기 때문이다. 여기에서 더 나아가 비싼 사회비용을 줄이기 위해 안전운전이나 건강 메시지를 계속 전달한다. 나는 학교에서 돈을 어떻게 사용하는지에 관한 수업을 받은 적이 없다. 그러니 위에서 설명한 대로 이런 일은 놀라운 일이 아니다. 그래서 우리는 서로를, 아이들과 친구를 가르칠 책임이 있다. 우리는 서로에게 많은 빚을 지고 있다.

당신은 능력을 초과하는 대상에 돈을 쓰기 전에 항상 질문해야 한다. 지금 잠시 즐거움과 편안함을 느낄 것인지, 아니면 나중에 무한한 편안함을 누릴 기회를 얻을지 스스로 질문해야 한다. 만족을 조금 시기적으로 늦추는 능력은 심리적으로나 재정적으로나 인간이 지금까지 생존한 핵심 원리이다.

이것은 연구, 일, 식사, 운동을 넘어 우리의 복지에 영향을 주는 모든 것에도 적용된다. 식량을 저축해 겨울을 나며 생존해온 것이 우리 아닌가? 단기간의 고통이나 결핍을 견딜 수 있는 능력은 우리를 경쟁자보다 앞서게 한다. 이래도 충분히 동기부여가 되지 않는다면, 영화 〈파이트 클럽Fight Club〉의 주인공 타일러 더든Tyler Durden의 현명한 조언을 항상 기억하라. "당신이 소유하는 것들이 결국 당신을 소유하게 된다."

재무는 게임이다

나는 이 모든 모순을 잘 알고 있다. 내 말은 한편으로는 저축의 이점이 있지만, 다른 한편으로는 생산 요소를 조직해 '돈을 고안하면' 당신은 재정적인 최상위 계층에 오르게 될 것이라는 뜻이다. '저축'은 내가 당신에게 창조하도록 권장하는 '돈을 고안하는' 일의 반대이다. 사람들은 소비할 필요가 있고, 당신은 그들의 소비로부터 '돈을 고안해야' 이윤을 얻을 수 있다.

당신은 모순적이면서도 역설적인 이 구조가 이상하지 않은가? 어떤 면에서 이것은 게임이다. 재무는 우리가 모두 참여하는 게임이며, 사실 우리가 선택을 피할 수 있는 게임도 아니다. 따라서 우리가 게임을 그만하거나 멈출 수 있는 유일한 방법은 이것이다. 이 땅을 떠나서 어딘가 바나나 나무 아래에 가서 바나나만 먹으며 사는 것이다. 그것도 쉬운 일은 아니지만.

현대적이고 문명화된 기술사회에서 생활한다는 것은 이 모든 면에 승자와 패자가 있다는 것을 의미한다. 하지만 이 말이 사람들에게 외출해서 소비하도록 설득하라는 것은 아니다. 우리가 떠들지 않아도 지금도 넘칠 정도로 충분하다. 어쨌든, 우리가 그들이 제공하는 것보다 더 낫거나 효율적인 것을 창조하여, 그들이 만드는 만족보다 더 큰 혜택을 제공한다면 어떤가?

제III부 '재창조'에서 다루게 될 '돈을 버는 방법'은 다른 사람들의 삶에 매우 긍정적인 영향을 미칠 수 있다. 따라서 이것은 당신이 마주하는 기존의 것들처럼 나쁘지 않다. 이것의 핵심은 바로 이것이다. '어떤 사람들은 지금 그것을 하는 다른 사람들보다 더 잘할 것'이라는 점이다. 당신은 이 책을 읽고 배우려 노력하고 있고, 나는 미래를 걱정하며 더 나은 미래를 위해 시간을 투자하려는 사람들과 승리의 공식을 공유하기 위해 노력하고 있다.

돈을 저장하는 세 가지 방법

소비하지 않은 돈은 유형의 물건처럼 어딘가에 저장해야 한다. 이상하게 들리지 않는가? 그러나 돈도 곡류나 우유와 마찬가지로, 우리가 '저장하는 곳'은 유통기한에 영향을 미친다. 음식처럼 돈도 시간이 지날수록 악화할 수 있다. 물과 마찬가지로 증발할 수도 모여 고일 수도 있다. 우리가 '돈을 두는 곳'이 커다란 차이를 만든다.

이제 당신은 돈을 지출하거나 저축할 수 있는 선택권이 있다는 사실을 알고 있다. 그리고 당신은 일정량의 돈을 저축해야 한다는 데 동의했다. 만약 우리가 수익을 창출한다면 그것을 어디에 저장해둘 수 있을까? 여기서 '저장'이라고 하면, 우리가 저축을 어디에 할당할 것인지를 말하는 것이다. 결국, 돈이 저장될 수 있는 곳은 세 곳밖에 없다. 현금, 부동산, 주식으로만 저장할 수 있다.

현금

이것을 지갑, 호주머니, 배낭, 침대 밑에 보관하는 방법이 있다. 냉장고에 보관하지는 마라. 이런 곳은 범죄자들이 노리는 곳이다. 은행 계좌에 넣어 두는 돈이 현금이다. 이는 우리가 사용하기 위해 준비하는 돈이다. 이 돈은 성격상 필요할 때 즉시 사용할 수 있다. 예를 들어, 예기치 않은 비상시에 지출할 수 있다.

하지만 은행은 영구적으로 저장하거나 큰돈을 저장하는 장소가 되어서는 안 된다. 그 이유는 간단하다. 이 방법으로 저장한 돈은 가치가 크게 떨어지기 때문이다. 몇 가지 이유로 그렇다. 첫째, 쉽게 사용할 수 있는 돈은 소비하기에 훨씬 쉽다. 현금으로 저장하게 되면 돈을 빼서 소비할 확률이 높아진다.

그러나 더 중요한 요소는 내일 갖게 될 돈의 가치가 현재 돈의 가치보다 더 낮아진다는 점이다. 시장에 투입되지 않은 돈은 수익을 창출하지 못한다. 가치가 더 적은 이유는 당신의 생각과 같다. 돈이 시장에 투입되면 그 돈은 배당금이나 임대료를 창출한다. 그래서 원래의 돈과 그 돈이 거둔 이익의 합계만큼 가치가 늘어난다. 회계사들은 이것을 '돈의 시간 가치'라고 부른다.

투자 이익을 얻을 수 있는 곳에 돈이 투자되지 않으면, 시장에서 활동하는 돈보다 그 가치가 하락할 수밖에 없다. 이것은 활동자본과 비활동자본의 차이이다. 이는 우리 몸과 약간 비슷하다. 우리가 덜 쓸수록 근력이 줄듯, 돈이 무언가를 창출하는 힘이 줄어든다. 우리는 사용하는 데 필요한 소액의 돈만 보안과 거래를 위해 은행이나 지갑에 보관해야 한다. 왜냐하면, 이곳은 보관하기에 가장 효과가 떨어지는 곳이기 때문이다.

"우리의 목표는 일자리에 잉여자금을 투입해서 투자된 돈을 더 창출하거나, 돈을 고안하는 기업가적 활동을 위해 그 자금을 사용하는 데 있다."

부동산

이것은 부동산에 돈을 저장하는 일이다. 토지, 주택, 아파트, 건물, 공장, 창고, 사무실에 돈을 투입하는 일이다. 우리는 그곳에서 살거나, 거기에 살 다른 사람에게 임대하거나, 사업할 사람에게 임대하는 일에서 선택할 수 있다. 이 저장소는 잘 선택하면 대부분 수익을 창출하기 때문에 돈을 보관하기에 좋다. 게다가 현금과 달리, 여기에 투입하는 돈의 가치도 시간이 흐르면 더 커지는 경우가 많다.

이 가치는 두 가지 방식으로 발생한다. 첫째, 부동산을 임대하면 임대료를 받거나, 다른 곳에서 살기 위해 임대료를 지급하지 않게 되어 생활비가 절감된다. 우리가 부동산을 통제하기 때문에 임대료가 되어 돈이 들어온다. 흥미롭게도 임대료를 받기 위해서 부동산을 반드시 소유할 필요는 없으며, 단지 부동산을 통제하면 된다. 임대해서 더 비싸게 재임대해도 된다는 말이다. 둘째, 우리가 자산을 소유할 때, 가치를 평가해 돈을 벌 수 있다. 일 년 후, 10% 가치가 오른다면, 투입한 원금은 10% 가치가 늘어난다. 우리는 이익을 남기고 팔거나, 오른 임대료를 통해서 번 돈을 늘릴 수 있다. '투자된 돈'이기 때문에 돈의 가치는 커진다.

부동산자산은 천지창조 이후로 부의 창출에 있어 최대의 원천이었다. '부동산不動産'은 의미대로, 토지는 희소하고 공급은 제한적이다. 그래서 잘 선택하면 평균 이상의 투자수익을 창출할 수 있다. 그러나 부동산이 다른 수익원보다 더 많은 부를 창출하는 실제 이유는 더 안전하다고 여겨지기 때문이다. 물론 때로는 예외가 있다. 글로벌금융위기 때의 모기지 담보부증권이 떠오를 것이다. 하지만 부동산은 대개 안전하다고 봐야 한다. 그리고 임대료와 리스료가 담보되면 금융 기관은 필요한 돈을 대출해준다.

가령, 부동산을 살 자금의 10%만 가졌다고 하자. 이 상황에서 담보로 90%를 대출하고 1년 이내에 부동산 가치가 10% 증가하면 어떻게 될까? 실제로 타인의 돈을 차입함으로써 당신의 돈은 두 배로 늘어난다. 이것이 부동산이 시간 경과에 따라 부의 창출에서 높은 성공률을 갖는 이유이다. 물론 부동산 가치가 떨어질 수 있다. 이러한 이유로 부동산은 중장기적으로 돈을 보관하는 장소로 이해해야 한다. 부동산을 사고 파는 것은 시간이 오래 걸리고 비용이 많이 들며, 제한적이기는 하지만 안정적이다. 또한, 수익이 적절하지 않다면 투자해서는 안 되며, 임차인이 떠나도 다른 수요가 있어야 한다.

역사적으로 볼 때 부동산은 장기적으로 가치가 상승한다. 또한, 다른 대부분의 투자보다 훨씬 낮은 수준의 기술기반만 있으면 된다. 둔한 돈이 매우 높은 실적을 낼 수 있다. 대부분 투자자가 해야 하는 일은 단지 '오래 기다리는' 일이다. 단순한 수요 공급의 경제로 인해 그렇게 움직이지만, 매년 사람들은 부동산 매입을 위해 경쟁할 돈을 더 많이 축적해가고 있다는 사실을 기억해야 한다.

주식

주식은 우리가 어떤 종류의 '사업'에 투입하는 돈이다. 그 사업은 우리가 소유하고 운영하는 사업, 다른 사람이 소유하고 운영하는 사업, 부모님이 운영하는 조그만 사업, 거대 기업 등이 있다. 혹은 그 중간의 어떤 것일 수도 있다. 사기업일 수도 있고 상장하여 공개된 기업일 수도 있다. 투자기금에 투입되는 자금, 연금, 주식시장에서 매입하는 주식, 중소기업이나 창업에 투자된 자금, 벤처 기업에 투자한 돈까지 포함된다. 주식은 잘 정립된 사업에 투자하거나, 새로운 무언가를 시작하는 위험이 있는 기업에 투자하는 것과 관계될 수도 있다.

주식은 배당금 형태로 이익을 얻으므로 돈을 넣어두기에 좋은 장소이다. 주식은 이윤을 얻기 위해 생산 요소를 조직화하는 데 직접 돈을 투입하는 것이다. 주식에 돈을 투입하는 것은 부동산에 투입하는 것과 비슷한 방식으로 작용한다. 임대료 대신 우리는 배당금을 얻는다. 회사가 '돈을 고안하는 일'을 통해 얻은 이윤에서 우리가 차지하는 몫이 배당금이다. 이것은 단지 다른 유형의 투자일 뿐이다. 부동산과 마찬가지로, 우리는 정기적인 수익에 더해 투자 대상의 가치가 상승하기를 원한다.

그러나 주식투자에는 몇 가지 중요한 차이가 있다. 배당금은 매주 또는 매월 받는 임대료와 달리 분기나 반기, 연간으로 받으므로 빈도가 낮다. 또한, 주식투자는 위험이 크며, 주식자산의 가치와 배당금에 영향을 미치는 '실적'에 따라 변동성이 크다. 변동성이 큰 이유는 당신의 생각과 달리 단순하다. 소비자가 변덕스럽기 때문이다. 그들은 살 것을 바꾼다. 고객에게 서비스를 제공하는 기업은 시장 변화에 매우 빠르게 영향을 받는다. 경쟁, 트렌드, 유행, 상품 가격, 금리, 선거, 소비 심리, 날씨까지도 실적에 직접 영향을 미치고 주식투자도 당연히 영향을 받는다.

이런 요소는 부동산 가격과 임대료에도 영향을 미칠 수 있고 실제로도 영향을 미친다. 하지만, 이런 영향에 따른 변화에는 오랜 시간이 걸린다. 일반적으로 부동산에 대한 대체재는 그 수가 적다. 이사하는 데에는 시간이 걸리고, 우리는 모두 어딘가에서 살아야 한다. 창고를 바꾸는 데에도 시간이 소요된다. 공장을 폐쇄하는 일도 쉬운 일은 아니다. 심지어 부동산 중 가장 불안정한 소매점도 폐쇄하기는 간단하지 않다.

그러나 주식의 소비는 대체로 개인의 재량에 달려 있다. 즉, 구매하지 않을 수도 있고 적은 수를 사들이면서 허리띠를 졸라맬 수도 있다. 따라서 주식은 높은 투자 위험이 따르지만, 일반적으로 높은 투자 이익을 얻는다. 마찬가지로, 소비재는 안정적으로 소비되므로 이런 주식이 일반적으로 더 안전하다. 매우 안정된 대기업과 브랜드처럼 사람들에게 더 깊이 각인된 기업은 덜 불안정하다.

　우리가 소유하고 있는 기업이나 기업의 주식에는 '수동적 자본'과 '능동적 자본'이라는 두 가지 중요한 하위 범주가 있다. 수동적 자본은 우리가 통제하지 못하는 회사나 사업에 투자하는 돈이다. 이 회사나 사업은 우리의 것이 아니며, 의사 결정이나 운영에 대해 발언권이 없다. 여기에는 투자기금과 직접 주식투자가 포함된다. 이는 다른 사람들이 우리를 대신하여 돈을 늘리도록 돈을 그들에게 위탁하는 행위이다. 아마도 그들은 투자자에게 높은 수익을 제공한 이력이 있을 것이다.

　능동적 자본은 우리가 자신의 벤처사업에 투자하는 돈이다. 우리는 이러한 활동을 통해 이윤을 얻기를 희망하면서 돈을 투자한다. 이베이 *eBay*와 같은 온라인 플랫폼에 점포를 여는 것처럼 간단한 일에서, 제조업을 시작하는 것만큼 복잡한 일까지 여러 가지가 가능하다. 이는 벤처기업의 규모와 관계없이 능동적 자본을 규정하는 기업가가 되는 행위이다.

　수동적 자본 공간에서 주식투자로 성공한 사람은 능동적 자본 공간에서도 성공할 가능성이 크다. 한쪽에서 얻은 지식이 다른 쪽에도 도움이 되기 때문이다. 자신의 사업을 운영했거나 벤처 창업에서 어려움에 직면한 경험이 있는 사람도 수동적 자본 투자를 현실적으로 평가하기에 훨씬 쉽다.

　이러한 유형의 저장공간은 다시 돈으로 변환할 수 있으며, 보관하는 동안 더 많은 돈을 창출할 수 있다. 물론 은행 예금으로 보관할 경우, 적지만 현금을 활용해서 수익을 낼 수는 있다. 그러나 우리가 돈을 보관하는 세 장소에 관해 기억해야 할 중요한 차이점은 '접근성, 수익, 위험을 두고 얼마나 다르게 행동하는가'이다. 물론 이것은 시간 경과에 따른 기대치와 관련이 있으며, 예상치 못한 결과가 발생할 수 있고, 실제로 발생한다.

구분	현금	부동산	주식
접근성	고	저	중-고
수익	저-부정적	중-고	중-고
위험	저	저-중	중

[자금 보관에 따른 접근성, 수익, 위험]

부동산과 주식에 관해서는 이렇게 말할 수 있다. 장기적으로 물건 대신에 이 두 가지에 돈을 투자하면, 결국 돈이 많이 생긴다. 돈은 가치가 상승하는 경향이 있다. 돈의 가치가 상승하지 않고 돈을 잃는 경우 크게 상처를 입는다. 하지만, 실패조차 학습곡선을 빠르게 높이는 경향이 있어서 그런 일은 자주 일어나지는 않는다. 이는 세계 최고의 투자가인 워런 버핏Warren Buffett의 두 가지 투자규칙을 상기시킨다.

· 규칙 1. 투자한 자본을 잃지 마라.
· 규칙 2. '규칙 1'을 참조하라.

나의 기본규칙은 이것이다. "재정적인 자유를 원한다면 돈을 축적해야 한다. 이를 위한 최상의 두 가지 방법은 부동산과 주식을 축적해가는 것이다."

돈을 모으는 7:3의 법칙

저축이 중요하다는 데에는 모두 동의했기를 바란다. 당신은 내가 필수품과 사치품을 구분하도록 과제를 낸 이후 계속해서 이 책을 읽고 있다. 그렇다면 결론적으로 우리는 우리 돈으로 무엇을 할 것인가? 우리는 번 돈을 어떤 비율로 배분해야 하는가? 버는 돈이 1,000,000원이라면 다음 기본공식은 재정적 자유를 위한 최대한의 기회를 제공할 것이다. 이것은 지금까지 내가 알게 된 최고의 경제 모델이다. 이것이 '돈의 7:3 법칙'이다.

· 70%로 생계를 해결한다.
· 30%는 저축하고 투자한다.

우리는 버는 돈의 70% 이상을 지출해서는 안 된다. 소득의 70%로 살고 30%를 저축하는 법을 배워야 한다. 대단한 소리처럼 들린다. 그러나 당신은 어떻게 하는지 배울 수 있던 아주 좋은 기회가 있었지만, 잊어버렸다. 특히 당신이 최근 몇 년 동안 일해 왔다면 더욱 그렇다. 지금보다 더 적은 돈을 벌던 때를 떠올려라. 그때 당신은 어려웠겠지만, 이 법칙을 실행하며 행복한 삶을 살 수 있었다. 아마 지금보다 훨씬 적게 벌던 시절이었더라도 그 시절을 기분 좋게 되돌아볼 수 있을 것이다.

간단하게 계산하면 이렇다. 연간 3%의 임금상승은 누적되면 10년 동안의 소득인상률 34%에 해당한다. 과거에도 모두가 번 돈으로 생존할 수 있었으므로, 지금도 그렇게 할 수 있다는 것은 당연하다. 하지만, 우리는 생활 수준을 소득 증가에 맞춰서 상향 조정하는 일이 너무 많다. 거기에는 커다란 책임이 따른다.

수입이 올라가면 더 좋은 차를 사고, 더 멋진 식당에 가고, 고급 커피를 마시고, 더 좋은 옷을 산다. 그리고 휴일에는 조금 더 고급스럽게 지낸다. 우리는 그럴만한 자격이 있다. 그것을 얻기 위해 열심히 일한 것도 사실이다. 우리는 그런 선택을 할 자격이 충분하다. 하지만, 반드시 알아야 할 것은 돈을 사용하는 방법에 관해 훈련받은 사람이 훗날 예상보다 훨씬 더 많은 것을 얻는다는 사실이다.

당신이 학교를 졸업한 지 20년 이상 되어 나처럼 나이가 좀 들었다면, 30%는 너무 크다고 느낄지도 모른다. 이것을 심각하게 고민한다면 당신이 할 수 있는 일이 몇 가지 있다. 첫 번째는 어떤 재정적 조건을 단절시킬 것인지에 대해 생각해야 한다. 영화를 보기 위해 연결한 넷플릭스*Netflix* 회원권이 정말로 필요한가? 휴대전화에 필요한 통신과 데이터는 정말 무제한을 사용해야 하는가? 차를 다운그레이드할 수 있는가? 외출할 때 소비를 줄일 수는 없나?

당신이 생각하는 것보다 비용으로 처리하기에 마음에 들지 않는 대상들은 많다. 내 말을 믿지 못하겠다면, 내가 틀렸다는 것을 증명하기 위해 이렇게 하라. 한 달 동안, 당신이 지출하는 모든 돈과 그 돈의 사용처를 기록하라. 당신의 지출이 얼마나 많은지 분명히 놀라게 될 것이다. 당신이 나와 달리 좀 더 젊다면, 젊어서 이 습관을 시작하라. 재정적으로 제대로 벌기 전에는 과시하는 나쁜 생활 습관에 빠지지 마라. 당신이 젊을 때 시작하면, '돈의 7:3 법칙'은 당신을 경제학 전문가로 만들어줄 것이다.

30%를 절약하는 가장 쉬운 방법은 그것을 받는 순간 만질 수 없는 곳에 두는 것이다. 어떤 사람들은 이것을 '우선 자신에게 지급하기'라고 부르는데, 좋은 표현이다. 그런 의미에서 급여를 주말이나 월말에 받는 일시금이 아니라, 우리가 일부를 떼어 따로 보관하는 돈으로 정의하자. 문자 그대로 나머지 돈 70%는 다른 사람들에게 지급하기 위해 곳곳으로 퍼져 나갈 것이기 때문에, 그 돈은 우리에게 잠시 머무는 돈에 해당한다. 식료품점, 집주인, 은행 모기지, 전기 회사, 옷 가게, 카페에 지급될 돈이다.

다른 사람들은 우리가 버는 돈에서 흩어져 나간 70%에서 급료를 받을 것이므로, 문자 그대로 자신에게 먼저 30%의 돈을 지급함으로써 우리에게 유리하게 만들어야 한다. 또한, 이 30%의 돈에 쉽게 접근할 수 없도록 규정해 쓰는 것을 훨씬 어렵게 만들어야 한다. 이렇게 '미래 자금'으로 변환하는 것이 중요하다. 재정적으로 독립한 사람과 그렇지 않은 사람의 태도 차이를 나는 오래전에 배웠다. 행동의 주요 차이는 다음과 같다.

- 재정적으로 독립한 사람은 먼저 자신에게 지급하고 남은 것을 소비한다.

· 재정적으로 어려움을 겪는 사람은 먼저 지출하고 남는 것을 저축한다.

먼저 지출하고 사후에 저축하는 사람은 저축할 만한 돈이 남는 일이 거의 없다. 그들은 버는 돈이 많고 적음이 문제가 아니라, 순서를 뒤바꾸기 때문에 어려움을 겪는다. 당신도 경비를 세세하게 검토해보고 당장 가능하지 않다면 원칙은 지키되 숫자를 수정하라. 어쩌면 9:1의 비율은 좋은 습관을 시작하기 위한 가능한 방법일 것이다. 그조차 불가능할 정도로 재정적인 투입이 과도하고 부채가 많다면, 99:1도 당신이 생각할 수 있는 최상의 방법이다.

적어도 그렇게 하면 당신은 게임에 참여하고 있는 것이고, 점점 더 좋은 패턴을 보유하게 될 것이다. 중요한 것은 저축을 떼어 둔다는 명확한 원칙이다. 하지만, 여기에서 하지 말아야 할 것은 당신이 할 수 있는 것보다 적게 떼어 두거나, 자신을 속이는 것이다. 당신의 한계보다 적게 하는 것은 항상 당신이라는 자아를 망친다. 물론 이 충고는 성숙한 사람들, 자신의 미래를 정립하기 위해 스스로 정직하고자 하는 사람들을 위한 것이다.

돈에 관한 진실을 이해하려면 성숙한 사고방식이 필요하다. 모든 사람이 이렇게 할 수 있다고 주장하는 것은 문화적 이단처럼 들릴지도 모른다. 나는 그 점을 인식하고 있고, 그것이 사실이며, 실행하기 힘든 시기에도 여전히 실행 가능하다는 것을 알기 때문에 어쨌든 그렇게 말하는 것이다. 재정적으로 깊은 수렁에 빠진 사람조차도 최소 수준을 설정하여 아주 작은 부분부터 시작할 수 있다.

30%를 다시 분할하라

돈을 보관할 수 있는 세 곳, 현금, 부동산, 주식에 30%를 똑같이 나눈다.

- 현금 10%
- 부동산 10%
- 주식 10%

현금은 비상 안전자금이다. 은행의 현금 예금이나 쉽게 접근할 수 있는 자금에 할당한다. 이것은 예기치 않은 경비 지출이나 비상사태를 대비한 것이다. 물론 예상치 못한 경비 지출이 필요 없다면 그 금액을 다른 두 보관 범주에 전용할 수 있다. 부동산은 미래 자금으로 들어갈 것이다. 이것은 미래의 부동산 투자를 위해 별도로 두어야 한다. 부동산을 사들이거나 투자할 수 있으려면 시간이 걸린다. 그러나 시간이 걸리더라도 이렇게 하는 것이 이 자금을 할당한 목적이다.

주식은 '수동적 자본'으로서 주식투자 전용이나, '능동적 자본'으로서 자기 사업의 시작을 위해 지정된 계정으로 이동시킨다. 이는 투자를 시작하는 데 많은 돈이 들지 않는다는 점에서 부동산과는 조금 다르다. 누구나 은행이나 증권사를 통해 수백 달러 상당의 주식을 사거나 펀드

등에 투자할 수 있다. 능동적 자본으로서 당신의 첫 번째 벤처 기업은 온라인에서 몇 가지 품목을 판매하거나 디지털 플랫폼에서 서비스를 제공할 수 있다. 능동적 자본으로 시작하여 돈을 고안하는 방법은 제III부 '재창조'에서 다룬다.

왜 30%를 절약하고 각각의 계정에 보관하여 복잡하게 관리하는지 궁금해할 수 있다. 그 이유는 돈을 운용하는 습관이 가장 중요하기 때문이다. 나는 당신이 경제생활을 여러 가지 옵션의 포트폴리오로 생각하게 하고 싶다. 당신의 미래를 보장하는 옵션들을 생각해보라. 금액이 적더라도 투자 포트폴리오를 창출하는 이 새로운 접근법은 경제 상황에 상관없이 디딤돌이 되어주는 출발점이다. 이렇게 하면 가능성에 마음이 열린다. 각 계정에서 금액이 증가하는 것을 보고, 이 자금으로 할 수 있는 일에 흥분을 느낀다. 이 지점이 사고방식이 종속적인 임금소득자에서 자립으로 전환하는 중요한 변화가 일어나는 곳이다. 이는 믿을 수 없는 흥분과 자신감을 구축한다. 이는 통제의 시작이다.

그들은 당신의 습관에 투자한다

저축하는 습관은 더 많은 돈으로 가는 접근성을 창출한다는 측면에서 중요하다. 이것은 단지 개인적으로 중요한 것이 아니라, 돈을 통제하는 사람들이 '결정을 내리는 방법'이라는 측면에서 중요하다. "당신의 거래은행은 결코 당신의 학교성적표를 제시하라고 요구하지 않는다." 당신의 사업에 투자하는 벤처자본가나 투자자도 마찬가지이다. 그들 모두가 보고 싶은 것은 재무성적표이며, 이것은 매우 기본적인 사항이다.

그들은 당신이 얼마나 많은 돈을 벌고 얼마를 저축하는지 보고 싶어 한다. 그들은 다른 용어와 양식을 사용하지만, 그들이 관심 있는 것은 오로지 이것이다. 그들에게 당신의 좋은 습관을 보여줄 수 있다면, 그들은 자기 돈을 당신에게 맡기는 것을 양호한 수준의 위험에 불과하다고 판단할 가능성이 크다. 사람들은 다른 무엇보다 당신의 습관에 투자한다. 이것은 경제적인 차원 전반에 걸친 진리다.

8장

희소성이
돈의 미래다

돈은 특정한 인력引力의 법칙을 따르는 경향이 있다. 돈은 희소가치가 있고 수요가 큰 것에 특히 끌린다. 그래서 더 많은 것을 끌어들이기 위해서는 기술이 '희소성 방정식'을 어떻게 변화시키는지 이해해야 한다. 이 방정식의 첫 번째 부분은 '얼마나 쉬운 일이냐'이다. 기술은 배우기 쉬울수록 희소성이 줄어드는데, 더 많은 사람이 진출하여 그 일을 하려고 할 것이기 때문이다. 어디서 돈을 더 벌 것인지를 결정하려면 기술이 희소하게 하는 것과 풍부하게 하는 것을 살펴볼 필요가 있다.

우리의 재정적 미래는 '기술의 희소성에 자산을 맡겨둘 수 있느냐'에 달렸다. 그런데도 기존의 대부분 산업에서는 희소성을 크게 인정하지 않을 것이다. 하지만, 일단 기술이 풍부하게 활용되고 나면 그 기술을 활용하던 산업의 비즈니스 모델은 결코 다시는 전처럼 돌아가지 않는다. 그래도 산업이나 기업은 영광의 날이 지나갔다는 사실을 인정하려 들지 않는다. 그렇다고 그들의 인정이 필수적이라는 뜻은 아니다.

당신이 일하는 특정 산업이나 기업이 침몰하는 배라는 사실을 알게 되면, 가능한 한 빨리 그 배에서 뛰어내려야 한다. 앞으로 얼마 동안은 남은 것이 있으므로 회사는 어려운 시기에 당신으로부터 충성을 받으려고 하겠지만, 정확히 말하면 그것은 아무것도 아니다. 아마도 회사는 당신에게 가장 중요한 자산은 직원이라고 계속 강조할 것이다. 물론 이 것은 사실이다. 하지만 회사는 직원들을 얼마든지 교체할 수 있는 일회용이며, 시간이 지나면 떠날 사람들이라는 이야기는 절대 하지 않는다.

회사는 실재하지 않는다

회사는 실제로 존재하지 않는다는 사실을 절대 잊지 마라. 회사는 개인적이고 법적인 위험을 제거하면서 돈을 축적하는 목표를 가진 사람들이 만든 반 가상의 구성체이다. 그들이 종종 주장하는 것처럼 회사는 인간적이거나 신체적이거나 실제적인 대상이 아니다. 오히려 여러 면에서 회사는 바이러스와 비슷하다.

그들은 시장이라는 숙주 내부에 자신을 설립한다. 성공하면 내부의 세포인 직원 수가 증가한다. 바이러스가 성공하면 새로운 시장인 다른 숙주로 영역을 넓힌다. 하지만 내부의 직원들은 '바이러스 내의 세포처럼 번식하거나 사망'할 수 있다. 바이러스에게 중요한 단 한 가지는 '자기 영속성'이다. 바이러스인 회사는 시장인 숙주나 자신을 구성하는 개

별 세포에 대해서는 걱정하지 않는다. 단지 자신의 영속성에 대해서만 염려한다. 숙주나 세포가 손상된다고 하더라도, 자신이 번성하고 재생되는 한은 상관하지 않는다.

나를 반反기업가로 볼지도 모른다. 하지만 나는 진실한 기업가일 뿐이다. 이런 회사에서 만났던 많은 사람이 지금도 나의 절친한 친구들이다. 오로지 나는 당신이 인간적인 관점에서 수익을 낼 수 있도록 자원을 조정하고 시스템의 실체를 볼 수 있기를 바란다. 나는 〈포천Fortune〉 500대 기업으로 대표되는 소비재 세계의 대기업을 위해 일하는 데 내 인생의 상당 부분을 보냈다. 마침내 그곳에서 사람들을 직접 관리하는 지위에 도달했을 때 내가 처음 한 말 중 하나가 바로 이것이다.

"우리가 일하는 회사는 우리를 걱정하지 않는다. 그들은 나를 걱정하지 않으며, 그들은 당신을 걱정하지 않는다. 하지만, 나는 인간으로서 당신을 돕기 위해 노력할 것이다. 만약 그것이 당신이 다른 곳에서 일해야 한다는 것을 의미한다면, 나는 더 나은 곳으로 가도록 도와줄 것이다. 우리 회사를 위해 일하는 것보다 내가 당신에게 더 잘해야 한다면 그렇게 할 것이다."

"당신의 목표가 기업의 종업원을 그만두고 당신이 시작하려는 사업으로 이동하는 것이라면, 내가 무엇을 도울지 알려 달라. 나는 당신을 위해 여기에 있다. 결국, 기업은 소멸한다. 우리는 일정 기간에만 기업에 있다가 사라지는 것이다. 이런 일에 회사는 신경 쓰지 않는다. 회사는 우리가 존재하지 않았던 것처럼 계속 이어갈 것이다. 우리가 이 회사에서 일하는 동안 정말로 중요한 것은 우리의 관계이다. 우리의 관계는 우리가 일하는 회사보다 오래갈 것이다. 그래서 서로를 먼저 돌봐야 한다. 그렇게 하면, 우리가 일하는 회사는 어쨌든 수혜자가 될 것이다."

이 말이 직관에 어긋나거나 심지어 불량스럽게 들릴지 모르지만, 내 경험으로는 모든 비즈니스와 프로젝트에서 진정한 충성과 더 나은 성과의 출발점이 이것이다. 나는 나를 위해 일했던 사람들을 배려했다. 그리고 인간인 그들을 위해서, 이차적으로는 회사를 위해서 할 수 있는 일을 다 했다. 결국, 회사는 이런 반反기업적 접근법을 통해서 당신이 예상하는 것보다 훨씬 더 많은 혜택을 보았다. 때로는 우리가 기업에서 정말로 중요한 것이 무엇인지 기억해야 하는 가치가 있는데, 그것은 먼저 서로를 돌보는 일이다.

"그러므로 충성의 문제에 관해서는 이렇게 하라. 당신 자신과 회사에 있는 당신 친구들에게 충성하라. 회사 자체는 단명하며, 오로지 재정적인 구성체로서만 존재한다."

영웅이 되려고 하지 마라

급격한 변화의 시기에 언급해야 할 중요한 사항이 하나 더 있다. "영웅이 되려고 하지 마라. 회생 기업의 일자리를 피하라." 나는 지금 일자리, 고용, 파산한 기업과 산업 비즈니스 모델을 고칠 수 있는 '기업가적 기회'에 관해 말하는 것이다. 그렇다. 때로는 영웅이 나타나 회사를 구원하려고 하지만, 그런 일을 해낸 사람은 소수에 불과할 정도로 매우 드물다.

이것은 열정 프로젝트가 아니다. 당신에게 회사와의 관계상 중대한 문제가 아니라면, 나는 비용과 관계없이 그 일을 피할 것이다. 심각한 어려움에 부닥친 회사의 문제를 해결하려고 노력하지 않아도, 우리의 경제적 삶은 여전히 고달프다. 그리고 당신이 큰 어려움에 부닥쳤을 때, 회사가 당신을 도울 가능성이 거의 없다는 사실도 고려해보라. 이런 점을 고려할 때, 망해가는 기업의 구조조정을 시도하는 것은 가치가 없다.

훨씬 현명한 인생 전략은 밀물 때 노를 젓듯 상승하는 조류를 탄 산업에서 일하는 것이다. 마치 돈벌이에만 관심이 있는 것으로 들릴지도 모르지만, 어려움을 겪기 시작하는 산업에서 일하고 있다면 비즈니스 모델이 더 잘 작용하는 더 나은 곳으로 가라. 침몰하는 배에서 스타가 되는 것보다는 승리하는 배에 탄 보통의 출연자가 되는 것이 훨씬 수익이 높다.

실적이 좋은 회사는 직원에게 더 높은 급여를 지급하고 더 투자함으로써 긍정적인 나선형의 이윤을 거두게 되는데, 이것이 바로 내일을 위해 투자하는 것이다. 당신이 일하는 산업이 와해할 것이라는 소문이 돈다면, 아마도 실제로 그렇게 될 것이다. 당신이 속한 산업이 잠재적인 쇠퇴에 직면한 것을 발견하면, 그 회사를 인수하는 산업으로 건너가라. 원하는 새로운 기술을 배우고 이미 가진 소중한 기술에 더 투자하라.

훨씬 더 나은 선택은 성장 동력이 더 강하고 장래가 밝은 다른 기업으로 이동하는 것이다.

아직도 확신하지 못하겠다면, 당신 주변의 대기업에 대한 기억을 꺼내보라. 끔찍한 산업재해가 일어나 직원이 사망하면 무슨 일이 벌어지는가? 우선 거기서 일하는 모든 사람이 그 소식으로 충격을 받게 될 것이다. 회사는 어떤 식으로든 피해를 본 직원과 직원의 가족에게 금전적 지원도 할 것이다. 필요하다면 조화도 보내고 조문도 할 것이다.

그런데 그들은 그 돈조차 보험금으로 지급했을 가능성이 크다. 그리고 직원에게 문제가 생겼다는 뉴스를 들은 바로 그날, 회사는 대체 인력을 찾기 시작했을 것이다. 그들은 모집하는 인원, 직무 등에 관해 광고할 수도 있다. 이것은 악의가 아니며, 단지 기업의 존재와 생존의 방식일 뿐이다. 먼저 자신을 생각하라. 당신은 당신 자신과 가족에게 빚지고 있다는 사실을 기억하라.

미래가치 방정식

'미래가치 방정식'은 가치 있고 희소한 것들에 관한 것이다. 변화는 단지 맥락, 즉 '희소성'에만 존재한다. 과거에는 물건을 만들기가 어려웠고 판매하기가 쉬웠다. 풍요로운 세상이 오자 이 모델은 뒤집혔다. 이제는 물건을 만드는 일이 훨씬 쉽고 물건을 팔 시장을 찾기가 훨씬 어려워졌다.

생산도구의 가용성도 살펴보라. 누구나 알리바바*Alibaba*를 통해 중국에서 저렴한 제조처를 구할 수 있다. 무수한 아웃소싱 웹 사이트를 사용하여 필요한 기술을 가진 사람을 찾고 자신을 위한 소프트웨어를 구축할 수 있다. 누구나 해외 배송을 통해서 제품을 사거나, 몇 번의 클릭만으로 자금을 해외로 송금할 수 있다.

산업시대에 효율적으로 물건을 만드는 것은 성공하는 비즈니스 전략이었다. 그리고 이러한 가치공급자에게 자신을 맡긴 사람들은 커다란 파이에서 적절한 자기 몫을 얻었다. 이제 게임은 연결에 관한 것으로 바뀌었다. 실제로, 이 혁명은 기술에 관한 것이라기보다는 기술에 연결하는 것이다. 새로운 기술 역량에 기반을 둔 연결 혁명이 지금 벌어지는 일이다.

반대로 오늘날 사회에서 가장 희소한 것은 '관심'이다. 사람들이 관심을 나누는 곳을 알아내고, 누가 관심을 얻으며, 어떤 제품과 서비스가 관심을 차지하는지 알아내고 활용하는 것이 능력이다. 이는 희소성 방정식이 어디로 이동하고 있는지를 알려준다. 돈을 끌어들이고 미래의 수익을 보장하고자 하는 사람들은 풍요와 희소성의 변화에 주의를 기울여야 한다.

· 풍부하고 저렴해짐 – 빠른 패션 트렌드, 인공 지능, 컴퓨터 스크린, 소비재, 운송 및 물류, 노동, 제조, 전자 데이터를 통한 모든 정보 획득, 엔터테인먼트, 뉴스, 교통
· 희소해지고 귀중해짐 – 사람들의 관심, 개인정보보호, 물리적 공

간, 자연에의 접근, 대면 접촉, 개인 서비스, 콘텐츠 큐레이션, 인터페이스 디자인, 서비스 디자인, 공예품 제작, 데이터 필터링, 인적 수행, 예술, 창의력

노동조합이라는 거짓 친구

노동조합이 하는 일을 한 문장으로 표현할 수 있다. "노동조합은 천천히 그리고 고통스럽게 조합원들을 퇴출한다." 노동조합은 기술의 자연스러운 궤도 변화와 진화가 별 관심을 두지 않는 세계에서 사용되는 유일한 현상유지장치이다. 노동조합의 가치는 숙련된 노동력의 희소성과 기업의 노동력에 대한 기능적 요구로 창출되었다. 노동자들이 조합을 통해 조직되었을 때, '고안된 희소성'과 유사한 형태가 되었다. 단단한 노동조합은 회사가 협상해야 하는 양자택일적 성격의 장벽이 될 수 있었다. 이것은 하이퍼 세계화 이전에는 특히 그랬다. 회사가 노동조합과 협상하여 계약을 맺지 않으면, 조합원에 의존하는 회사는 완전 중단에 이를 수도 있었다.

노동조합은 역사적으로도 든든한 자신들의 입지를 갖추고 있었다. 조합은 직장을 더 안전하고 인간적으로 만들었다. 아동노동을 중단시켰고 노동시간을 규제하며, 산업을 더 문명화했다. 또한, 노동조합은 이익의 증가나 효율성 증대에 따라 조합원들을 위한 임금협상을 대신했다. 문제는 노동조합이 항상 시장 밖에서 자신들의 가격을 책정한다

는 것이다. 노동만이 유일한 선택이라면 이것은 의미가 있다. 노동조합은 그랬었고, 그렇게 활동했다.

그러나 노동의 가격이 올라가면서 회사는 대안을 모색하기 시작했다. 무역 장벽이 낮은 세계화된 시장에서 제조업은 해외의 저비용 노동 시장에 진출했다. 그마저도 로봇공학과 인공 지능 시대에 들어서면서 작업은 자동화로 대체되었다. 노동조합은 단기적으로 조합원들에게 더 많은 돈을 벌어줄 수 있지만, 다른 방식을 취했다면 보장되었을 근무 기간을 줄게 만들어 조합원들이 일찍 대체되도록 만들었다. 장기적 관점으로는 노동조합이 제대로 기능하지 못하고 있다.

노동조합은 장기적이고 불가피한 변화에서 조합원을 숙련시키고 재교육하는 더 나은 활동을 할 수 있을 것이다. 하지만 그렇게 하지 않고 반대로 한다. 그들은 협상하는 회사를 향해 적대적인 행동을 하는 일에 집중하는 것보다, 조합원들을 위해 더 많은 가치를 창출하는 일을 더 잘 수행할 수 있다. 회사가 '인력'을 고용할 수밖에 없던 시절에는 노동조합의 전략이 효과가 있었다. 하지만 '비싼 노동'이 기계로 슬쩍 대체되는 상황에 노동조합은 대항할 방법이 없다.

이제 노동조합은 자신들을 신뢰하는 사람들에게 빠르게 증발하는 비즈니스 모델 탓이라고 책임을 떠넘길 것이다. 시장이 주는 것 이상을 얻기 위해 전술적인 게임을 계속하는 것은 좋은 전략이 아니다. 그것은 결코 성공할 수 없다. 더 나은 전략은 이미 하는 일에 더 높은 가치를 부여하는 것이 아니라, 자신의 가치를 현재보다 더 높이기 위해 노력하는 것이다. 노동조합이 현명했다면, 조합원들의 영역을 화이트칼라 세계로 더 넓게 확장했을 것이다.

아버지는 내가 기업체에서 일할 때, 일이 끝나고도 성공을 위해 밤낮으로 사무실에서 장시간을 소비하는 화이트칼라 노동자인 나를 비웃었다. 그는 사무직 근로자가 초과 근로를 하지 않던 시절을 언급하면서, 고학력 사무원이 '화이트칼라 하층계급'으로 전락한 것으로 생각했다. 왜냐하면, 초과 근로는 아버지처럼 가난한 블루칼라 노동자와 상인에게 해당하는 것이었기 때문이었다.

당시 사무직 근로자들은 매일 네 시 반에 정확히 퇴근했지만, 저임금근로자들은 조금 더 벌기 위해서 일터에 조금이라도 더 머물렀다. 아버지의 말에도 일리가 있다. 이제 회사에서 직급을 가진 사람들은 고정된 급여를 받고 있지만, 몇 시간의 무급 노동을 더 하는 것은 당연한 일이 되었다. 모든 고용계약이 그렇게 되어 있다. 이렇게 말이다. '때로는 회사 급여 정책에 따라 정규근로시간인 일일 8시간을 초과해 근무할 수 있다.'

더 나쁜 것은, 그런 날이 하루걸러 한 번씩이며, 때로는 한밤중까지 일해서 보고서를 완성해야 한다는 점이다. 불행하게도 이런 보고서는 사실 아무도 관심이 없고 고객도 더 늘리지 못한다. 어쨌든, 당신은 사장이나 임원 앞에서 퇴근할 수 없다. 그렇지 않은가? 그것은 안 좋은 일이다. 할 일이 없더라도 인터넷을 검색하고 친구에게 전화하다가 퇴근하는 문화가 더 나았다. 아버지가 옳았던 것 같다.

그런데 사람들이 가장 좋아하는 것은 이것이다. 구글^{Google}이나 기술

창업기업 엑스와이지^{XYZ}에서 근무하는 이들은 무료 음식, 무료 드라이 클리닝, 사내 체육관, 금요일 마사지, 항공기 일등석 스타일의 일류 수면 캡슐의 혜택을 누린다. 하지만 이조차 사상 최고의 기업이 내민 속임수다. 시간당 100달러의 가치가 있는 엔지니어를 데려와서, 10달러짜리 초밥을 주고 밤새도록 일을 시키는 방법이 이것이다.

"우리가 경제생활에서 할 수 있는 가장 중요한 일은 세계를 있는 그대로 정직하게 보는 것이다. 그렇다. 혜택도 좋지만, 때로는 지급해야 하는 대가가 너무 크다."

9장

최고의 방법으로
투자하라

우리가 투자할 방법은 무한하다. 여기서 세부적인 계획을 세우기도 어렵지만, 더 중요한 것은 시간이나 기술 변화에도 변하지 않는 근본적인 투자 원칙을 이해하고 실천하는 것이다. 이러한 원칙을 이해하면 향후 고려할 수 있는 투자의 장단점을 확인할 수 있다. 나는 투자에 관한 고전과 현대적 담론을 대부분 공부했다. 다음은 내가 독서를 통해 수집하고 선별하고 확인한 최상의 지식이다. 여기에는 내가 재정적 독립을 위해 활용했던 전략에 관한 명확한 몇 가지 권장 사항이 포함된다. 또한, 투자에 관한 정보를 어디서 얻는지도 포함된다.

나는 학교를 졸업한 후 몇 년 동안 부동산과 주식투자를 공부했다. 나는 믿을 수 없을 정도로 인생을 변화시키는 이 지식에 완전히 사로잡혀 있었다. 물론, 이 귀중한 정보를 교실에서 배운 적은 없다. 아마도 학교에서 이 주제에 관해 배웠다면 더 빨리 성과를 얻었을 것이다.

투자에 관한 지식은 내가 태어나서 이제까지 배운 가장 값진 지식이다. 실제로 투자에 관한 이해만으로 돈을 불릴 수는 없다. 오히려 투자에 관해 이해하게 되면 당신은 세계와 사업을 일반적으로 이해할 수 있다. 이런 지식 덕에 나는 훨씬 나은 기업가이자 기업의 경영진이 되었다. 또한, 정치적 의사 결정의 미묘한 차이를 이해하는 데 도움이 되었다.

이 장에서는 견실한 투자수익을 얻는 데 사용되는 가장 단순한 투자방법을 알려주려고 한다. 이런 투자방법을 따라 훈련하고 행동하는 사람은 누구나 부자가 될 수 있다. 이 투자방법에 관한 조언은 나 자신의 창의성에 근거한 것이 절대 아니다. 오히려, 이것은 세계에서 가장 위대한 투자가들이 축적한 지혜이다. 나는 단지 그들의 생각을 전달하려는 것이다.

시간과 돈을 투자하라

투자는 부자를 위한 것이 아니다. 오히려 평범한 소득을 가진 사람들을 위한 것이 투자이다. 심지어 나는 대단한 신탁자산을 물려받은 운 좋은 사람은 투자자가 아니라 대규모 증여의 수혜자 정도로 생각한다. 나는 일찍이 재정적인 부를 안고 태어난 사람을 부러워할 필요가 없다는 사실을 배웠다. 그들은 멋진 여행이 될, 자신들이 스스로 재정적인 독립을 성취하는 길을 배워 모험할 기회를 놓쳤기 때문이다.

우리는 단지 두 가지 요소인 시간과 돈을 투자할 수 있으므로 투자자가 될 수 있다. 돈이 없다면, 우리는 시간을 투자해야 한다. 여기서 시간은 노동의 형태이거나, 우리가 번 돈의 일부를 어떻게 보관할지 계획하는 시간을 말한다. 그런 다음, 많은 돈을 모으기 시작하면 스스로 학습하는 데 훨씬 많은 시간을 투자해야 한다. 이렇게 하면 더 많은 돈을 벌 수 있을 뿐만 아니라, 투자에 관해 더 많은 것을 배울 수 있다.

시간과 돈은 흥미로운 자산이다. 돈과 달리 시간은 다른 사람과 나누거나 거래될 수 없으며 합성되지 않는다. 그것은 정적으로 유지되며, 사용되지 않는 것은 낭비된다. 그래서 우리는 시간에 관해 정당한 가치를 부여해야 한다. 우리 대부분은 시간을 투자하는 것으로 시작한다. 시간제 근무나 정규직 일자리, 학교 교육과 자기 학습에 시간을 투자한다. 우리는 소규모 자본으로 시작하는 소기업이나 신생기업을 위해 물건을 만들고 구축하는데 시간을 투자한다.

이익을 창출할 수 있는 제품이나 서비스를 만들기 위해 시간을 사용하는 것은 돈을 만드는 가장 좋은 방법의 하나이다. 이것이 바로 실리콘밸리*Silicon Valley*라는 비현실적으로 보이는 세상에서 비현실적으로 보이는 것을 만드는 사람들을 제외한 대부분 기업가가 하는 일이다. 그들은 현재 자신이 가진 어떤 기술과 자원으로 무언가를 만들거나, 어떤 일이 일어나게 하거나, 만든 것을 팔고 있다. 그들은 고객을 위해서 무언가를 하고, 그것을 기반으로 돈을 번다.

하지만 투자할 돈이 생기기 전에 먼저 자신에게 투자해야 한다. 그런 다음의 원칙은 단순하다. 충분한 돈이 없을 때 우리는 더 많은 시간을 투자해야 한다. 혹은 시간이 충분하지 않으면 더 많은 돈을 투자해야 한다. 결국, 우리는 자신의 삶과 주변 사람의 삶에서 가치 있는 어떤 것을 하기 위한 시간을 창출하기 위해 돈을 사용한다.

우리는 다른 자산을 더 많이 창출하기 위해 자신이 가진 각각의 자산을 평가한다. 어떤 면에서 시간이 더 큰 가치를 가지면 돈보다는 시간으로 부를 측정해야 한다. 이것은 시간이 '자유'의 한 가지 유형이기 때문이다. 시간은 우리가 더 많이 축적할 수 없는 유일한 자산이므로, 보존할 수 있는 일, 그러니까 돈으로 바꿔야 한다.

"돈이 가치 있는 이유는 물건을 살 수 있기 때문이 아니라, 돈으로 시간을 절약하여 우리가 세상에서 가치 있다고 생각하는 것을 더 많이 할 수 있게 하기 때문이다."

단순해야 돈을 번다

투자에 관한 지식이 적을수록 더 나은 투자 기회를 얻을 수 있다. 더 정확하게는 투자 선택이 단순해야 한다는 의미이다. 그리고 투자방법이 덜 복잡할수록 더 많은 돈을 벌 수 있다. 역사상 가장 위대한 투자자인 워런 버핏*Warren Buffett*을 포함하여 '수동적 자본'을 진정으로 이해하는 사람은 누구나 이것을 알고 있다.

복잡한 투자 도구는 목표한 수익을 창출하는 일이 드물다. 반대로 돈은 말을 못 할수록 더 똑똑해진다. 투자 전략의 단순성 유지는 투자를 더욱 이해하기 쉽게 만든다. 또한, 종종 투자에 드는 비용을 줄여 주며, 우리가 합법적인 투자자이며, 시스템을 이기려는 도박꾼이 아니라는 점을 보장해준다. 지금까지 설명해온 것처럼 시스템을 이기기는 매우 어려우며, 때로는 불가능하다. 가장 좋은 전략은 시스템의 결함을 파악하여 우리 자신에게 유리하게 활용하는 것이다.

평균 이상의 수익을 내는 가장 좋은 방법은 실제로 매우 간단하다. 당신이 투자자가 된다면 상위 10%에 투자하면 된다. 간단한 것 같지만, 대부분 사람은 10%는커녕 결코 그 근처에도 도달하지 못한다. 이는 호주에서 퇴직금을 받아 퇴직한 퇴직자의 66%가 정부 보조금과 연금에만 의지해 산다는 사실로 확인된다. 어쨌건 투자에서도 효과적이고 단순하게 일을 잘 수행하는 방법을 알면, 투자자로서도 상위 10%까지 올라갈 수 있다. 이렇게 하면서 충분한 시간이 흐르면 당신은 1%에 속하게 될 것이다. 이 1%에 속한 사람은 자기 분야에서 99%의 사람보다 더 많이 알고 있는 사람이라는 의미이다.

성공 투자의 세 가지 과제

성공적으로 돈을 투자하는 데 있어 도전과제는 '세 가지 P'로 요약된다. 확률*Probability*, 가격*Price*, 인내*Patience*가 그것이다.

확률

확률은 투자를 뒷받침하는 수익이 오랫동안 안정적으로 유지될 가능성이다. 엄청난 기술적인 혼란 속에서도 변하지 않는 투자방법이 있다. 아마존*Amazon* 창업자 제프 베저스*Zeff Bezos*는 사업을 성장시킬 방법을 모색할 때 미래를 예측하지 않는다. 대신 그는 다음과 같이 생각한다.

향후 10년 동안 변화하지 않는 것은 무엇인가? 시간상으로 안정된 대상을 중심으로 비즈니스 전략을 수립할 수 있다. …… 소매업에서 고객은 저렴한 가격을 원한다는 것을 우리가 알고 있으며, 앞으로 10년 동안 사실이 될 것이다. 고객은 빠른 배송을 원하며, 폭넓은 선택을 원한다. 앞으로 10년 안에 이런 고객이 생겨난다고 상상하는 것은 불가능하다. "제프, 나는 아마존을 사랑해요. 그러니 가격이 좀 더 높았으면 좋겠습니다." "나는 아마존을 사랑해요. 그러니 조금 더 천천히 배달해주기를 바랍니다." 이런 일이 일어나는 것은 불가능한 일이다.

투자도 마찬가지이다. 높은 '수익률'이 아닌 높은 '확률'로 진행하는 게임이 투자이다. 확률이 높은 사건의 복리효과는 투자자에게 높은 수익을 창출해준다. 이렇게 생각하라. '돈을 잃어버리는 잘못된 투자를 한다면, 시작한 곳으로 돌아가기 위해 10%의 견실한 수익을 올리는 10번의 투자가 다시 필요하다.'

가격

이것은 투자를 시작하고 유지하는 데 드는 비용이다. 높은 수수료를 받는 투자방법은 대부분 사람이 하는 투자에서 얻는 이윤을 희석한다. 투자하는 데 드는 비용이 높을 때는 대개 수수료 때문에 손실이 생기는 상황에서 출발한다. 하지만 최고의 투자는 단순하고 저렴한 수단을 써서 이루어진다. 가장 견고하고 장기적인 투자는 일반적으로 연 10%가 수익인 투자이다.

세계 500대 주식공개기업을 대표하는 S&P 500지수는 지난 144년 동안 평균적으로 9%, 지난 100년간 10.2%, 지난 50년간 9.7%, 지난 25년 동안 9.3%, 지난 10년간 7.6%, 지난 5년간 12.9%의 수익을 기록했다. 이미 다각화한 투자 수익률이 조만간 10%를 완전히 벗어나지는 않을 것이다. 물론, 이 시기에 전쟁, 불경기, 기근, 글로벌 금융위기 등 상상할 수 있는 모든 종류의 경제적, 사회적, 정치적 격동이 포함되어 있다.

주거용 부동산은 장기적으로 연간 약 10% 수준으로 유사한 투자 수익률을 보였다. 호주의 부동산 가격은 지난 120년 동안 연 10.4%씩 증가했다. 기록이 거의 1,000년에 육박하는 영국에서는 재산이 거의 1,000년에 걸쳐 10.2%의 상승률로 증가했다. 이처럼 10%는 자연의 법칙이다. 그리고 10%는 경이로운 숫자이다. 우리가 복리 수익을 계산할 때 실제로 10%만큼 증가한다.

'72의 법칙'에 따르면, 72라는 숫자를 당신이 기대하는 연평균 성장률로 나누면, 당신의 돈을 두 배로 늘리는 데 얼마의 시간이 걸릴지 알 수 있다. 한번 시도해보라. 10%의 수익으로 투자하면 7.2년 만에 두 배가 될 것이고, 또다시 7.2년이 지나면 두 배가 될 것이다. 15년을 기준으로 시장이 '평균' 수익으로 간주하는 것은 10만 달러가 40만 달러가 되는 것이다. 합리적으로 적용하면, '평균'이 가장 친한 친구가 될 수 있으며, 평균보다 재정상태가 좋아질 수 있다. 그 이유는 간단하다. 대부분 사람은 평균적인 결과를 얻기 위한 훈련을 거의 받지 않는다.

앞에서 언급했듯이 당신의 투자와 관련된 비용은 큰 영향을 미칠 수 있다. '어떤 투자수단을 선택하느냐에 따라 2%, 3%, 5%를 수수료로 떼는 일은 드문 일이 아니며, 그렇게 되면 평균 수익률이 50% 줄어든다.' 당신이 받는 임금의 절반을 나누어 주어야 한다고 생각해보라! 투자라는 게임에서 핵심의 절반은 비용을 낮게 유지하는 것이며, 나머지 반쪽은 수익이 복리가 되도록 긴 시간 인내하는 것이다. 이것은 저축을 지속할 수 있는 사람들만이 할 수 있는 일이다. 다른 모든 사람은 재정적 구속이 커서 인내하지 못하며, 손실을 만회하기 위해 불필요한 위험을 무릅쓰는 일이 너무 많다.

인내

인생에서 어떤 일은 인내하지 않는 것이 현명하지만, 투자는 그렇지 않다. 연간 이익이 투자에 누적해서 영향을 미치는 복리효과는 사람들을 부유하게 만든다. 복리로 이익을 얻는 유일한 방법은 장기간 투자를 유지하는 것이다. 수학 개념은 때로는 이해하기 어려우며, 복리가 일정

부분 그런 셈이다.

생각해볼 수 있는 한 가지 방법은, 우리가 이전 가격을 항상 지급하기 때문에 투자를 회수하는 시간이 길수록 투자 수익률이 높아진다는 것이다. 매년 새해에 회사가 거두는 수익은 일반적으로 그 전년도 가치에 가산되므로, 전년에 그 회사 주식을 구매한 사람들은 시간이 지남에 따라 더 많은 돈을 회수한다. 다음 표는 초기 투자 금액 1,000달러에 대한 연간 10%의 복리효과를 나타낸다.

년	투자 금액	투자 수익률	연간 이익	연간 투자 수익률	누적 투자 가치
1년차	$1,000	10%	$100	10%	$1,100
2년차	$1,100	10%	$110	11%	$1,210
3년차	$1,210	10%	$121	12.1%	$1,331
4년차	$1,331	10%	$133	13.3%	$1,464
5년차	$1,464	10%	$146	14.6%	$1,611
6년차	$1,611	10%	$161	16.1%	$1,772
7년차	$1,772	10%	$177	17.7%	$1,949
8년차	$1,949	10%	$195	19.5%	$2,144
9년차	$2,144	10%	$214	21.4%	$2,358
10년차	$2,358	10%	$236	23.6%	$2,594

[복리 이자의 효과]

단지 투자를 유지함으로써 매년 투자수익률*ROI*이 올라간다5열 참조. 단지 인내함으로써 7년 차에 당신이 17.7%의 투자수익률을 창출하는데, 이것은 보통 세계에서 가장 위대한 투자자에게 돌아가는 수준의 수익률에 해당한다. 앞에서 설명한 대로 7.2년 후에 당신의 원래 투자액이 두 배로 증가했다.

인내심이 필수적인 두 번째 이유는 모든 일은 직선으로 움직이는 경우가 매우 적다는 것이다. 대부분 투자수익은 직선을 따르지 않는다. 그것들은 탄도처럼 곡선 그래프를 그리거나 한 방향으로 반동하면서 움직인다. 지난 10년 동안 미국 주식시장을 대략 보여주는 다음 그래프를 보라. 수익이 꾸준하지만, 울퉁불퉁한 모양을 보인다.

[미국 다우존스 지수 그래프]

지수 그래프가 시간이 흐름에 따라 위로 향하지만, 일별, 주별, 월별, 심지어는 연도별로는 마이너스인 경우도 있다. 이것이 인내가 핵심인 이유이다. 요철을 극복해야 하기 때문이다. 상위 500종목의 흐름으로 전체 주식 시장을 잘 대변하는 S&P 500지수의 연간 수익률은 지난 5년 간 2%, 16%, 32%, 14%와 1%를 기록했다. 일부 기간, 그러니까 지수가 특정 연도에 극적으로 하락할 수 있으므로 최소 5년은 견고하게 투자해야 하지만, 길수록 좋다. 중요한 것은 시장에 참가하는 시간이다. 좋은 시절을 찾아 타이밍을 맞추려고 애쓰는 것은 위험을 감수할 만한 가치가 없다.

도박은 투자가 아니다

흔히 사람들은 주식과 부동산 같은 전통적인 투자 영역에서도 투자를 도박으로 착각한다. 이익을 내기 위해 당신이 기다릴 수 있는 기간이 짧을수록, 당신은 도박할 확률이 높아진다. 로또, 경마, 카지노에서 보내는 저녁처럼 몇 시간, 며칠, 몇 주, 심지어 수개월 만에 결과를 얻으려는 모든 투자는 기껏해야 투기일 뿐이고, 최악의 경우엔 도박하는 것과 같다. 투자는 평균의 법칙이 당신을 위해 일하고 복리 이익이 기적을 일으키는 수년간의 게임이다.

최신 비밀정보를 얻었다고 어떤 주식을 매입하려는 시도조차 도박이다. 이것은 당신이 시장을 이길 것이라는 희망을 기초로 한다. 최고의 투자자들은 시장을 이기려 하지 않는다. 대신 그들은 시장이 '되려고' 노력하며, '투자되고 고안된 돈'이 '번 돈'보다 항상 더 높은 이익을 얻는다는 사실을 안다.

임금을 초과하는 부를 창출하는 '시스템'에 참여한다는 것은 임금과 생산 요소에 대한 차익 거래에 참여한다는 것으로, 투자수익은 당연하다. 주식과 부동산에 돈을 투입하는 것은 성공확률이 당신에게 매우 유리하다는 것을 의미한다. 역사적으로 주식과 부동산에 돈을 신중하게 투입하면 성공할 가능성이 크다.

성공의 편견에서 벗어나라

투자에 관해서 미디어는 현실을 왜곡할 수 있다. 자신들의 전문분야인 부정적인 뉴스뿐만 아니라, 좋은 뉴스거리도 비정상적으로 보도하는 것이 언론의 본질이라는 사실을 우리는 기억해야 한다. 그들은 특별하고 가능성이 낮은 성공사례를 보도하여 대중이 환상을 믿게 만드는 경향이 있다. 투자에 관해서는 과도하게 편중된 수익을 강조한다.

왜냐하면 "어떤 투자자가 주식이나 주거용 부동산에 투자해 예측 가능한 수익률로 천천히 부자가 되었는지를 들으라."는 뉴스보다 과도하게 편중된 사례가 더 흥미롭기 때문이다. 내가 하는 이런 이야기는 낚시성 기사인 클릭 베이트*Click Bait* 기사로 쓸 가치는 거의 없지만, 당신을 부자로 만드는 것은 바로 이런 이야기이다. 사실, 수십억 달러 규모의 사업으로 급속하게 성장시킨 신생기업 창업자의 이야기도 편중된 사례이기는 마찬가지이다.

돈을 투자하고 고안할 때, 불가능해 보이는 것에 기대를 걸면 나쁜 계획으로 이어진다. 이 이야기를 하는 이유는 성공의 편견 때문이다. 언론에는 1,000대 1도 더 되는 성공사례가 끊임없이 보도된다. 하지만 성공사례와 비슷하지만, 결함이 있는 전략을 사용하여 투자금을 날린 999명의 이야기는 결코 뉴스거리가 되지 않기 때문에 드러나지 않는다. 그러니 기억하라. 이 이야기들은 모두에게 진실이 아니라 희망과 게으름을 파는 일에 불과하다. 사람들은 이런 식으로 이기는 것이 어렵다고 말해도 승자에만 관심을 기울인다. 물론 가끔 대단한 수익이 발생할 수도 있다. 하지만, 이는 포트폴리오의 작은 일부에 그쳐야 한다.

투자의 가치에 관한 질문

경제학에서 배울 가장 중요한 교훈은 우리가 처음으로 배웠던 '수요와 공급'이다. 투자에 대한 수요가 증가하면, 시간이 지날수록 가격이 올라간다. 많은 사람이 부동산을 원하거나 부동산의 사용을 원하면 당신이 보유한 부동산도 원하게 될 것이다. 많은 사람이 어떤 제품을 원해도 마찬가지다. 회사가 작년에 판매한 것보다 많은 제품을 판매했다면 수요가 늘어난 것이다.

반대로, 무언가의 공급이 증가할 때 사람들은 대체재를 얻을 수 있는 옵션이 더 많아지며, 이로 인해 하향 압력이 발생한다. 그래서 우리는 무엇인가에 투자하기 전에 스스로 가장 근본적인 질문을 던져야 한다. '이 제품, 서비스, 부동산에 대한 수요가 계속될 것인가?' '대체재가 나타날 확률은 얼마인가?' '다른 사람이 여기에서 잠재적 이익을 발견하고 시장에 진입하는 데 장벽이 높은가, 낮은가, 혹은 얼마나 독특한가?' '주거용 부동산'이 투자 가치가 높은 한 가지 이유는 초보자도 이에 대한 투자를 이해하기 쉽고 가치를 발견하기 쉽기 때문이다.

투자 가치를 평가하는 다른 좋은 방법은 수익률이다. 수익률은 임대료, 배당금이나 이익 공유의 방식으로 받는 수익률이다.

- 임대료 – 구매 가격에서 임대료 비율이 높을수록 자산을 구매하는 것이 저렴하다. 그러나 수익률이 시간이 지남에 따라 유지되는지, 혹은 증가할 가능성이 있는지를 아는 것이 더 중요하다. '임차인이 나갈 때 다시 임대하기 쉬울까?' 이것은 매우 중요한 질문이다. 매매도 마찬가지다. '매매하기가 쉬울까?' 투자하기 전에 '수익률에 근거하여 구매하는 것이 얼마나 저렴한가'에 관계없이 이 질문에 대한 대답은 항상 '그렇다'여야 한다.
- 배당금 – 위와 같은 질문이 여기에도 적용되지만, 전체에 적용된다. '회사가 올해만큼 내년에도 많은 고객을 창출할 가능성이 있는가?' '회사가 가격을 유지하거나 비용을 절감할 수 있는가?' '회사가 새로운 서비스나 제품을 잘 준비하고 있는가?' '투자된 비즈니스를 다른 구매자에게 신속하게 매각할 수 있는가?' 대부분의 우량 회사는 이 테스트를 통과한다.

우리는 첫날부터 투자를 통해 얻는 이익에 만족해야 한다. 그래서 우리는 투자하는 것이다. 우리는 이익이 계속되고 성장할 것이며, 자산이 앞으로 몇 년 동안 증가할 가능성이 있다고 확신해야 한다. 이런 목표로 당신이 할 수 있는 최고의 두 가지 수동적 투자는 '인덱스 투자'와

'주거용 부동산 투자'이다.

평균이 되는 인덱스 투자

앞에서 도박을 설명한 내용을 기억하라. '추측에 따라 높은 위험을 감수하면서 평균을 맞추려고 하는 것'이 도박이다. 반면에 인덱스*Index* 투자는 '평균이 되는 것'에 관한 것이다. 인덱스 투자는 우리가 '전체 주식 시장'을 사기 위한 아이디어이다. 전체 주식 시장을 산다는 말을 미쳤다고 무시하기 전에 몇 가지 사실을 기억해야 한다.

대부분 사람은 국민연금이나 퇴직연금 외에는 투자하지 않는다. 하지만 돈은 상대성의 게임이다. 이는 평균을 갖는 사람보다 더 많은 것을 갖는 것이지, 대부분을 갖는 것은 아니다. 그래서 장기적인 평균 수익률은 당신을 다른 사람보다 부유하게 해줄 것이다. 이는 또한 확률과 인내에 관한 것이다.

우리는 인덱스 투자를 통해 모든 승자를 곁에 두고 모든 패자를 거른다. 그렇게 우리의 수익률은 마무리된다. 물론 과거의 구글*Google*이나 테슬라*Tesla*와 같은 최고의 종목을 선택했을 때처럼 실적은 얻지는 못하지만, 코닥*Kodak*과 같은 증발하는 기업처럼 우리도 같이 증발하지는 않는다. 인덱스에 우리가 투자하면, 자산운용사는 S&P 500과 같은 상위 주식을 그 주식이 나타내는 시장에서의 비율로 편입한다.

애플*Apple*이 편입한 지수의 3%라면 전체 보유 주식에서 3%가 애플

주식에 투자될 것이다. 그리고 편입된 상위 500개 주식은 이렇게 관리된다. 편입된 어떤 주식의 주가가 501로 떨어지면 자산운용사는 편입된 그 주식을 처분한다. 마찬가지로, 주식이 500에 들어가면 자산운용사는 그 주식에 투자해 편입한다. 이렇게 하면 인덱스를 기반으로 시장의 평균 수익률을 복제해 달성할 수 있다. 당신은 시장과 같은 실적을 거두게 된다.

놀라운 일은 장기적으로 S&P 500지수보다 더 큰 수익률을 거둔 투자 펀드는 없다는 사실이다. 정말 놀랍지 않은가! 물론 매년 S&P 500지수보다 더 큰 수익률을 거두는 기금과 개인 투자자들이 있다. 하지만, 매년 반복적으로 그런 실적을 거두는 투자자는 없다. 투자는 장기적 게임의 하나이며, 그중에서도 최고의 장기 게임이다. 세계에서 두 번째로 부유한 워런 버핏*Warren Buffett*은 역사상 최고의 투자처로 인덱스 투자를 꼽는다. 그래서 그가 사망하면 인덱스 투자에 재산의 90%를 할당해 투자하기로 했다.

나는 S&P 500을 매수할 것을 권한다. S&P 500은 많은 산업 분야에서 발생하고 있는 혼란을 흡수할 수 있는 폭을 가졌다. 그중 한 회사가 무너지면 새로운 영웅이 등장해 자리를 메울 것이다. 이전에 계산해보았듯이, 적어도 5년 동안 인덱스에 투자하면 연간 약 10%의 수익을 기대할 수 있다. 만약 당신이 더 오래 머무르면 수익은 더 높아진다. 실제로 나는 오랫동안 인덱스의 팬이었다.

차입을 통한 주거용 부동산 투자

　주거용 부동산은 부동산시장 지수와 비슷한 수익률을 나타낸다. 주거용 부동산은 다양한 경제 요인에 좌우된다. 대부분의 선진국 시장에서 주거용 부동산 투자 수익률은 약 10%이다. 물론 일부 지역은 훨씬 높은 수익률을 보인다. 이런 상황이 어떻게 작용하는지는 대부분 부동산투자자가 이해하고 있다. 투자자는 부동산을 사서 자본 증식에 도움이 되도록 임대료를 받는다.

　호주에서는 약 2%, 한국에서는 아파트가 5% 중반의 임대 수익을 기대할 수 있다. 대부분 국가에서 이에 대해서는 세금 혜택이 있으므로, 10% 수준의 투자 이익을 유지하려면 임대료와 이자 비용 간의 차이만 메우면 된다. 주거용 부동산 투자의 강점은 은행이 부동산 가치의 상당 부분을 빌려준다는 점이다. 이는 당신이 차입투자 효과*Leverage Effect*를 볼 수 있다는 의미다. 부동산을 10%의 자기자본으로 구매해서 10%의 가치가 상승했다면, 평가의 관점에서 1년 후에 당신의 돈은 두 배로 늘어난 것이다. 이것이 수요만 만들어진다면 주거용 부동산 투자가 인기 있는 이유이다.

　주거용 부동산 투자에는 많은 방법이 있다. 하지만 일부 경로는 위험하다. 특히, '오랫동안 전례 없는 성장을 거듭한 시장은 위험할 수 있다.' 진입장벽 측면에서는 주식보다 약간 높다.

재정적 독립의 정의

'정의'는 인생에서 정말 중요하다. 정의는 우리가 하는 일과 그 일을 하는 이유를 알려준다. 하지만, 언어는 살아 움직이는 생명체처럼 유기적이어서 시간이 지남에 따라 정의를 재평가해야 한다. 그렇게 정의는 예고 없이 급속하게 변경된다. 이것은 오랫동안 우리의 마음에 새겨둔 정의가 더는 사실이 아닐 수도 있음을 의미한다.

오늘날처럼 변화가 빠른 세계에서 가장 하기 쉬운 실수는 이와 관련된 것이다. '어떤 것이 실제로 무엇을 의미하는지 세밀하게 평가하지 않아서 전혀 의미 없는 길을 따라갈 수 있다는 점이다.' '재정적 독립'은 우리가 자주 듣는 용어지만 정의하려고 애쓰는 사람은 거의 없다. 기억할 가치가 있는 정의는 이렇다.

"재정적 독립은 타인의 영향이나 간섭 없이 한 개인의 자원으로 살아갈 수 있는 능력이다."

나는 이것이 우리가 목표로 삼아야 할 기본적인 권리이며, 다른 사람들도 이 목표를 달성할 수 있도록 도와야 한다고 믿는다. 또한, 모든 것이 연결된 사회가 된 지금, 협업의 도구로 다른 사람들을 위해 '기술'을 적용한다면 더 높은 수준으로 목표를 달성할 수 있다고 믿는다.

이 정의는 우리가 살기 원하는 방식과 삶의 자원으로 활용할 것들을 결정하게 한다. 그렇다면 재정적 독립을 성취한 시점은 어떻게 알 수 있을까? 여기에 재정적 독립에 관한 진전 상태를 측정하는 정말 좋은 방법이 있다. 이 방법은 살면서 '반드시 해야 한다고 들은 것'으로부터 '얼마나 선택의 자유가 주어졌는지'를 평가하는 매우 간단하고 좋은 방법이기도 하다.

부의 방정식

우리가 창출하는 소득을 '능동적 소득'과 '수동적 소득'으로 나누고 그 비율을 살펴볼 필요가 있다. 이 비율은 벌어들인 소득과 소득에 어떤 위험이 있는지를 말해준다. 그리고 어떤 면에서 우리가 통제하지 못하는 시스템에 매여있는지를 말해준다. 등식은 다음과 같다.

· 부의 방정식 : '재정적 부의 비율 = (수동적 소득 / 근로 소득) × 100'

우리는 비율이 '100'보다 큰 숫자를 목표로 해야 한다. 이것이 중요한 이유는 가장 중요하고도 부족한 자원인 '시간'을 반영하기 때문이다. 이 비율은 돈을 포함하지만, 돈을 초월한다. 이는 우리가 벌어들인 소득의 크기에 상관없이, 자산을 어떻게 관리하고 있는지를 나타낸다. 또한, 자산을 보유하는 것이 노동을 통해 소득을 올리는 것보다 훨씬 우월함을 나타낸다. 무엇보다 수동적 소득을 얻는 데는 우리의 시간을 소모하지 않아도 된다는 사실을 증명한다.

그렇다면 무엇이 수동적 소득인가? 주식 배당금, 사업 소득, 부동산 임대료, 라이선스 그리고 우리가 어떤 방식으로든 취득해서 보유하게 된 자산 모두를 포함한다. 하지만 수동적 소득은 이러한 자산들의 순수 가치가 아니다. 근로 소득이 노동에 대한 '실제 수익'이듯, 자산이 만들어내는 수익은 '실제 현금흐름'이다. 우리가 직접 자산을 거래하는 사업에 종사하지 않는다면, 현금의 실제 위치를 월간으로 반영하기는 어렵다. 수동적 소득은 '시간의 경과에 따라 그 소득이 유지될 것인지'가 중요하다.

수동적 소득이 왜 근로 소득보다 중요할까? 수동적 소득이 중요한 이유는 '소득이 증가할 가능성이 크기 때문'이다. 대부분 선진국에서 임대료와 기업의 수익은 연간 약 10%씩 증가한다. 반면, 근로 소득은 연간 3% 미만으로 증가한다. 하지만 수동적 소득은 근로 소득처럼 우리를 통제하는 외부의 힘을 제거한다. 우리가 받는 임금은 직장의 위치, 경영 상태, 상사, 경제 환경, 기술 변화 등 모든 요인에 영향을 받게 된다.

근로 소득은 우리가 통제하는 것이 아니다. 그래서 수동적 소득보다 훨씬 위험하다. 물론, 우리가 더 경험을 통해 숙련되고 학습으로 가치가 올라감에 따라 근로 소득에 영향을 줄 수는 있다. 하지만, 우리의 자산을 증가시켜줄 포트폴리오에 투자할 때와 같이 완전한 의사 결정권을 가질 수 없다.

하지만 알아야 할 것이 있다. 수동적 소득이 증가할 확률이 크다고 적극적으로 관리할 필요가 없다거나, 수동적 소득을 얻기 위해 근로 소득을 얻을 필요가 없다는 의미는 아니다. 수동적 소득에도 노력이 필요하고 독립적으로 구축되어야 한다. 다시 말해 수동적 태도는 수동적 소득을 형성하지 못한다는 의미이다.

수동적 소득은 우리가 근로하지 않을 때 버는 돈이다. 그래서 이것은 실제 총소득보다 더 중요한 의미가 있다. 첫째, 수동적 소득은 대개 시간이 지나면서 증가한다. 임대료는 계속 올라간다. 집을 임대한 사람은 누구나 이 패턴을 안다. 좋은 회사는 시간이 지나면서 근로 소득이 증가한다. 둘째, 수동적 소득은 보너스이기 때문에 중요하다. 우리는 근로 소득으로 간신히 살아간다. 대부분 사람이 재벌 2세로 태어나지 않았고, 수동적 소득 없이 시작했기 때문에 이런 사실을 잘 안다. 수동적 소득은 더 많은 것을 주변에 구축하는 자체 생태계를 만든다. 복합적인 관심사를 가져라.

별이 추락하는 이유

하늘에 있는 별이 아니다. 록스타, 스포츠 스타, 영화배우와 같은 별을 말한다. 그들 중에는 억만장자가 된 다음 빈털터리가 되어 파산한 사람이 끝이 없을 정도로 많다. 실제로 통계는 이 사실을 명확하게 증명한다. 미국 프로풋볼리그NFL, National Football League 선수들이 은퇴한 지 2년 후에는 78%가 파산하거나, 심각한 재정적 스트레스를 받는다. 이 주제와 관련해서, ESPN의 〈30 for 30〉이라는 다큐멘터리의 '파산Broke'을 주목하자.

어떻게 이런 일이 가능할까? 록스타와 스포츠 스타가 파산하는 이유는 위에서 말한 '재정적인 부의 비율'이 낮고 인간적인 면에서 순수하고 단순하기 때문이다. 그들은 큰 소득을 얻었지만 나쁜 소비 습관을 키웠으며, 기회가 왔을 때 재정적으로 높은 부의 비율을 창출하지 못했다. 다른 누구보다 그들에게는 더 쉬운 일이었음이 틀림없지만, 대부분이 기회를 활용하지 않았다. 그들은 미래의 위험을 제거하지 못한 것이다.

부자가 부자인 이유

유명한 사업가든, 지역 내 사업가든, 재정적 측면에서 당신이 존경할 만한 부유한 사람들을 살펴보라. 그러면 그들에게서 '재정적 부의 비율'이 높다는 사실을 발견할 것이다. 그들은 부동산을 소유했거나, 우량 기업의 주식을 가졌을 것이다. 그들은 근로 소득보다 수동적 소득으로 대부분 돈을 번다. 유명한 전문경영인들처럼, 부유한 대부분 피고용인도 순수 근로 소득보다는 주식 옵션으로 돈을 더 많이 번다. 패턴은 분명하다.

당신의 비율을 돌아볼 시간

비결은 분모인 근로 소득에서 분자인 수동적 소득으로 돈을 이동시키는 것이다. 근로 소득보다 수동적 소득이 더 높아져서, 비율이 100 이상이 될 때까지 그렇게 해야 한다. 극단적이기는 하지만, 우리가 지출을 계속 억제해서 근로 소득보다 수동적 소득이 더 커지면 근로는 '선택사항'이 된다. 당신에게 유리하게 이 방정식을 쇄신하는 또 다른 방법이 있다. 그것은 당신의 근로 소득과 수동적 소득이 '확실하게 같은 영역이나 산업에 속하도록' 만드는 것이다.

소득의 기반이 되는 당신이 보유한 기술이 '재정적 부의 방정식'에서 분자와 분모 모두에 긍정적 영향을 미치게 하는 방법이 이것이다. 이렇게 하면 수동적 소득에 관한 의사 결정을 할 때 이점을 제공한다. 결정적으로 근로 소득과 수동적 소득이 상호 의존적으로 작용하면서, 이 전략은 종종 더 큰 근로 소득과 수동적 소득으로 이어진다. 당신이 아는 것에 충실하고 지식의 이점을 활용하라.

계획을 세워라

자신의 위치와 비율을 알아야 하고, 무엇보다 수동적 소득을 늘릴 계획을 세워야 한다. '문제는 대부분 사람이 수동적 소득보다 더 큰 근로 소득을 목표로 하며 산다'라는 것이다. 생활하면서 지출은 소득에 따라 증가하기 때문에, 앞서 설명한 록스타 파산의 마이크로 버전으로 삶이 끝난다. 당신의 비율을 알면 시스템을 조준할 수 있고, 게임을 주도할 수 있으며, 수동적 소득을 높이기 위한 목표를 설정할 수 있다.

부의 방정식의 다른 이점

대부분 국가의 경제에서 과세 시스템은 수동적 소득에 큰 혜택을 준다. 근로 소득보다 수동적 소득에 세금 혜택을 준다는 말이다. 종종 배당금은 세금이 거의 면제되기도 한다. 소득 정산을 통해 근로 소득을 수동적 소득 창출 비용으로 상계할 수도 있다. 민간 기업에서 수동적 소득을 위한 부동산자산을 보유함으로써 법인 세율을 낮추는 것과 같은 구조적 이점도 있다.

수동적 소득을 창출하는 방법

근로 소득에서 최소 30%를 저축하고 투자하라. 이 장에서 설명한 것처럼, 가장 간단한 투자처는 주거용 부동산과 인덱스 주식이다. 수동적 소득으로 얻은 새로운 소득을 더 많은 수동적 소득을 창출할 자산에 투자하고, 결코 조금도 낭비하지 마라. 그렇게 할 수 있다면 비율이 100 이상이 되자마자, 근로는 필요가 아닌 선택이 된다. 매년 인생의 목표 목록에 '재정적인 부의 비율을 개선'하는 목표를 추가하라.

자본은 항상 승리한다

자본주의 사회에서 자본은 항상 승리한다. 무조건 그렇다. 우리는 안전, 가족과 함께 보내는 시간, 인생이 제공하는 모든 것을 탐구할 자유를 원한다. 나는 위에서 그렇게 되기 위해 따라야 할 행동규칙 하나를 말했다. 그렇다고 해서 돈이 전부라는 의미는 아니다. '단지 돈은 우리가 시간을 사용하는 방법을 다르게 해준다.' 그리고 근로 소득처럼 다른 사람들의 변덕에 얼마나 의존해야 하는지에 대한 선택을 제공할 뿐이다.

우리는 윤리적이라고 생각하는 것에 투자할 수 있으며, 공정한 가격으로 사람들에게 가치 있는 제품과 서비스를 제공할 수 있다. 예를 들어, 집이 필요한 사람에게 공정한 가격으로 집을 빌려주는 것이 얼마나 윤리적인 일인가? 선택의 세계에서는 우리와 가장 가까운 사람들과 자신을 위해 올바른 선택을 하는 것이 당연한 일이다.

우리 내부 깊숙한 곳에는 잠들어 있는 기업가가 있다. 어쩌면 당신은 그것을 깨우려고 노력하고 있고, 적어도 당신은 그것을 잊지 않았을 것이다. 재정적인 문제뿐만 아니라 하루를 보내는 방법에서도, 자신을 변화시키고 자기 운명을 지배하기에도, 지금보다 더 좋은 시기는 결코 없었다. 제III부 '재창조'는 당신이 어린아이였을 때 타오르던 불꽃을 다시 살려 활활 불을 붙이는 데 도움이 될 것이다.

소득을 재창조해 인생을 바꿔라.

1. 생산 요소로 머물지 말고 생산 요소를 소유하고 조직하라.

돈을 벌려면 생산 요소로 출발할 수밖에 없다. 하지만, 생산 요소로 인생을 끝내서는 안 된다. 생산 요소를 조직해 내가 사는 이유를 만들고 주변 사람들을 사랑할 시간을 만들어라.

2. 돈이 통과하는 파이프라인을 만들어라.

임금을 받는 것은 물 양동이를 운반하는 것과 같다. 양동이가 찰수록 작업은 더 많아진다. 아무리 양동이가 차더라도 당신이 양동이를 운반할 때만 돈을 번다는 사실을 기억하라.

3. 무엇이 당신의 이익이고 무엇이 회사의 이익인지 정확하게 평가하라.

사람들은 경력이나 능력을 갖췄고 회사는 일자리를 가졌다. 먼저 자신에게 충실히 하는 것이 옳다.

4. 이윤은 근로 소득보다 훨씬 낫다.

당신이 이윤으로 벌어들인 자산인 1달러가 2달러, 10달러가 된다는 사실을 잊지 마라. 당신은 당신의 직업을 팔아 돈을 벌 수 없다. 실업자가 될 뿐이다.

5. 모든 것은 저축으로 시작된다.

재정적 위대함은 저축하는 행동에서 시작된다. 저축할 수 없다면, 당신 안에 위대함의 씨앗은 없는 것이다.

6. 생계를 위해 일하면서 재정적 독립을 위해 일할 수 없다는 규칙은 존재하지 않는다.

   이 모든 일이 일어나기 위해서는 자신에게 먼저 투자해야 한다.

7. 돈을 시간으로만 생각하지 말고, 가치 창출이라고 생각하라.

   시간과 단위로 사고하는 것은 공장 사고에 불과하다. 가치의 관점에서 사고하면 잠재력을 극대화할 수 있다.

8. 현금, 부동산, 주식은 모두 돈을 보관하는 방법이다.

   하지만, 부동산과 인덱스 펀드에 돈을 투자하는 것이 재정적 독립의 열쇠이다. 일확천금은 없으며, 그렇게 벌었더라도 그 돈은 다시 그렇게 사라진다는 사실도 기억하라.

9. 근로 소득의 70% 이상을 절대 쓰지 말고 자유의 길로 가는 종자로 삼아라.

   소비는 미덕이다. 하지만 낭비는 다른 사람들이 쓸 자원을 없애는 죄악이다. 꼭 필요한 곳에만 소비하라. 식량만 해도 77억 인구가 먹고도 남을 만큼 생산하지만, 하루에 기아로 10만 명이 굶어 죽는다. 그들도 우리와 같은 인간이다.

10. 연간 10%는 훌륭한 투자 수익률이다.

    연평균 투자 수익률 10%는 결코 평균이 아닌 부를 창출한다. 이 투자 수익률은 7.2년에 2배가 되는 믿을 수 없는 수익률이다. 더 놀라운 사실은 평균적인 사람은 거의 투자하지 않고 산다는 점이다. 그러니 지금 당장 투자를 시작하라.

11. 재정적 부의 비율을 100% 이상으로 개선하라.

    당신의 재정적 부의 비율을 계산하라. 이 부의 방정식에 모든 것이 달렸다. 매년 이 비율을 개선해서 100이 되면 근로는 필수가 아닌 선택이 된다.

How to Hack
Your Way
Through the
Technology
Revolution

제Ⅲ부

．．．．．．．．．．．．．．．．．．．．．．．．．．．．．．．．．．．．．

재창조

기업가정신과 기술은 모두 한때 부가적 활동으로 취급받았다. 과거에 당신이 자신을 위해 일했다거나 기업가였다고 말한다면, 당신이 실업자였거나 심지어 고용 불능 상태였다는 사실을 인정하는 것과 같았다. 과거에는 이런 일들을 미숙련자나 구인대상이 되지 못한 사람들이 선택하는 최후의 도피처라고 해석했다. 기술이 특히 그랬다. 밤에 차고에서 괴상한 사람들이 전기 장치와 납땜인두로 밤늦게까지 작업하는 것이 그들이 하는 일이었다.

하지만 이제 이 두 가지 활동은 우리가 주목하든 주목하지 않든 경제와 미래를 재편하고 있다. 현대 경제에서 적절하고 독립적인 상태를 유지하려면 그것이 누구든 기술을 계속 업그레이드해야 한다. 틀림없이 당신은 기계 장치나 소프트웨어를 업그레이드하는 데 익숙해져 있다. 화면에 메시지가 나타날 때마다 속으로는 '소프트웨어를 마지막으로 업그레이드한 것이 언제였나'를 생각한다. 그렇다면 시장에서 자신이 더 유용해지도록 '새로운 기술과 변화를 언제 마지막으로 공부했는가?'

우리의 지능을 업그레이드하는 것은 이제 선택사항이 아니다. 그리고 우리가 그렇게 하기 원한다면 쉽게 할 수 있다. 이것은 깊이가 아닌 빈도의 게임이다. 이 책의 마지막 부분인 '재창조'에서는 당신이 일하는 어떤 회사보다도 당신을 더 미래가 보장된 사람으로 만들어 활용할 수 있는 재창조의 마법을 알려주고자 한다. 그런 다음에는 다른 사람들을 위해 일할 것인지, 자신을 위해 일할 것인지 선택하면 된다.

제III부에서는 우리의 마음 깊이 묻혀 있는 선천적인 재능을 드러내는 방법을 배운다. 즉, 탐구하고, 새로운 일을 시도하고, 실수에서 배우고, 다른 사람을 위해 봉사하고, 자신의 상상력을 활용하며, 인생에서 좀 더 기업가적으로 접근하는 재능이 드러나도록 도울 것이다. 당신이 모험처럼 생각하는 경제적 탐험이 얼마나 안전하고 위험도가 낮은지, 이미 가진 기술을 활용하여 신기술을 활용하기가 얼마나 쉬운지 알게 될 것이다.

솔직히 말해서 글을 읽을 수 있다면 그렇게 할 수 있다. 인간이 배울 수 있는 가장 어려운 일은 언어이다. 계산상의 복잡성으로는 번역기로 자연어를 처리하는 것이 여전히 최상위에 있다는 사실은 당신이 할 수 있다는 것을 증명하는 것이다. 작은 것이 나중에 얼마나 큰 영향을 미치는지 알게 될 것이다. 하지만 이것이 상대적이라는 사실을 기억할 필요가 있다. 모두가 할 수 있지만, 대부분 사람은 그렇게 하지 않는다. 당신의 성공은 오로지 다른 사람과 비교했을 때 당신이 쏟는 노력에 달렸다.

포트폴리오 삶을
구축하라

직업을 바꾸기 위해 산업의 경계를 넘거나, 경력을 완전히 전환하려고 시도한 적이 있다면 그 과정이 얼마나 어려운지 알 것이다. 공식적인 자격이 필요 없는 직업도 마찬가지이다. 그때도 경험이라고 하는 오래된 악마가 머리를 든다. 채용담당자는 공석이 된 자리를 메우기 위해 경쟁사일지도 모르는 대기업에서 근무한 사람이나, 몇 년 동안 같은 업계에서 근무한 경력이 있는 사람을 원한다.

요즘에는 첨단 인공 지능 알고리즘으로 이력서를 판별해 면접후보자를 선정하기도 하는데, 어쨌건 채용담당자는 자기 회사의 이익만을 목적으로 직원을 선발한다. 그래서 채용담당자는 업계에서 잘 나가는 사람만을 원한다. 시스템, 규칙, 게임, 업계 역학과 비즈니스 모델을 아는 사람이 필요한 것이다. 그들의 목표는 사무실을 복제된 클론으로 가득 채우는 것이다.

그렇다고 해서 이것이 그들의 잘못은 아니다. 실제로 누구의 잘못도 아니다. 단지 기업과 시스템이 진화하는 방식일 뿐이다. 우리가 해야 할 일은 기업과 시스템이 진화하는 방식을 인식하는 것이다. 이것이 새로운 분야로 진입하기 어려운 이유이다. 위험과 실패가 나쁜 것이라는 점을 모두가 오랫동안 배워왔기 때문에, 시스템적으로 증명되지 않은 사람을 데려오고 싶어 하지 않는다.

물론 새로운 분야로 가는 길을 만들어내는 방법이 있지만, 전통적인 방법으로는 엄청나게 어렵다. 고용주나 채용담당자는 기업가정신으로 뭉친 사람을 원하고 신생기업 직원처럼 행동해주기를 원하지만, 실제로는 그 영역에서 일해보지 않은 사람을 고용하는 아주 작은 위험도 감수하지 않으려고 한다.

당신을 교육훈련 프로그램에 보내는 기업은 누구를 위해서 이런 일을 할까? 그조차 당신을 위해서가 아니라, 기업이나 고용주를 위해서이다. 인간 구동 시스템의 소프트웨어인 직원들을 위한 일종의 소프트웨어 업그레이드가 교육훈련이다. 당신은 더 많은 것을 배우고 더 나아지겠지만, 사실은 당신이 아니라 그들을 위해 더 투자하는 것이다.

기업에 근무하던 시절, 나는 교육훈련 프로그램을 수강할 때마다 '배운 것을 어떻게 하면 내 삶에 잘 적용할 수 있을지'를 고민했다. 나는 나를 쇄신하기 위해 그들의 시간을 사용했다. 우리는 어디에든 배운 것을 적용할 수 있다. 지금은 변화가 너무 빨라서 연구 결과로 등장하거나, 사회적 논쟁거리가 되거나, 기업 재무 결과에 반영되기도 전에 그 변화를 먼저 볼 수 있다. 그래서 지금은 우리 주변 세계에 관심을 기울이는 것이 그 어느 때보다 중요하다.

"변화를 원한다면 스스로 먼저 시작하라. 기다리지 말고, 누군가에게 허락받지 말고, 그냥 시작하라."

당신이 학습을 통해 스스로 쇄신하는 데 있어 무엇보다 좋은 소식은 모든 문지기가 건물을 떠났다는 사실이다. 학습에 모든 장벽이 사라졌다는 의미다. 어떤 주제를 선택하든 세상에서 가장 훌륭한 사상가를 끌어와서, 대부분을 무료로, 우리가 원하는 때에 배울 수 있다. 이것은 과거에는 절대 일어나지 않았던 일이다.

사람들은 일자리와 산업이 사라질 것을 우려하고 있다. 하지만, 다른 한편으로 생각해보면 우리는 그 상황에서 어떻게 할 것인지 선택할 수도 있다. 전혀 생각지도 못한 현실이 펼쳐지는 것을 보면서 주저앉아 울거나, 아니라면 스스로 잠재력을 키워 활용할 수도 있다는 말이다. 밖으로 나가서 새로운 것을 배우고, 새로운 가치를 창출하며, 시간 외에는 아무것도 없다 하더라도 시작할 수 있다. 그렇다. 변화는 너무나 충격적이지만, 변화에서 우리가 할 수 있는 선택도 마찬가지이다.

빨리 배우는 가장 빠른 방법

너무 마른 체형이었던 나는 학창시절에 친구들에게 항상 놀림을 당했다. "문 열지 마라. 바람이 불면 스티브는 날아갈 거야." 그것이 크든 작든 어떤 유형의 괴롭힘도 상처를 받기 쉬운 십 대에 나는 친구들의 놀림이 무서웠다. 나는 별명인 '샤프심'을 벗어나기 위해 체육관에서 많은 시간을 보냈다. 나는 '꾸준히 근력 운동을 하면 근육이 생기고 마른 체형도 보강된다'라는 말 외에 근력 운동에 관해 아는 것이 전혀 없었다. 나는 수년에 걸쳐 일주일에 적어도 다섯 번 정도는 운동하러 체육관에 갔다. 3개월이 지나자 1차 목표를 달성했고, 1년 후에는 신체적으로 전혀 다른 사람이 되었다. 내가 한 일은 간단했다. 하루 45분 동안 체육관에서 열심히 운동하고 잘 먹는 것이었다.

이 과정에 어떤 속임수도, 특별한 음식도, 근육 강화제도 없었다. 내가 한 일은 장소를 바꾸는 것이었다. 나는 공부하고 나서 시간을 투자하는 곳을 바꿨다. 그 결과, 나는 신체적으로 완전히 달라졌다. 나는 이 과정에서 흥미로운 사실을 발견했다. '무언가를 하기 위해 어떤 장소에 계속 나타나면, 그 장소가 일을 성공적으로 수행하는데 필요한 것을 가르쳐준다.' 나는 다른 트레이너들과도 계속 상담했다. 아이디어와 정보도 공유했다. 서로 비교해보고 서로 기술을 배웠다. 음식에 관해서도 책을 읽고 토론했다. 또한, 서로 격려하며 최선을 다하도록 했다. 개인적이고도 협력적인 근력 훈련은 멋진 경험이었다.

어떤 두 사람의 몸도 같은 모양이거나 같은 잠재력을 가질 수 없다. 그래서 어떤 신체적 잠재력을 발휘하느냐는 오로지 자신에게 달렸다. 근력 훈련으로 얼마나 강해지는지 즉각적으로 알기도 어렵지만, 한동안은 외형적인 진전도 보이지 않는다. 그러나 운동광들은 서로 협력한다. 잠재력의 최대치에 도달하도록, 서로 부족한 부분을 파악해 말해준다. 서로 진전되는 모습을 지켜보며 단 한 시간이라도 빼먹는 것을 싫어한다. 이 과정에서 가장 잘 맞는 운동을 알게 된다. 충고를 받아들이기도 하고 일부는 무시하기도 한다.

이런 과정에서 자신만의 기술을 터득한다. 그리고 자기가 배운 것을 사용하여 자신만의 운동 체계를 개발한다. 근력 훈련은 내게 인생에서 무엇이든 할 수 있다는 자신감을 심어주었다. 몸을 새로 만들 수 있다면 삶의 모습도 바꿀 수 있다. 시간이 조금 지나면서 곧 흥미로운 사회적 상황이 벌어졌다. 체육관 사람들이 능숙한 훈련 과정과 멋진 몸을 보고 내게 다가와 조언을 구하는 신기한 일이 벌어졌다.

체육관에서 몸을 만들고 싶어 하는 누구에게나 최상의 조언을 줄 수 있을 만큼 나는 오랫동안 체육관을 이용했다. 나는 조언을 받으러 온 그들에게 "당신은 매일 나와야만 합니다."라고 말했다. 그들은 웃었고, "그래야죠, 스티브. 하지만 정말로 내가 할 수 있는 최선의 것들은 무엇인가요?"라며 물었다. 나는 체육관에 나오는 것이 정말로 중요하다는 말만 반복했다.

규칙적으로 체육관에 나오기만 해도 당신이 알고자 하는 것을 배울 수 있다. 나는 그들에게 말했다. "당신은 자주 출석하는 사람들과 사귈 것이고, 아마 그 사람들은 몸매가 멋진 사람들일 것입니다. 그들은 당신이 꾸준히 출석하는 데에 존경을 표하고, 자기 생각을 당신과 공유할 것입니다." 나는 그들이 빨리 자신만의 가장 좋은 방법을 배우기를 바랐고, 시간을 낭비하지 않을 것이라고 장담했다.

우리가 알아야 할 모든 것은 자주 참여하기만 하면 제공된다. 빈도가 깊이보다 중요하다. 투자수익과 마찬가지로 노력은 '복리'를 부른다. 어떤 일을 할 때 자주 투입하는 것이 한 번에 많은 시간을 투입하는 것보다 더 크게 영향을 미친다. 체육관에서 매일 한 시간 운동하는 것은 토요일에 다섯 시간 운동하는 것보다 훨씬 가치가 있다. 프로젝트를 수행할 때도 그렇다. 대부분은 하루 한 시간을 투자하면 될 일인데도 어떤 이유를 만들어서라도 토요일 하루를 온통 소비하려고 한다.

나는 이 과정을 통해 프로젝트에서도 성취하는 방법을 배웠다. 당신은 이미 인생 어느 시점에 나의 근력 훈련 같은 경험을 했을 것이다. 그때 당신은 정말로 무언가를 하는 데에 사로잡혀 있었을 것이다. 스포츠, 취미, 기술, 게임, 뭐든지 말이다. 당신은 긴 시간에 걸쳐 일관된 노력을 기울였을 것이고 그것 때문에 교훈을 얻었을 것이다. 미래에도 가장 중요한 부분은 그 과정을 되풀이하는 그곳, 그 시간에 있다.

열 번 만남의 법칙

단지 자주 참여함으로써 환경을 바꾸는 또 다른 방법이 있다. 내가 앞서 설명했던 선형적 사고의 위험을 생각해보라. 사람들은 항상 해왔던 일을 하는 단순한 관성 때문에 산업을 바꾸는 것이 어렵다고 생각한다. 그러나 시스템에서 독립하는 방법이 있으며, 끝까지 이 길을 가는 사람은 절대 실패하지 않는다. 나는 이것을 '열 번 만남의 법칙'으로 부른다.

만약 당신이 새로운 산업이나 업계에서 일하기를 원한다면 할 일은 그 업계에서 열 명의 사람을 만나는 것이다. 일반적으로 첫 번째 만남이 가장 어려운 일이다. 우리 대부분처럼 누군가를 만나려고 할 때 친구나 동료에게 소개를 부탁하면 된다. 그러나 만약 당신이 업계에 아는 사람이 없다면 어떤가? 우선, 해당 산업의 행사에 참석하여 멋지고 당당하게 행동하라. 그러면 새로운 인간관계를 형성할 수 있다.

인간관계가 형성되면 새로운 미팅이 가능해질 것이다. 당신이 첫 번째 미팅을 준비할 때 유의할 점은 그들에게 당신이 '직업을 찾는 것이 아니라고 인식하게' 만드는 것이다. 물론 장기적으로는 일을 찾는 것이 당신의 목표이지만 말이다. 대신, 미팅 준비 단계에서 업계의 누군가가 흥미롭다는 사실과 해당 산업에 관해 좀 더 알고 싶다는 정도만 알려라. 그래서 15분 정도 이야기를 나누고 싶다고 전달하라.

이 과정에서 당신은 몇 가지 중요한 작업을 수행했다. 우선, 우호적인 소개를 통해 당신이 그들과 연결되었다. 당신은 그들이 약속할 수 없는, 직업을 원한다는 사실을 제거했다. 짧은 만남만을 요구함으로써 그들의 시간을 존중한다는 것을 보여줬다. 그들의 일터 근처에 있는 카페에서 같이 마실 모닝커피를 외치는 것도 똑똑한 방법이다. 어쨌든 대부분은 당신에게 15분 이상을 할애할 것이다. 왜냐하면, 설명한 대로 그들의 전문성을 인정함으로써 자아를 약간 부추겼기 때문이다.

일단 만났다면 똑똑한 질문을 해야 한다. 질문이 떠오르지 않는다면 당신이 좋아하는 검색 엔진을 활용하라. 그들의 경력, 그러니까 그들이 어떻게 그 자리에 올랐는지 질문하라. 그들이 보는 산업의 미래, 추천할 만한 책 등에 관해서도 질문하라. 그리고 그들의 말에 대한 반응으로 신중하게 준비한 질문을 하라. 메모하는 것이 좋은데, 학습 곡선을 상향시킬 수 있을 뿐만 아니라 존경의 표시도 된다.

만남이 끝날 때, 당신과 10분 정도 대화를 나눌 추천할 만한 사람이 있는지 정중하게 요청하라. 당신과 우호적인 토론을 하고 자신의 의견을 중요하게 여긴다는 사실을 확인한 다음이라면, 그런 사람이 없다고 말하지는 않을 것이다. 연락처와 같은 세부 정보를 부탁하되, 직접 연락하고 더는 그의 시간을 뺏지 않도록 하라. 당신이 그의 이름을 언급해도 좋은지 물어라. 그리고 소개해준 사람을 당신이 이른 시일 내에 만나기를 원한다는 점을 확실히 하라.

소개해준 사람을 만나는 두 번째 만남에서도 첫 번째 만남의 과정을 대체로 반복하지만, 이제는 학습 곡선을 조금 더 높여야 한다. 업계 내부의 정보를 얻는 것이다. 당신은 더 메모하고, 훨씬 많은 질문을 하고, 더 수준 높은 질문을 다시 해야 한다. 이제는 단지 묻는 것이 아니라 토론도 시작할 수 있다. 이 만남에서 다른 관점을 찾아 발전시켜가면 지식이 넓어지기 시작한다. 둘을 만났으니, 이미 당신의 업계 네트워크 규모를 두 배로 확장했다.

이 만남이 끝날 때, 또 다른 동료를 소개해달라고 요청하는 과정을 반복하라. 만남이 거듭될수록 당신은 업계 지식을 더 많이 쌓게 되고 중요한 사항에 관해 더 많이 배우면서 더욱 대단한 질문을 하게 된다. 만남이 계속되면 당신에게 서로를 아는 사람들의 네트워크가 구축된다. 또한, 당신은 정중하고 열정적이고 배우기를 원하는 사람으로 명성을 얻게 된다. 열 번째 만남에 가까워질 때는 업계의 핵심가치를 논의하고 있을 것이다. 당신은 이미 업계의 내부자가 되었다.

다음은 아주 흥미로운 부분이다. '대부분 직업이나 일자리는 광고되지 않는다. 네트워크로 자리가 채워진다.' 회사에서 어떤 역할이 필요할 때마다 가장 신뢰할 수 있는 동료에게 마땅한 후보자가 있는지 물어본다. 이 동료가 당신이 만난 그 사람들이다. 그 논의 과정에 당신의 이름이 등장한다. 그들은 이런 말을 할 것이다. "내가 최근에 똑똑한 한 친구를 만났는데, 그 사람은 업계의 과제들을 정말로 잘 이해하고 있는 것처럼 보였어. 그 사람에게 전화하는 것이 좋겠어." 나아가 이런 대답이 나올지도 모른다. "나도 그 사람을 만났는데요? 그게 좋겠어요. 내가 전화할게요." 갑자기 당신에게 산업 내부에 후원자가 생긴다. 단지 화면이나 종이 위에 쓰인 이름이 아니라, 그들이 아는 사람은 당신이다. 당신은 채용 면접에 초대받게 될 것이다.

차별점을 증명하라

나는 이 과정을 내 삶에서 자주 사용했으며, 수십 명의 사람과 공유했고, 대학에서 가르친 많은 학생과 공유했다. 그리고 무엇보다 이 '열 번 만남의 법칙'을 실행한 사람 중에 내가 아는 누구도 실패하지 않았다. 물리적 상호작용은 항상 가상적 상호작용을 이긴다. 링크드인*Linked* *in*은 아마추어용이지만, 이 방법은 선수용이다.

나는 종종 중요한 사항을 알고 싶어 하는 사람들이 찾는 첫 번째 접촉 대상이었다. 내가 대학에서 마케팅을 가르칠 때는 학부생들이 내게 만남을 요청했다. 그들은 이렇게 말했다. "저는 정말 마케팅을 배우고 싶습니다. 마케팅을 좋아합니다. 마케팅에 정말로 빠져 있습니다." 그러면 나는 "증명해보세요!"라고 말했다. 그러면 조금 혼란스러워하면서 내게 마케팅이 자기들의 전공이라고 설명했다.

나는 웃으면서, "당신의 학위는 생각만큼 가치가 없어요. 특히 마케팅과 관련된 직업을 두고 당신과 경쟁하는 다른 모든 사람도 같은 전공이죠."라고 답변했다. 이런 게임은 마치 대수 방정식과 약간 비슷하게 된다. 양쪽에서 X를 제거하고 남은 것을 보면 된다. 정말 중요한 것은 공통의 기본 자격을 제외한 후 당신에게 남은 것들이다.

A(마케팅 석사학위) : B(마케팅 석사학위 + 마케팅 분야 파워 블로거)

'마케팅 석사학위'를 제외하면 확실한 승자가 누구인지 쉽게 알 수 있다. 눈에 띄기를 원한다면 당신이 하는 일에 대한 열정을 확실하게 증명하라. 같은 공간에서 다른 사람들보다 앞서게 하는 것은 비공식적인 자기 주도적 행동들이다. 이는 당신의 개인적 지식에 대한 디지털 발자국을 생성할 뿐 아니라, 다른 사람들보다 당신이 더 관심을 두고 있다는 사실을 입증한다.

반드시 정상에 있을 필요도 없다. 업계의 주요 비디오가 잘 정리된 유튜브 채널을 가지고 있거나, 최신 동향에 관해 정기적인 블로그를 작성하거나, 업계의 여러 사람과 인터뷰한 팟캐스트를 진행하는 것과 같은 간단한 일을 의미한다. 더 많은 곳에 있음으로써 당신은 더 많이 알게 되고 사람들은 당신을 더 주목하게 된다.

그리고 반드시 알아야 할 것 한 가지는 당신의 이력서가 당신이 편집하는 문서가 아니라는 사실이다. 포털이나 구글이 말하는 것이 이력서이다. 당신을 확인할 때 가장 먼저 검색으로 확인할 것이기 때문이다. 포털이나 구글은 당신의 '자동 이력서 생성기'라고 생각하면 된다. 그래도 좋은 소식은 당신이 원하는 대로 채울 수 있다는 점이다. 목표는 당신의 이름을 검색할 때, 검색되는 첫 페이지를 통제 가능한 페이지로 만드는 것이지, 소셜 피드를 멋지게 장식하는 일이 아니다. 예를 들어, 당신의 홈페이지나 블로그는 경쟁자들이 파티에서 자기 사진을 찍어 올리는 동안 당신을 빛나게 할 요소이다.

'열 번 만남의 법칙'을 시작한다면 그전에 홈페이지나 블로그를 운영하는 것이 중요하다. 비록 그것이 생각일지라도 업계에서 무언가를 창조하는 과정을 시작하라. 이 과정은 당신의 미래에 엄청난 영향을 줄 수 있다. 그리고 당신이 전문가가 아니라고 걱정하지 마라. 중요한 것은 과정과 에너지이다. 다른 모든 것과 마찬가지로 많이 행할수록 더 많이 알게 되고 다시 더 많이 행할 수 있게 된다.

아무도 그것을 보지 않는다 해도 상관없다. 단 한 사람이라도 당신을 검색한 후에 그것을 읽으면 큰 차이가 생길 수 있다. 그러니 자신의 디지털 발자국을 만들어 갖도록 하라. 열 번의 만남을 수행하는 것은 그 효과를 배가시킬 것이다. 당신이 만나는 똑똑한 사람들의 말을 인용하고 그들을 영웅으로 만들 수도 있다. 어쩌면 나의 이러한 제안 중 일부는 당신의 생각과 대립하는 것처럼 여겨질 수도 있다. 그러나 살면서 때로는 마음에 들어오는 의심을 밀쳐내야 할 때도 있다.

"우리가 인생과 사업에서 어려움에 부닥칠 때, 핵심적인 적은 '회의懷疑'다. 회의는 두려움보다 훨씬 큰 적이다. 왜냐하면, 두려움보다 항상 회의가 먼저 생기기 때문이다. 그래서 자신에게 회의가 들면 그것과 싸우면서 전진할 생각을 해야 한다."

우리는 일을 멈추지 말아야 하며, 계속 글을 써야 하며, 사람들을 만나야 하며, 계속 전화하면서 해야 할 일을 수행해야 한다. 심지어 다음 단계를 확신하지 못할 때도, 심지어 어디로 가고 있는지 명확하게 알 수 없을 때도 계속 나아가야 한다. 이것은 안개 속을 걷는 것과 비슷하다. 하지만 계속 걷다 보면 길이 나타난다. 기억할 것은 멈춰 서 있으면 아무것도 배울 수 없다는 점이다.

내가 해본 가장 가치 있는 일

직장생활하면서 내가 했던 여러 가지 일 중에서, 블로그가 가장 큰 가치를 창출했다. 블로그는 내가 한 일 목록에서 상위에 있다. 10년 전부터 블로그를 쓰기 시작했는데, 이것이 나를 변화시켰고 내가 믿던 것들을 현실로 만들었다. 이 일이 매우 가치 있다고 생각하는 이유는 새로운 영역으로 어떻게 넘어갈 수 있는지 가르쳐 주었기 때문이다.

블로그의 첫 번째 주제는 포천 500대 기업을 떠나 처음으로 신생기업을 시작하면서 내가 겪은 개인적인 여정에 관한 것이다. 글쓰기를 시작한 후, 독자들에게서 얻은 피드백은 '글을 더 잘 쓰는 방법과 어떤 게시 글이 다른 사람들에게 가치를 창출하고 있는가'였다. 블로그를 더 많이 쓸수록 블로그는 더 개선되었다. 그래서 매일 작성하기 시작했다. 매일 무언가를 써야 한다는 것을 알게 되면서, 통찰력을 얻기 위해 더 멀리 보아야 했고 세상을 더 분명히 보기 시작했다. 사람들이 나의 신생기업에 더 많은 관심을 기울였고, 교훈을 공유할 수 있었다.

당시는 소셜 미디어가 성장하기 전으로, 블로그가 웹 2.0 혁명의 첨단에 있었다. 블로그를 통해 소통하면서 사람들은 기술에 관한 많은 것을 가르쳐주었다. 웹서비스 업체들이 제공하는 각종 콘텐츠와 서비스를 융합하여 새로운 웹서비스를 만들어내는 매시업*Mashup* 기술과 블로깅 소프트웨어를 처리하고 플랫폼을 사용하는 법을 배웠다. 겉보기에는 이질적인 사물과 아이디어를 연결하는 방법을 배우고, 디지털 포럼을 통해 내 작업을 홍보하는 방법을 배웠다. 독자들에게 모든 블로그 게시물이 작은 제품이기 때문에 더 잘 생각해야 했고 독자들에게는 논점을 제시해야 했다.

공통 주제에 관심이 있는 블로거와 창업 커뮤니티를 통해 신생기업을 하는 다른 사람들과도 새로운 관계를 맺었다. 이상한 점은 창업 커뮤니티가 내 아이디어를 신선하다고 생각한 점이다. 하지만, 내가 하던 모든 것은 새로운 디지털 방식을 적용했을 뿐, 고전적인 마케팅 방법론으로 짜낸 것이었다. 그런데 이 기술 대부분은 많은 컴퓨터광이 이전에는 한 번도 경험하지 못했던 것으로 밝혀졌다. 조금 시간이 흐르자 사람들은 내 일과 아이디어를 보는 방식을 바꿨다. "오케이, 그 아이디어 좋아요." 반대로 이들은 내게 기다리지 않고 선택받는 방법을 가르쳐주었다.

사람은 '자신이 하는 일로 의미가 있는 존재'라는 사실을 기억하라. 나는 매일 블로그에 접속하고 글을 썼다. 그리고 나는 블로그를 통해 새로운 직업 영역을 고안했다. 블로그는 나를 대기업에 속한 사람에서 신생기업에 속한 사람으로 바꿔 놓았다. 대기업 생활을 마치고 처음 시도한 신생기업은 한 마디로 내게 재앙이었다. 나는 첫 신생기업을 잃었지만, 실패를 공유한 블로그는 성공작 그 자체였다.

블로그는 내가 뭔가를 계속할 수 있다는 자신감을 불어 넣어주었다. 실제로 실패를 통해 배운 나의 다음 신생기업은 성공했다. 블로깅은 내 인생이 간단한 과정으로 전환될 수 있다는 사실을 확인해줬다. 나는 블로깅을 통해 한 가지 기술을 발전시켜 다음 기술로 전환할 수 있었다. 대기업에서는 그것을 '관련 다각화*Related Diversification*'라고 부른다. 나는 이를 '포트폴리오 삶*Portfolio Life*'이라고 부르고 싶다.

당신의 포트폴리오를 구축하라

십 년 후에 우리의 소득이 어떻게 변화할지 추측하기는 어렵다. 사실 그 가능성은 매우 낮으며, 제로에 가깝다. 우리가 생각할 수 있는 것이라고는 '지금 당장부터 바뀔 것'이라는 것이다. 여기에는 우리가 돈을 버는 방법이 포함될 것이고, 이는 변화하는 환경에 대처할 수 있는 새로운 기술을 배워야 한다는 말이 된다. 그렇다고 해서 기술 그 자체를 다 배워야 한다거나, 새로운 무언가를 하는 방법을 계속 배워야 한다는 의미는 아니다. 그 대신 우리에게는 변화하는 수요에 적응할 수 있는 새로운 방법론과 지능이 필요하다.

그러니까 기술을 배우라는 말은 새로운 기술의 영향을 이해하라는 말이다. 이것은 해당 기술이 실제로 어떻게 작동하는지를 아는 것보다 훨씬 중요하다. 그 기술이 인간에게 미치는 영향에 초점을 맞추면 보상이 따른다. 미래에 우리의 소득은 어디서 나올까? 다른 사람과 활동을 조율하는 능력, 다양한 형태의 인공 지능으로 일하는 능력, 협력적인 일의 관리 능력, 실수를 두려워하지 않는 자세에 있다. 그리고 새로운 사물들이 어떤 효과가 있는지 파악하기 위해 작은 경제적 실험을 실행하는 일에 있다. 이러한 방식으로 학습하면 우리 소득을 위한 미시 경제를 구축할 수 있다.

누구나 투자에서 배우는 첫 번째는, 자신의 위험을 다각화하고 투자 범위를 넓혀서 하나가 악화하면 다른 투자를 선택하는 일이다. 그렇게 하면 그것들이 인덱스 펀드*Index Fund*와 마찬가지로 서로 평균에 이른다.

나는 사람들이 왜 자기 수입원에 이런 간단한 예방 조치를 하지 않는지 궁금하다. 여기에는 중요한 의미가 있다. 당신이 단일 고용주만 바라보는 것은 당신의 돈을 모두 주식 한 종목에 투자하고 모든 것이 잘 되기를 바라는 것과 같다. 이것은 그다지 훌륭한 전략이 아니다.

이제 이런 생각을 추가해보자. '한 명의 사장이나 상사는 그다지 좋은 표본 크기가 아니다.' 나는 오히려 한 명의 사장보다는 시장이 나의 능력을 판단하도록 할 것이다. 좋든 싫든, 당신의 사장이나 상사는 회사 내부에서 당신의 운명에 크게 영향을 미치므로 호감을 얻는 것이 능력보다 훨씬 중요하다. 그들은 단지 인간이고, 인간은 항상 자신이 선호하는 것이 있는 법이다. 당신의 이해관계에 가장 영향력이 있는 상사에게는 당신이 모르는 많은 변수가 존재한다.

"한 사람의 상사가 결코 시장을 대표할 수 없다. 그들도 결국 하나의 의견일 뿐이다. 한 개짜리 가장 작은 표본 말이다."

충분한 표본 크기의 확보에 관해서는 연구자들이 많이 이야기한다. 간단히 말해서, 우리가 충분한 시간을 두고 충분한 인원과 함께 어떤 것을 테스트해야 그것이 참인지, 시장이 가치 있다고 여기는지 실제로 이해할 수 있다는 뜻이다. 나는 한 사람보다 시장을 신뢰한다. 시장은 다양한 사람과 다양한 의견이 가득한 이상하고 놀라운 곳이다. 일부는 우리와 의견이 일치할 것이고 어떤 것은 그렇지 않을 것이다. 우리의 재정적 미래를 단 한 명의 의사결정권자에게 맡기는 것은, 단 하나의 파괴적 사건이 우리를 100% 소득에서 0% 소득으로 몰아넣을 수 있다는 의미다.

그렇다면 사람들은 위험을 분산시킬 수 있을 때도 왜 한 명의 사장에게 자신의 운명을 맡겨두고 있을까? 나도 도저히 믿을 수 없다. 이것은 현대 문명사회에는 있을 수 없는 일이다. 위험을 분산하면 하나의 수익원이 고갈되는 위험이 줄어든다. 위험을 분산하면 우리에게는 좋은 상사, 보수가 더 좋은 일자리를 찾을 수 있는 더 많은 기회가 생긴다. 우리는 더 빨리 적응하고 새로운 기술을 개발하는 법을 배울 수 있다. 이 모든 것이 우리에게 미래에 대한 더 큰 보장이 된다.

지금 당신은 기업가이다

모든 사람에게 이상적인 소득 시나리오는 수익 포트폴리오와 한 명 이상의 상사를 두는 것이다. 하지만, 우리가 기업가가 될 때까지 이런 일은 일어나지 않는다. 특히 현재 직장이 있다면 당신은 기업가로서의 자신을 알아보지 못할 수도 있다. 그런 당신에게 좋은 소식이 있다. '당신은 이미 기업가이기 때문에 세상을 보는 방법을 바꾸는 것 외에는 아무것도 할 필요가 없다.' 그렇다. 지금 당신은 기업가이다. 상자처럼 나뉜 공간을 나와 대중교통을 타고 집으로 돌아가며 이 글을 읽고 있더라도, 아직 실현하지 못했을 뿐 당신은 기업가이다.

우리는 모두 기업가이다. 우리는 모두 자신을 위해 일하기 때문이다. 나는 스티브 사마티노 기업에서 일하고 있다. 당신은 어떤 기업을 만들고 싶은가? 형식적인 구조를 만들었는지에 상관없이 당신은 개인 회사의 CEO이다. 당신은 수익원, 브랜드 포지셔닝, 시장 유통을 100% 책임진다. 인프라와 여러 고객을 보유하는 대신 당신의 마음과 몸이 인프라이며, 고용주는 오로지 당신이다. 당신은 현재 기업가이며, 항상 기업가일 것이다. 당신은 사고를 뒤집을 필요가 있으며, 일단 그렇게 하면 모든 것이 변화한다. 내가 이것을 배웠을 때, 나를 둘러싼 세계가 모두 변화했다는 사실을 확실히 안다.

당신이 처한 상황에 상관없이 자신을 기업가로서 보게 되면 잠재적으로 드러나는 몇 가지 질문을 자신에게 시작할 수 있다.

· 당신은 현재 고용주^{고객}를 어떻게 대하고 있는가?
· 현재 고용주^{고객}로부터 받는 것보다 더 많은 가치를 창출하고 있는가?
· 당신 회사의 브랜드는 당신^{고객}에게 없어서는 안 되며, 그만큼 독특한가?
· 당신 회사의 브랜드가 시장^{당신}에서 보유하고 있는 가치는 무엇인가?
· 현재 고객^{고용주}이 사라지면 당신은 새로운 고객^{고용주}을 즉시 찾을 수 있는가?

고객이 제품이나 서비스에 대한 마음을 정할 때, 고객은 저런 질문을 한다. 따라서 우리가 제품이나 서비스라는 점을 고려할 때, 자신에게도 같은 질문을 해야 한다. 이 질문들은 신속하게 진실을 밝혀내 준다. 그리고 우리의 가치관과 사고방식이 자신보다 외부로 집중되도록 한다. 또한, 관점을 가치 창출의 관점으로 이동하도록 한다. 이 질문이 하는 일은 다른 사람들을 위해 가치를 창출하는 쪽으로 우리의 사고방식을 전환하는 일이다. 이는 기업가로서의 여행을 위한 정신적 준비에서 중요한 부분이다.

기억해야 할 것이 있다. 우리는 직장에서 하는 것보다 더 열심히 일해야 한다. 영원히 가치를 창출하기를 원한다면, 자기 학습 알고리즘으로 들어갈 수밖에 없다. 우리는 자신에게 유익하기보다는 주변의 생태계에 적응하고 생태계에 유익하게 해야 한다. 이 문제에 직면했을 때, 내가 방금 말한 것과 모순되는 것처럼 보일 수도 있다. 그러나 우리가 새롭게 깨닫게 된 사고방식으로 일할 때, 주요 수혜자는 우리 주변의 사람들인 고객과 고용주들이다. 그렇게 되면 우리가 더 크고 중요한 존재가 된다.

이것이 실제로 기업가정신이다. 우리가 '존재하지 않던 가치를 고안하고 창조하는 일'은 6장에서 논의한 세 번째 유형의 돈인 '고안된 돈을 창출하는 과정'이다. 이 가치는 일단 기업을 떠나면 생기는 가치다. 이 가치는 당신에게 이익을 배가시키는 가치를 우선 창출할 것이다. 기업가가 되는 것의 본질은 '선택의 문제'이다. 당신은 새로운 접근법과 철학을 수용함으로써 이것이 선택에 관한 문제라는 사실을 깨닫게 될 것이다. 기업가가 되기 위해 신생기업을 시작하거나 프로젝트를 실행할 필요는 없다. 우리가 해야 할 첫 번째 일은 오로지 '사고의 전환'이다. 이 새로운 철학은 우리가 시스템을 창출하고 다수의 고객을 보유하기 시작하는 지점으로 인도할 수 있다.

벤 다이어그램을 그려라

미래에 우리의 직장생활은 다양한 수입원을 배경으로 하는 포트폴리오를 기반으로 할 것이다. 중학교 2학년 수학 수업에서 배운 벤 다이어그램*Venn Diagram*을 기억할 것이다. 이는 서로 다른 정보나 사물 간의 논리적 관계를 표시하는 유용한 방법이다. 서로 다른 두 가지가 교차하는 곳을 표시하기 위해 보통 겹치는 원을 사용하여 표현한다. 이것으로 자신의 다양한 소득원을 살펴보자. 우리는 두 가지 이유로 이것을 해봐야 한다. 이것은 다각화되지 않은 하나의 원 안에 소득 전체가 포함되지 않도록 도와주기도 하지만, 우리에게 기회가 어디에 있는지도 알려준다.

나는 내 경력에서 수익을 내는 방법이 여러 영역으로 어떻게 발달해왔는지 살펴봤다. 겹쳐진 영역은 이전 지식과 기술을 활용하여 경력의 다음 단계로 가는 발판을 마련했다는 사실을 보여주었다. 각 단계가 논리적이지만, 현재 내가 하는 일 대부분이 시작한 곳과는 전혀 다른 세계였다. 벤 다이어그램은 현재 당신이 하는 일과 당신이 다음에 하고 싶은 일이 어떤 관계가 있는지 연관 관계도 찾아 준다. 현재까지 소득원을 그려보고 다음 단계로 가고 싶은 곳을 작성해보라. 모든 기술과 경력은 발전할 수 있다. 단지 필요한 것은 시도하려는 노력이다.

우리는 한 영역에서 배운 것이 다음 영역과 어떤 관련이 있는지 파악함으로써 새로운 유형의 수익을 고안할 수 있다. 당신의 벤 다이어그램을 작성하고, 이미 그 기술을 어떻게 활용했는지 확인하라. 당신이 이미 속해 있는 조직에서 기술과 기회를 생각해보라. 그 기술이 당신이 가고자 하는 곳과 어떤 관계가 있는가? 이미 가지고 있는 기술과 원하는 다음 단계의 연관성을 확인하면, 다음 기술을 구축하기 위해 특정 기술을 확장하거나 활용하는 데 집중할 수 있다. 시간의 흐름에 따라 벤 다이어그램에서 원을 지워가며 새로운 원을 고안하라.

크기, 속도, 운동량과 성공의 법칙

우리가 중학교 2학년 수학의 한 주제를 다루는 동안, 기억해야 할 매우 간단한 물리학 방정식이 하나 더 있다. 이것은 운동량과 관련된다. 당신은 이미 이것이 의미하는 바를 직관적으로 알고 있다. 우리는 어떤 기업이나 사람에 대해 매우 긍정적인 의미로 '추진력'이 있다는 말을 한다. 역학에서 운동량은 질량에 물체의 속도를 곱한다. 내 정의는 조금 더 간단하다.

"운동량 = 물체의 크기 × 물체의 속도"

이 공식대로 물체의 크기나 물체의 속도가 증가하면 물체의 운동량이 증가한다. 즉, 추진력을 높이려면 더 빨리 움직여야 한다. 인생에서 프로젝트나 돈을 창출하는 활동에서 추진력을 높이기 위해서는 '크기'를 키워야 한다. 빠르게 움직이는 작은 물체는 속도를 활용하여 운동량을 생성한다. 이 단계에서는 작은 것이 장점이다. 세상이 매우 빠르게 변하면서, 작은 것들은 방향을 빨리 바꿀 수 있고 미래를 향하여 더 신속하게 움직일 수 있다. 운동량은 많지만, 속도가 느린 큰 물체는 종종 방향을 바꾸기가 어렵다.

정의대로, 큰 것은 일반적으로 느리게 움직이며, 종종 잘못된 방향을 향한다. 반면, 파괴적 기술은 시간을 왜곡할 정도의 워프 속도^{Warp} $_{Speed}$에 도달하는데, 이것이 많은 대기업이 와해를 겪는 이유이다. 운동량이나 힘이 없다는 것이 아니라, 크기 때문에 너무 천천히 움직이다가 와해에 이른다. 포천 500대 기업처럼 큰 기업은 장기적으로 자신들에게 불리한 물리 법칙의 적용을 받는다. 시장에서 빠르게 움직일 수 있는 개인적인 행위자로서 우리는 이것을 유리하게 활용해야 한다.

따라서 교훈은 단순하다. 자신의 미래를 보장하기 위해서 우리가 할 수 있는 가장 효과적인 방법은, 물리학적 정의대로 우리는 작은 물체이므로 빨리 움직여야 한다는 것이다. 당신은 회사는 물론 대부분 사람이 얼마나 천천히 움직이는지 안다. 그래서 새로운 문제가 무엇인지를 더 잘 아는 시점에 이르렀을 때, 더 많은 것을 시도하면 앞서가게 된다. 물론, 새로운 돈을 고안할 수도 있게 된다. 우리는 남보다 빨리 실행하고 학습함으로써 추진력을 얻고, 피드백 순환 고리에 탐으로써 더 빨리 진보할 수 있게 된다.

피드백 순환 고리

　실수는 당신의 친구이다. 실수는 성공의 반대가 아니라 성공으로 가는 지름길이다. 실수는 진보적인 성공 실현의 일부이다. 성공의 반대는 실패가 아니라 타성이고, 우리가 바라는 곳을 향한 움직임의 결여이다. 신생기업에서는 빨리 실패하라고 하거나 종종 실패하는 것이 좋다고 말하지만, 이 실패에 관한 아이디어는 수사학 이상의 설명이 필요하다.

　신생기업은 종종 새로운 기술을 사용하여 새로운 비즈니스 모델을 발견하려고 한다. 그런 의미에서 신생기업은 중소기업과 다르다. 예를 들어, 작은 카페나 소규모 법률 회사와 같은 기존의 기능적 비즈니스 모델을 활용하는 비즈니스를 나는 중소기업으로 정의한다. 이런 사업을 시작하는 사람들은 무엇을 해야 할지 알고 있으며, 비즈니스 모델을 이해하고 실행하면 된다.

　반면에 신생기업은 발견 프로세스이다. 그들은 완전히 새로운 것을 고안하려고 노력한다. 이 발견 프로세스는 비즈니스로 전환될 수 있다. 그러므로 우리가 아이디어를 테스트하고 실패하는 일이 더 잦을수록, 실제 시장에서 작용하는 것을 찾아내는 데에 더 가까워진다. 신생기업은 리스트에서 실수를 지우고 다음 아이디어로 이동한다. 그리고 그다음으로, 또 그다음으로 신속하게 이동한다. 피드백 순환 고리가 짧을수록 성공 확률은 높아진다. 반복할 때마다 한 걸음씩 성공에 근접하는 것이다.

　우리가 인생에서 무언가를 하는 법을 배우는 모든 것에는 실패를 포함한다. 먹고 걷고 말하기를 배우는 것과 같은 중요한 기본 기술을 생각해보라. 우리는 그런 것들을 시도하는데 두려움을 갖지 않았다. 학교가 실패라는 두려움을 우리에게 주입하기 전까지는 말이다. 하지만 우리가 모두 이러한 기술들을 배웠다는 점은 아이러니하다.

나는 운 좋게 호주의 저명한 코미디언인 윌 앤더슨_Wil Anderson_을 만나 최근 팟캐스트를 녹음했다. 주제는 '혼자 서서 연기하는 코미디언이 되는 법'이었다. 성공의 길에 실패가 불가피한 직업이 있다면, 코미디언이 바로 그 직업이다. 윌은 코미디언이 되기로 한 후, 몹시 어려운 시기를 거쳐야 한다는 사실을 깨닫게 되었다고 했다. 그는 할 수 있는 모든 일을 해야 했는데, 심지어 자동차 연료비가 자신의 출연료보다 더 많이 드는 때에도 대중 앞에 서기 위해 온종일 운전을 했다. 그는 현실 세계에서 피드백을 얻는 것이 실제로는 실천의 문제라는 것을 깨달았다.

멋진 점은 코미디를 할 때 얼마나 잘하는지, 얼마나 개선되고 있는지에 대해 몇 초마다 관객에게 피드백을 얻는다는 점이다. 따라서 그 일에는 최상의 피드백 순환 고리가 존재했다. 이것을 우리는 일에 대입해 목표로 삼아야 한다. 이 목표는 가능한 가장 빠른 피드백 순환 고리이다. 이것은 우리가 기대했던 만큼 결과가 나오지도 않을 연례보고서를 기다리지 않는다는 것을 의미한다.

우리는 현재 존재하지 않는 곳에서 피드백 순환 고리를 만들어야 한다. 코미디언만큼 분명하지는 않더라도, 우리가 얼마나 잘하고 있는지에 대한 모든 피드백을 요청해야 한다. 피드백 빈도가 높을수록 학습

곡선은 더 급격하게 상승한다. 이것은 디지털 기업이 매우 신속하게 반복해서 산업의 경쟁자를 이길 수 있는 이유의 하나이다. 즉, 사용자의 모든 피드백은 끊임없이 추적되고 적용된다.

누군가와 연결하거나, 웹에 게시하거나, 개인적인 기술 포트폴리오를 확대하기 위해 어떤 일을 할 때마다 피드백을 확실히 받아야 한다. 피드백은 시장이 우리의 일에 어떻게 반응하는지를 나타낼 뿐만 아니라, 우리가 하는 일을 평가하는 사람들을 확실히 지향하는 일이다. 피드백 순환 고리는 우리를 가장 빠르게 성장하도록 한다.

프리랜서의
잠재력을 갖춰라

전통적으로는 제한된 양의 역할만이 프리랜서에게 주어지는 것처럼 보였다. 프리랜서 기자, 프리랜서 건축가, 프리랜서 배우, 프리랜서 예술가, 프리랜서 웹 디자이너, 프리랜서 프로그래머, 프리랜서 세무사를 생각해보라. 이 일들은 종종 회사나 개인이 산발적으로 필요로 하는 작업으로, 수요가 있을 때만 필요한 기술을 활용했다. 그러나 이 용어의 정의를 살펴보면 적용할 수 있는 진정한 범위를 발견할 수 있다.

· 프리랜서 – 자영업자이며, 특정 단기 임무에 관하여 다른 회사나 다른 사람을 위해 일하도록 고용된 사람이다.

정의대로, '프리랜서'를 특정 유형의 일로 제한하는 것은 구세계의 사고처럼 보인다. 확실한 점은 모든 직업이 프리랜서가 될 수 있다. 고용의 마찰이 제거됨에 따라 많은 사람이 기술을 프리랜서의 형태로 제공할 기회를 얻고 있다. 전통적으로 고용의 마찰은 우리가 직원으로서 한 곳에서 오랫동안 일한 주요 이유의 하나였다. 과거에는 적시에 적정 가격으로 적절한 위치에 적절한 기술을 갖춘 적합한 인재를 찾는 데 많은 시간과 비용이 소요되었다.

하지만, 이제는 모두가 이것이 더는 사실이 아니라는 것을 알고 있다. 이제 간단한 웹 검색으로 누군가의 개인 브랜드 평판을 알 수 있으며, 기술적 발전이 사람과 위치를 분리하는 것을 가능하게 해주고 있다. 현대 경제에서는 더는 기술을 원하는 사람과 같은 장소에서 기술을 제공할 필요가 없다. 기술 덕분에 국경을 초월하여 일하고, 우리가 선택한 곳에서 일하고, 국가 간에도 임금 격차를 조정할 수 있다. 마찰 감소는 직업에 상관없이 모든 사람에게 프리랜서가 될 잠재력을 높여주었다.

프리랜서라는 윈-윈 솔루션

다른 어느 영역보다 신생기업에서 이런 움직임의 변화를 더 많이 볼 수 있다. 그런데 이것은 '그다음에 무슨 일이 일어나는가를 파악하기 위해 왜 주변부를 살펴봐야 하는지'를 알려주는 매우 좋은 사례이다. 전통적으로 가장 큰 회사의 내부가 아니라면, 말 그대로 주인이 없는 역할이 주, 일, 시간 단위나 프로젝트 단위로 주어진다. 나는 브랜드와 미디어 전략을 개발하는 데 참여하기 위해 한 번에 몇 시간씩 신생기업에서 마케팅 컨설턴트로 일했다.

프리랜서 근로자는 훌륭한 피드백 순환 고리를 가지고 있다. 그들은 많은 고객을 보유하고 있어서 자신의 실적에 대해 폭넓고 다양한 피드백을 입수하며, 일부는 작업과 동시에 피드백을 얻는다. 단일 프로젝트를 하는 프리랜서의 다른 이점은 자기 능력에 더 많은 가치를 빨리 추가할 수 있다는 것이다. 그들은 기업 문화나 특정 방법론에 둘러싸여 있지 않다. 그들은 성과 지향적이며, 시스템이 자신을 소유하거나 창의력을 죽이도록 허용하지 않는다.

나는 조만간 직원이 없는 기업이 탄생할 것으로 믿는다. 소규모 신생기업을 의미하는 것이 아니라, 크고 강력한 포천 500대 대기업에서도 그런 회사가 탄생할 것으로 확신한다. 그렇게 되면 그 기업의 모든 직원 개개인을 무엇이라고 불러야 할까? 그들은 '프리랜서'이다. 프로젝트별로 자신의 기술을 판매하는 독립적인 계약자로 이루어진 기업은 기업과 직원 모두에게 숨을 쉴 수 있게 해준다. 일이 없는 시간에도 빌딩 안에 있다는 이유로 직원에게 급여를 지급하지 않아도 되므로, 기업은 비용을 절감한다. 그리고 직원들은 건물에 있을 때 한가한 시간에 바쁜 척하지 않아도 된다.

이렇게 하면 기업과 프리랜서가 서로 시간을 낭비하지 않아도 된다. 시간과 가격에 관한 특정한 문제 해결을 위해서는 소규모 자치그룹이 필요하게 된다. 우버 Uber와 모바일 앱과 같은 새로운 경제 플랫폼을 통해서 우리는 이미 이런 사실을 목격했다. 양 당사자는 유연성을 갖고 상호 의존하며 혜택을 볼 것이다. 직원 계층 구조는 사라지고, 두 당사자는 '상사'가 하는 말이 아닌 자신의 경제적·사회적 이유에 따라 결정을 내린다. 최고의 프리랜서는 자신을 고용하는 사람들이 상사가 아니라는 사실을 절대 잊지 않는다. 왜냐하면, 자신이 상사이고 누구를 위해 일할지 선택하기 때문이다. 나쁜 고객을 거절하는 것을 두려워해서는 안 된다.

당신은 프리랜서가 되기가 얼마나 쉬운지 알면 놀랄 것이다. 날마다 당신의 고용주를 위해 일을 하는 것이 아니라, 다른 사람을 위해 당신이 어떤 일을 할 수 있는지 파악하기 위해 프로젝트를 찾는 것은 가치 있는 일이다. 밤이나 주말에도 일할 수 있다. 프리랜서의 또 다른 장점은 사용할 기술들이 서로 별개여서 고용주와 갈등 없이 일할 수 있다는 점이다. 다른 능력을 요구받지 않고 계약한 일만 하면 된다는 의미다.

프리랜서는 잠재 고객을 찾고 자신이라는 상품을 시장에 내놓고 판매하고 기한을 정하고 다른 사람을 위해 가치를 창출하는 방법을 배운다. 가장 중요한 것은 모든 것을 독립적으로 수행한다는 점이다. 이 작은 행동이 자아에는 가장 놀라운 ESTEEM 촉진제가 될 수 있다. 당신 삶의 궤도를 영구적으로 바꿀 수도 있다. 당신은 이렇게 해서 얼마나 많이 벌 수 있는지 알면 놀랄 것이다.

프리랜서 가격 책정의 원칙

독립한 디지털 장인들이 대거 도착하고 있다. 하지만, 이들은 우리 모두를 의미한다. 우리는 무엇을 하든지 모두 디지털 장인이다. 왜냐하면, 우리의 기술이 무엇이든 그 기술을 거래할 수 있게 해주는 것은 바로 웹과 같은 디지털 연결 도구이기 때문이다. 프리랜서의 작업에서 까다로운 일의 하나는 가격 책정 방법이다. 가격 책정을 잘못 이해하면 모든 것이 꼬인다. 일을 얻을 수도 있고, 그 일이 다른 사람에게 넘어가는 바람에 헛수고할 수도 있다. 그래서 우리는 안전한 쪽을 선택하고 자기 일의 가격을 낮춰서 비즈니스를 확보하려고 한다.

하지만 여기서 기억해야 할 몇 가지가 있다. 우선, 인터넷 프리랜서의 첫 물꼬가 저비용 노동 시장에서 터졌다고 해서 '최저 가격'이 프리랜서 프로젝트 참여자를 찾는 이유가 되지는 않는다. 모든 것이 외관과 같지는 않다. 나의 수입원의 하나는 대중 연설이며, 나는 거기서 기술 전략과 미래에 대한 생각을 공유한다. 내가 이 일을 시작한 첫해에 예상보다 바빴고, 일이 너무 많은 시간을 차지하기 시작했다. 수요가 공급을 앞지르자 경제적으로 관심 있는 비즈니스만 선택하고 가격을 올렸다.

나는 바빠서 가격을 올리면 수요가 떨어질 것으로 생각했다. 그래서 30% 가격을 인상했다. 이후 비즈니스가 30% 감소할 것으로 예상했다. 하지만, 이상한 일이 생겼다. 나는 더 많은 일을 얻었다. 같은 사람인데, 똑같은 기술에 더 비싼 가격을 지급해 더 바빠진다는 것이 이해가 되는가? 어떤 고객들은 특정 가격대 이하로는 고려조차 하지 않은 것으로 밝혀졌다. 작업을 수행하는 사람과 관계없이, 고객들은 어떤 기술이 특정한 가격 이상이어야 하며, 그렇지 않으면 품질이 기준을 충족하지 못할 가능성이 있다고 본다.

이런 일은 컴퓨터 프로그래머와 같은 직원들에게 종종 발생한다. 사람들은 비용이 적게 들거나 '더 싼' 일은 그리 좋을 수 없다는 편견이 있다. 우리는 대부분 그것이 사실이 아니라는 점을 알고 있다. 우리가 사용하는 스마트폰은 매우 잘 작동하며, 대부분 부품은 중국산이다. 내 연설 에이전트는 어떤 고객은 특정 가격 이상의 연사만을 고려한다고 했다. 어떤 사람들에게는 내 가격이 너무 비쌌지만, 나는 다른 사람들을 위하여 새로운 시장에 진입했다.

서비스 사업에서 재정적인 측면으로 많은 사람이 종종 잊어버리는 것이 있다. 서비스는 시간이라는 피드백 순환 고리를 기반으로 판매하고 있으며, 다르게 가격을 책정할 수 있으며, 신속하게 변경할 수 있다는 점이다. 서비스 분야에서 프리랜서 활동을 하는 사람들이 너무 바빠서 불만을 토로할 때면, 나는 "당신이 가격을 두 배로 인상하지 않는 이유는 무엇입니까?"라고 묻는다. 그러면 "그랬다가는 아마 고객의 절반을 잃을 겁니다!"라고 대답한다.

물론, 이것이 이상적인 상황이 될 수도 있다. 일은 반만 하고 수입은 같으니 말이다. 이것은 프리랜서가 임금 근로자보다 나은 다른 이유이다. 직장에서 너무 바쁘게 일하면서도 직원은 가격을 올릴 수 없다. 대신 임금 근로자들은 지난해의 가격에 기초한 협상에 매달린다. 지금까지 그래왔던 당신의 프리랜서 가격 책정을 위해 기억해야 할 몇 가지 처리사항이 있다.

내 경험으로는 같은 일을 하는 조건으로 정규직으로 버는 돈보다 최소한 두 배는 요구해야 한다. 사내에서 시간당 20달러였다면 시간당 40

달러를 요구해야 한다. 직원으로 일 년에 5만 달러를 벌어들인다면 프리랜서 요금은 연간 10만 달러가 되어야 한다. 과거의 직장이나 현재 임금 근로자로 일하고 있는 직장에서 급여가 부족하다고 생각하면, 지불받아야 하는 요금을 두 배로 늘려야 한다.

독립하면 사무실과 같은 여러 비용이 추가된다는 사실을 기억하고, 가격을 설정할 때 이런 점들을 고려해야 한다. 이런 이유에서 근로자의 임금은 고용주가 근로자에게 기대하는 가치보다 훨씬 낮다. 위치에 구애받지 않는 디지털 세계에서조차도 우리는 여전히 사무실과 가구, 전기, 데이터 사용료, 전산 장비, 교통비와 같은 실제 비용이 있다. 아무도 우리에게 연차 휴가나 공휴일, 건강 보험, 퇴직 연금 등을 제공하지 않는다. 그러나 그보다 더 많은 것이 있다.

우리가 제공할 수 있는 기술이 필요한 사람이나 기업의 관점에서 생각해볼 필요가 있다. 최종 고객의 관점에서 역지사지易地思之로 자신을 평가함으로써 우리의 실제 가치에 대해서 훨씬 명확한 그림을 그릴 수 있다. 이렇게 해보면 '당신의 가격을 두 배로 하라'는 나의 아이디어가 기회주의적으로 보이지는 않을 것이다. 이렇게 되면 당신은 일을 자신 있게 할 수 있다.

일반적으로 직원을 고용하면, 임금보다 약 50% 비용이 더 든다. 사무실 비용, 관리비, 행정비용, 급여 관련 보험료, 연차 휴가비, 유급 공휴일 등이 합산된다. 이것은 채용담당자가 하는 계산 일부에 불과하다. 그들은 항상 대체재를 고려하면서 프리랜서와 정규직 직원을 비교하는 자체 계산을 한다. 따라서 당신의 요금에 대한 프리미엄은 생각만큼 그리 높지 않다. 아래는 자신의 가격을 설정할 때 기억해야 할 몇 가지 사항이다.

- 일시적으로만 당신의 기술이 필요할 가능성이 매우 크다. 단기 자원에는 항상 프리미엄이 있다. 밤에 하루만 호텔 방을 빌리는 가격과 일 년 동안 같은 방을 빌리는 가격을 비교해보라. 단기 노동도 마찬가지이다. 편리성과 단기 솔루션은 항상 비싼 가격으로 거래된다.
- 당신의 기술 구매자가 일 년 내내 당신을 감당할 수 없고, 일일 비용이 직원보다 훨씬 높을 수 있지만, 전반적으로는 훨씬 저렴한 비용일 가능성이 크다. 당신은 그들이 경비를 절약하는 데 큰 도움이 될 것이다.
- 똑똑한 고용주는 직원의 근무 시간에서 많은 부분이 '사무실 패러다임'의 지배를 받는다는 사실을 알고 있다. 일은 최대로 허용되는 시점이 되어서야 완료된다. 프리랜서는 이런 일이 적은데, 당연히 시간당 생산성에서 훨씬 더 효율적이다.
- 가격은 항상 인식의 게임이다. 우리는 자연스럽게 고가품의 품질이 더 좋다고 인식한다. 가격은 구매 결정에 있어 무엇보다 잠재적 구매자에게 더 강력한 신호를 보낸다. 그리고 우리의 믿음과는 반대로, 가격을 너무 낮게 책정하는 것은 너무 높게 책정하는 것만큼 일을 놓칠 가능성이 크다. 메르세데스 벤츠의 가장 매력적인 특징은 가격 자체라는 사실을 잊지 마라.

- 당신이 가진 실제 가치의 절반 가격으로 일하는 삶을 사는 것보다 올바른 가격을 지급할 사람을 찾기가 훨씬 쉽다. 조금 더 노력해서 프리미엄 고객을 찾는 편이 낫다. 또한, 고객은 구두쇠라기보다 당신의 일을 진지하게 평가하고 구매하려는 경향이 있다. 양측이 공유하는 존중과 자부심을 통해 '반복 구매'가 창출된다. 가장 충성도가 낮은 고객은 가격을 기준으로 구매하는 사람이다. 그들은 당신을 제품으로 보고 제품처럼 대할 것이다. 자신을 너무 싸게 팔면 새로운 고객을 찾는 데 더 많은 시간을 소비해야 한다.

- 마지막으로, 우리는 가격이 실험이라는 개념을 받아들일 필요가 있다. 가격이 우리 제안 중에서 가장 바꾸기 쉬운 부분이다. 어떤 비즈니스에서도 그렇다. 그리고 예고 없이 바꿀 수도 있다. 우리가 사는 소매 세계에서 카탈로그, 할인, 특별 제안 등이 오랫동안 시행되면서 가격이 바뀌는 것을 기대하도록 훈련받았다. 왜 프리랜서는 달라야 하는가? 이 점은 꼭 기억해야 한다. 가격을 변경해도 사람들은 놀라지 않는다. 그들은 익숙해져 있다. 당신은 원하는 가격으로 게임을 할 수 있다. 결국, 이것은 수요와 당신이 사용 가능한 개인적 시간의 공급 사이에서 올바른 균형점을 찾는 문제이다.

마지막으로 생각할 요소가 한 가지 더 있다. '가격을 제대로 책정하지 않는 프리랜서는 오래가지 못한다.' 그들은 가격 책정에 관한 진실을 깨닫고 시장에서 사라지기 전에 종종 투쟁한다. 물론, 항상 시장에는 '최저 가격 옵션'을 기꺼이 활용하는 고객이 있지만, 그 사람이 정말 당신이 일하고자 하는 고객인가? 또한, 가장 싼 가격을 추구하는 사람들이 최악의 고객이며, 가장 일하기 힘든 사람들이 그들인 것을 경험해 보지 못했는가? 왜냐하면, 그들은 당신이 하는 일을 존중하지 않기 때문이다.

"프리랜서로 일하는 것은 돈을 고안하는 길로 가는 가장 큰 교량의 하나다. 이것은 기업가정신으로 가는 길에 심어야 하는 잃어버린 종자이다."

고안된 돈의 지름길, 프로젝트 전문가

내가 프리랜서라는 직업에 매우 적극적인 이유는 돈의 유형이라는 계층 구조를 올라가는 가장 쉬운 방법이기 때문이다. 프리랜서의 돈은 기본적으로 첫 유형인 번 돈인 '근로소득'이지만, 이미 가지고 있는 기술을 활용하여 근로소득에서 '투자소득'으로, '고안된 소득'으로 이행하는 좋은 방법이다. 직원에서 프로젝트 전문가인 프리랜서로 옮기는 것은 하나의 상사와 수익원에서 다중 수익원과 위험이 없는 재정적 미래로 옮겨가는 출발점이다.

프로젝트 전문가의 시대가 빠르게 다가오고 있다. 성공한 많은 기업이 직원을 단지 비용의 관점으로 본다. 이제 곧 고용주는 실제로 직원이 필요 없다는 사실을 깨닫게 된다. 그들에게 실제로 필요한 것은 '과업의 완수'와 '프로젝트의 관리'와 '지도력의 제공'이라는 사실을 깨닫게 된다.

연결된 사회는 기업에 더 나은 재정적 결과를 만들어낼 것이다. 이 말은 3일이 걸리는 일을 위해 5일간의 노동비용을 지급하지 않게 된다는 의미 이상이다. 정규직 인력과 그들을 위해 필요한 사무실 공간 등 추가적인 관리 비용조차 부담하지 않을 것이다. 그들의 비용이 절감되면서 그 일은 프로젝트 전문가에게 대부분 넘어간다. 실제로 이런 일은 성공한 대기업이 제조나 광고, 상품 유통, 전화 상담 등을 외부에 의뢰하는 것처럼 이미 거시적으로 진행되고 있다. 이러한 추세는 계속될 것이고 이에 감사해야 한다. 왜냐하면, 우리는 이런 추세를 활용해 자신을 변화시키고 새로운 부를 창출하는 과정으로 활용할 수 있기 때문이다.

프리랜서 프로젝트 작업은 우리가 독립으로 전환하는 출발점이 될 수 있다. 이 일은 우리를 개인 서비스 기업으로 만들어 한 명 이상의 고객을 확보하는 방법을 배우는 일이다. 이 일은 우리의 능력에 대한 확신을 얻는 일이며, 개인적으로 마이크로 브랜드를 구축하는 일이며, 미래의 프로젝트를 위한 새로운 연결을 만드는 일이며, 프로젝트 전문가로서 명성을 얻는 일이다.

우리가 시작할 수 있는 또 다른 일은 다른 사람을 고용하여 일의 일부를 담당하게 하는 것이다. 그렇다. 과거의 우리가 고용주와 그랬던 것처럼 근로 거래를 시작할 수 있다. 거래는 '다른 시장에서 구매한 가격보다 높은 가격으로 판매'하는 과정이다. 이것은 본질에서 모든 고용주가 누군가에게 직업을 줄 때 하는 일이다. 프리랜서 프로젝트 전문가가 되어 생산 요소가 되는 대신 생산 요소를 조직하는 일을 시작할 수 있다.

이 일은 처음으로 자기 시간을 판매하는 훌륭하고 순조로운 진입지점이자, 새로운 근로 거래가 시작되는 지점이다. 이 일에 경험을 더 쌓은 후에는 주변에서 시스템으로 확장할 수 있는 작은 사업을 하거나, 하는 일보다 더 큰 것을 구축하는 실험을 할 수 있다. 이것이 대부분의 서비스 비즈니스가 시작되는 방식이다. 법률 회사, 건축 회사, 회계 실무, 컨설팅 등이 모두 어떤 시점에서는 단일 프리랜서로 시작하는 일들이다.

모든 규칙이 프리랜서에게 유리하게 바뀐다. 당신이 기업이 되면 최고 세율의 근로소득세를 내다가 기업 세율로 바뀌어 세금 부담을 줄일 수 있다. 혼자 하는 일인데, 그럴 리가 없다고 생각되지는 않는가? 당신이 하는 일은 과거와 똑같은 일이고, 당신은 같은 사람이다. 하지만 한 명 이상의 직원을 보유하고 있으므로 중요한 세금 혜택을 받는다. 사람들에게 불가능하다고 주장할 수준의 낮은 세율, 비용 절감 그리고 임금 근로자가 얻지 못하는 특별한 혜택이 준비되어 있다. 사회라는 시스템은 근로자들의 이익을 위해 설정된 것이 아니다. 그래서 혜택을 누리지 못하는 것이다.

가장 위대한 프리랜서

2013년, 한 '진취적인' 소프트웨어 개발자가 실제 업무를 해외 프리랜서에게 의뢰한 일이 있었다. 직원은 급여에서 일부를 떼어 중국 심양에 있는 컨설팅 회사에 자기 일을 해달라고 계약했다. 분명히 이것은 고용주에 대한 중요한 보안규정 위반에 해당한다. 그 직원은 사내 네트워크를 개방했고, 페덱스*FedEx*의 특정 보안 로그인 정보를 중국의 컨설팅 회사에 공개하면서 보안시스템을 심각하게 훼손했다. 당신의 짐작대로 사실이 밝혀졌고, 그 직원은 해고당했다. 하지만, 만약 내가 경영자였다면 그를 승진시킨 후에 "우리 회사가 더 많은 분야에서 아웃소싱을 더 잘할 방법을 가르쳐달라!"라고 말하지 않았을까 종종 생각한다.

흥미로운 점은 이 직원이 '회사에 자신이 했던 방식을 제안'하거나, 회사를 그만두고 자신이 하던 '업무를 현재 고용주와 계속할 방법'이 전혀 없었다는 사실이다. 분명히 그는 주어진 일을 효율적인 비용으로 잘 수행했으며, 팀 관리도 훌륭하게 해냈다. 그를 끝장낸 것은 그 아이디어나 일의 품질이 아니라 보안규정 위반이었다. 세계는 흥미로운 곳이며, 때로는 비공식을 공식화할 용기가 없어서 최고의 아이디어를 상실한다.

배우고 생각하고
변화하라

당신은 15,000달러 정도의 대형 평면 TV를 사서 집에서 보는 부유한 친구가 한 명쯤은 있을 것이다. 기술에 관해서는 일찍 배우는 것이 중요하지만, 기술을 구매한다면 뒤처지는 것이 좋다. 우리가 알다시피, 한때 사치품에 속했던 TV는 이제 몇백 달러면 살 수 있다. TV 구매비용이 많이 들지 않는다고는 하지만, TV를 보는 비용은 비싸다. 다른 사람들이 우리의 가장 소중한 자원인 '시간'을 훔치는 것을 앉아서 수동적으로 허락하는 비용으로 생각하면 너무 비싸다. 그조차도 지금은 그 어느 때보다 비싸다. 왜냐하면, 지금까지는 선생님에게 허락을 구하거나 비싼 가격을 내지 않고서는 뭔가를 배워 자신을 재창조할 수 없었기 때문이다.

하지만 모든 것이 변했다. 이제는 자신에게 투자하는 사람만이 미래를 소유하게 될 것이다. 누가 더 평판이 좋은 학교에 다녔다거나, 더 높은 학위를 받았는지는 중요하지 않다. 누군가에 의해 새로운 시도가 계속됨으로써 새로운 게임의 법칙이 확산하고 있다. 새로운 게임은 TV 속 리얼리티 프로그램으로 빨려 들어가는 것이 절대 아니다. 당신이 리얼리티 프로그램 홍수에 빠지면, 자기 현실은 다른 사람에게 아웃소싱하고, TV 속에서 타인의 삶을 대리해 살게 된다. 나는 당신이 그런 속임수에 빠지지 않을 정도로 똑똑하다는 사실을 안다. 확실히 TV는 근사하고 최고의 학습 도구가 될 수 있다. 하지만 당신은 시청자가 아니라 프로그램 감독이어야 한다.

끊임없이 배우고 변화하라

당신이 자신을 변화시키려고 노력할 때, 시장이나 주변 사람들은 당신에게 새로운 형태의 존경심을 품는다. 노력해서 자신을 변화시키고 주변 사람들의 존경을 받게 된 사람에게는 뭔가가 있다. 새로운 사업이나 여행을 시작하거나, 새로운 경력을 쌓기 위해 자신의 직업을 그만둔 사람은 특별한 기운을 발산한다. 이들을 사람들이 주목한다. 이렇게 자신을 쇄신하면 주의를 끌게 된다.

당신이 자신에게 투자한다는 것을 사람들이 알게 되면, 당신은 긍정적인 방식으로 자주 언급된다. 사람들은 당신에게 의견을 묻는다. 그들도 고민하는 직업에 관한 조언을 구하기 위해 당신에게 온다. 당신은 멈춰 서 있지 않고 항상 새로운 가능성을 찾기 때문에 사람들의 네트워크는 당신 쪽으로 끌린다. 사람들은 당신이 하는 일에 성과가 있기를 바라며, 주위에 있고 싶어 한다. 끼리끼리 모이는 법이다. 노력하는 사람들은 대개 다른 사람을 도울 정도로 배려하는 마음이 있으며, 그러한 사실에 의해 스스로 고무된다. 그러면서 서로를 경쟁자가 아닌 협업자로 보고 의견을 나누고 아이디어를 공유하기 시작한다.

재창조의 길에 들어선 대부분 사람은 변화가 현재진행형이며, 어제의 수입이나 현재의 고용 상황이 곧 끝에 다다를지 모른다는 사실을 확실하게 인식한다. 그래서 그들은 새로운 지식, 산업이 변화하는 방식, 산업에 영향을 미치는 기술에 관해 끊임없이 배운다. 이러한 유형의 모든 지식은 이들이 가장 필요로 하는 것이다.

그러나 이 모든 것에는 숨겨진 진리가 있다. 누군가 당신을 고용하고 당신이 그들에게 뭔가 가르쳐줄 경우를 생각해보자. 놀랍게도 그들은 당신이 가진 지식을 사는 것이 아니다. 당신이나 그들 모두 이러한 지식 대부분은 온라인으로 획득할 수 있고 무료라는 것을 알고 있다. 그들이 정말로 사는 것은 무엇일까? 당신의 에너지와 태도이다. 비밀리에, 심지어 무의식적으로 그들은 노력하는 당신에게 전염되기를 고대하고 있다. 그들은 당신이 배운 것이 자신들에게 어떤 도움이 될지만 생각하는 존재이다.

1%에 속한 사람이 되는 방법

1%에 속한 사람이 되는 것은 당신이 생각하는 것보다 훨씬 쉬운 일이다. 하지만 내 정의는 다른 사람과는 약간 다르다. 나는 당신이 세금을 내지 않는 억만장자가 되기를 희망하는 것이 절대 아니다. 나는 당신의 경제적 지배 영역에서 99%의 사람보다 더 많이 아는 사람이 될 것을 제안한다. 방법은 다음과 같다.

당신은 해당 분야에서 최신 지식을 보유한 업계 내 1%가 될 수 있다. 당신이 포함될지도 모르겠지만, 대부분 사람은 자신이 속한 산업과 관련 기술의 변화, 그로 인한 경제적 영향을 공부하지 않는다. 그들이 고작 하는 일은 해당 업계의 뉴스를 읽는 것이다. 그들은 지식을 뉴스를 통해서 업데이트한다. 불행하게도 요즘 뉴스는 이전만큼 가치가 없다. 왜냐하면, 출처가 불명확하고 업데이트가 너무 많으며, 대부분이 지식이라기보다는 낚시성 기사가 대부분이기 때문이다.

빠른 뉴스는 패스트푸드와 비슷하다. 빠른 뉴스는 지적 가치가 거의 없다. 오히려 느린 뉴스가 우리가 집중할 대상이다. 하나의 사건이 아니라, 시간이 지나면서 일어나는 변화와 그 변화에 영향을 미치는 요인에 주의를 기울이는 편이 훨씬 낫다. 프랑스의 소설가 알랭 드 보통 *Alain de Bottom*이 자신의 저서 〈뉴스의 시대 : 뉴스에 관해 우리가 알아야 할 모든 것*The News : A User's Manual*〉에서 설명한 것처럼 '뉴스'는 전혀 뉴스가 아니다.

오히려 뉴스는 알지도 못하는 누군가가 당신이 관심을 가져야 한다고 결정해서 보여준, 오늘 일어난 일들의 작은 조각일 뿐이다. 뉴스에는 심각한 선택 편향이 반영되어 있다. 우리를 우울하게 만드는 것 이외에는 일상생활에 거의 영향을 미치지 않을 가능성이 크다. 물론, 무슨 일이 일어나고 있는지는 알고 있어야 한다. 하지만, 우리가 존중하는 출처로부터 나오는 지식과 정보로 우리의 정보를 채우는 데 최상의 에너지가 소비되어야 한다.

당신의 분야에서 가장 많은 정보를 가진 사람이 되는 일은 하루에 한 번 유튜브 비디오를 보는 것만큼 간단하다. 만약 내가 호주에서 특정 산업의 기술 발전에 관해 이야기해야 한다면 이렇게 한다. 호주의 특정 산업의 종사자 수에 관한 호주 통계청 자료를 검색한다. 해당 산업에서 가장 중요한 최신 기술을 검색하고, 가장 많이 본 동영상을 유튜브에서 검색한다. 그런 다음 유튜브 필터링으로 호주 전용 보기를 선택한다. 결과를 몇 개 공부하면 된다. 끝이다.

이런 작업을 수행할 때마다 우선순위로 검색된 동영상의 조회 수는 해당 산업에 고용된 인원의 1%를 넘지 않았다. 그리고 그 동영상을 본 사람이 해당 산업에 속하지 않을 수도 있다. 물론, 나도 이것이 매우 조잡한 척도라는 것을 안다. 그리고 다른 사람들이 이 정보나 지식을 다른 곳에서 얻었을 수도 있다. 하지만 콘텐츠가 유통되고 소비되는 방식이 변했다는 점을 고려하면 매우 정확할 것이다. 이는 간단한 재창조의 사례이다. 몇 번만 시도해보라. 당신도 업계 내에서 1%가 될 수 있다.

그렇다면 사실인지 확인해보자. 유튜브에서 '오늘의 인기 동영상' 5

개를 검색한 결과를 살펴봤다. 이 동영상들은 24시간 이내에 조회 수가 1,800만 회를 웃돌았다. 그중 어느 하나도 일회성 오락이라는 점 외에 인생에 도움이 되는 점을 찾기 어려울 것이라고 약속할 수 있다. 실제로 사람들의 관심은 온통 이런 데에 쏠려 있다. 그러니 1%가 되는 일이 쉽지 않을 수 있겠는가?

반대로 일상생활에서 우리 모두의 삶에 결정적 영향을 미치는 몇 가지 일반적인 기술에 관해 좀 더 깊이 있게 접근해보자. 나는 유튜브에서 최근 부상하는 새로운 기술에 관해 설명한, 사람들이 가장 많이 조회한 동영상을 검색해봤다. 나는 비트코인*Bitcoin*, 블록체인*Block Chain*, 사물인터넷*IoT*을 선택하고 그 결과를 가장 많이 재생한 순서로 분류했다. 검색 결과는 '비트코인이란?' 270만 회, '블록체인이란 무엇인가?' 39만 회, '사물인터넷에 관한 설명' 57만 회였다. 대부분 사람은 자신을 위해 투자할 의사가 없다. 더 정확히 말하자면, 전혀 투자하지 않는다.

얼 나이팅게일*Earl Nightingale*은 1%에 속하기 위한 또 다른 전략을 제시했다. 나는 수년 전에 이미 그의 전략을 이행했고 성과가 있었다. 그는 "선택한 분야를 공부하는 데 하루에 한 시간씩 투자할 수 있다면 인생과 운명이 바뀔 것"이라고 했다. 그의 말대로 단지 하루에 한 시간이면 된다. 그는 이렇게 하면 "3년 안에 그 분야에서 정상에 도달하게 될 것"이라고 했다. 또, "5년 안에 국가적인 권위자가 될 것"이며, "7년 안에 세계적으로 정통한 사람이 될 것"이라고 했다.

상상해보라. '저녁 식사 후 소모적인 텔레비전 프로그램 대신 3년 동안 공부한다.' 요즘에는 글을 읽을 필요도 없다. 비디오, 팟캐스트, 인터뷰, 전문가와의 만남, 다른 신뢰할 만한 출처에서 정보와 지식을 얻어도 된다. 개인적으로 나는 여전히 책이 가장 가치 있다고 생각한다. 왜냐하면, 책은 우리에게 '생각하는' 시간과 '반성하는' 시간을 창출해주기 때문이다. 정보와 지식은 음식이라고 기억하는 것이 중요하다. 모든 것은 영양분이 같지 않다. 품질에 신경을 쓰고 권장할 만한 수준인지도 확인하라. 내가 가장 자랑스러워하는 곳은 서재이다. 서재는 지금의 나를 만든 곳이다.

하루에 한 시간씩 책을 읽으면 일주일에 책 한 권을 읽을 수 있다. 대부분 책은 6~8시간 정도면 읽을 수 있다. 자기 분야에서 일주일에 책 한 권을 읽으면 1년에 50권의 책을 읽게 된다. 이는 지금까지 당신이 해본 최고의 투자가 될 것이다. 재미있는 것은 한 달에 한 권의 책만 읽더라도 여전히 사회에서 교육받은 사람의 상위 1%에 해당한다는 점이다. 그렇게 되면 해당 분야 소득자의 상위 1%에 속할 가능성이 매우 크다.

책은 당신이 알아야 할 것뿐만 아니라, 정상에 오르는 데 도움이 되는 방법과 사회적 행동 양식을 알려준다. 당신이 읽는 모든 책은 알아야 할 것이 얼마나 더 많은지를 이해하는 데 도움이 된다. 하루에 한 시간씩 책을 읽을 의지가 있다면, 당신은 그 분야에서 가장 잘 알려지고 유능하고 신뢰할 수 있는 사람이 될 것이다. 결국, 이 신뢰는 돈이 된다. 규칙적인 독서는 당신의 삶을 통째로 변화시킬 것이다.

지식 큐레이터를 곁에 두라

우리가 선택한 분야에서 책을 넘어서는 것도 중요하다. 그렇게 함으로써 우리는 사회적, 정치적 환경에 대한 확고한 이해와 시대정신과 감각을 갖추게 된다. 정보와 지식이 폭발하는 최근에는 신뢰할 수 있는 지식 필터를 갖추는 것이 무엇보다 중요하다. 이 필터를 통해 세상에서 일어나는 일에 관한 '느린 소식'을 전달받을 수 있다. 세상에서 일어나는 일에 관한 느린 소식을 얻기 위해 내가 의지하는 몇 가지 지식 필터가 있다.

· 일반적인 기술을 알기 위해 월간 〈와이어드*Wired*〉 매거진을 본다.
· 경제적 변화를 이해하기 위해 러스 로버츠*Russ Roberts*의 주간 경제학 팟캐스트인 〈에콘톡*Econtalk*〉을 듣는다.
· 마케팅과 존중에 관해서는 세스 고딘*Seth Godin*의 블로그를 찾는다.
· 어디서나 찾을 수 있는 '케빈 켈리*Kevin Kelly*와의 인터뷰'를 본다.
· 미래지향적 사고에 관해서는 매달 업데이트되는 '롱 나우 세미나*Long Now Seminar*'를 본다.
· 디지털 개인 정보 및 보안 이슈에 관해서는 공상 과학 소설가이자 팟캐스트 해설자인 코리 닥터로우*Cory Doctorow*의 크랩하운드*Craphound*를 듣는다.
· 내가 좋아하는 일에 관한 신뢰할 수 있는 정보를 똑똑한 네 명의 현지 친구들로부터 '내 트위터 피드'로 얻는다.
· 기술 뉴스 웹 사이트인 테크밈*Techmeme*을 통해 1분간 헤드라인만 읽

는다.

목록 대부분은 무엇보다 덜 부담스럽다. 대부분은 매일 출퇴근 시간 이나 밤에 잠들기 전에 듣거나 본다. 신뢰할 수 있는 큐레이터를 곁에 두는 것은 쓸데없는 일에 시간을 낭비하지 않으면서도 앞서나가게 해 준다.

기술이 아닌 기술의 영향이다

신기술이 기술적으로 혹은 기능적으로 어떻게 작동하는지 알아야 한다고 생각하기 쉽다. 특히, 키보드만 몇 번 두드리면 어떤 것이 어떻 게 작동하는지를 이해하는 사람과 연결되는 세상에 살다 보면 정말 이 렇게 생각하기 쉽다. 하지만, 이처럼 진실과 동떨어진 것도 없다. 또한, 당신의 미래를 보장하는 것은 신기술과 같은 것이 절대 아니다. 당신의 미래는 오로지 '멈춰서 생각하려는 노력'과 관계가 있다.

당신의 미래는 과거부터 당신이 배워 '현재 활용하는 지식이나 기술 과 신기술을 어떻게 연결할 것인가'에 달렸다. 그러니까 새로운 기술이 당신이 잘 이해하고 있는 오래된 기술에 어떻게 영향을 미치는가에 관 한 작은 링크를 만드는 단순한 과제이다. 무인자동차를 생각해보자. 이 놀라운 기술 혁명에 관한 가장 흥미로운 사실은 그것이 어떻게 작동하 는가가 아니라, 경제적·사회적 영향에 있다. 이 영향이 어떤지 상상하 려면 그저 정상적인 인간의 사고에 따라 생각하면 된다.

- 교통 체증이 사라질 수 있다. — 사물인터넷, 통신기술이 결합한 무인자동차 알고리즘은 자동차들의 운행 상황을 판단해 시뮬레이션할 수 있어서 체증을 유발하지 않는다. 그래서 사람들은 좀 더 도시에서 멀리 떨어져 살 수 있다.
- 자동차는 굴러가는 침실이 된다. — 자동차는 취침용 좌석이 있는 라운지처럼 보이게 되어, 위성 도시나 농촌 생활의 질을 더욱 향상할 수 있다. 도심과 교외의 가격 차이도 줄일 수 있다. 근거리 비행을 잠식할 수도 있고, 상업이나 엔터테인먼트 산업을 새롭게 발전시킬 수도 있다.
- 부유한 가정의 아이들은 크리스마스에 차를 선물로 받을 수 있다. — 면허를 필요로 하지 않으므로, 자동차 제조업체는 어린아이를 둔 부유한 부모에게 차를 팔려고 할 것이다. 자동차의 활용도가 올라가 수요가 줄 것이라는 직관에는 어긋나지만, 인구 통계학적 시장이 확대되어 어쩌면 더 많은 자동차가 팔릴 수도 있다.
- 주류 소비가 증가할 것이다. — 음주운전 단속이 사라져 현재보다 주류 소비가 더 증가할 것이다. 어쩌면 주류 회사가 고객에 대한 서비스로 무인자동차를 제공해 귀가를 도와줄 것이다!
- 무인자동차는 사고를 내지 않는다. — 따라서 보험에 가입할 필요가 없다. 자동차는 주인이 사는 장소를 알고 있어서 자기 집으로 돌아올 것이다. 그래서 자동차를 도둑질할 수도 없다. 하지만, 도둑질할 수 있도록 차를 조작해주는 사람들에 대비해 보험에 가입해야 할지도 모른다.
- 쇼핑에 혁명이 일어날 수 있다. — 맥도널드의 드라이브 스루와 같

이 무인자동차 전용 픽업 베이가 생길 수 있고, 결과적으로 쇼핑하러 발로 돌아다니는 일이 줄어들 수 있다.

· 주차장은 다르게 사용될 수 있다. ─ 자동차 활용도가 대폭 상승하는 시간, 그러니까 차가 '여러 주인을 위해 일하러 나가는' 낮에는 주차장이 빈다. 하지만 밤에는 다음 날을 준비하기 위해 자동차를 청소하고 충전하고 주차해야 하므로 주차장이 가득 찬다.

내가 막 짜낸 이 간단한 몇 가지 아이디어는 기술적인 측면과 전혀 관련이 없다. 나는 무인자동차에 잠재적으로 함축된 몇 가지를 생각한 것이며, 이런 생각은 누구나 할 수 있다. 그리고 해야 하는 일이다. 변화가 어떻게 당신이 속한 산업이나 회사에 영향을 미칠지 생각하라. 그리고 그것을 활용할 기회를 생각하라.

삶을 변화시키는 가장 쉬운 방법

먼저 당신이 충분한 능력이 있는지, 얼마나 똑똑한지 확인해야 한다. 여기 그것을 확인할 테스트가 있다. "읽을 수 있는가?" 진심으로 축하한다. 방금 그 시험에 합격했다. 이 시험은 무엇이든, 그리고 무료로 배우고 싶어 하는 누군가를 위한 출발점이다. 인터넷에 연결되어 있다면 필요한 모든 조건을 갖춘 셈이다.

다음은 결정적인 목록은 아니지만, 당신이 얼마나 세상의 지식과 동떨어져 있는지를 보여준다. 인간의 역사에서 이런 일은 결코 일어난 적이 없다. 이것이 얼마나 좋은 기회인가! 이런 기회를 낭비하는 것은 단지 부끄러운 일에 그치지 않는다. 그런 옵션도 없이 이전 세대에서 애써 일한 모든 사람에게 큰 낭비이자 모욕이 될 것이다.

- 무크*Massive Open Online Course* — 온라인 공개강좌이다. 대학에 입학하거나, 수업료를 낼 필요가 없다. 누구나 무크를 통해 세계 최고대학 과정을 대부분 무료로 수강할 수 있다. 이 강좌는 아이비리그인 하버드, 스탠퍼드, 예일대학의 강좌를 말하고 있으며, 거의 모든 주제를 다룬다. 세계 최고의 권위를 지닌 세계 최고의 대학이 당신에게 무료로 가르쳐준다. 어떤 과목을 들을 수 있을까? 인문계열, 비즈니스, 컴퓨터 과학, 과학, 데이터 과학, 생명 과학, 수학 및 논리, 발달, 물리학, 사회 과학 및 언어에 속한 모든 과목이다.
- 겸손한 유튜브 — 세계적인 사상가에서 빈민가 모퉁이에 있는 소녀로부터 모든 주제에 관해 배울 수 있다. 거기에는 모든 것이 있다. 그냥 앉아서 보고 배워라. 더 쉬운 방법은 없다.
- 만남 — 몇 가지 비디오를 봤다면 행동해야 한다. 예를 들어, 바이오해킹*Biohacking*이나 핀테크*Fintech*에 관해 알았다면 더 많은 것을 배우기 위해 다른 사람들을 만나라. 가장 가까운 곳에서 그 일을 하는 사람들을 만나고, 그 분야의 미래를 고안하는 사람들에게 배워라. 당신의 미래 신생기업을 운영하기 위해 그들이 가진 것이 무엇인지, 그들이 무슨 기술을 가진 사람을 필요로 하는지 만나지 않으면 결코 모른다. 그들을 당신의 회사에 연결하거나, 당신을 그들의 회사에 연결해줄 사람을 만날지도 모른다.

- 온라인 교육 – 당신이 컴퓨터 코딩^{Coding}을 배우거나, 자녀가 배울 수도 있다. 그것도 무료이다. 코드 아카데미$^{Code\ Academy}$에 접속하면 곧바로 시작할 수 있다. 아니면 구글을 활용해 온라인으로 코딩을 배워라. 당신의 생각을 바꿀 수많은 기회가 그곳에 있다. 실제로 당신이 배우려고 하는 모든 기술에 관한 온라인 교육이나 웹 세미나가 인터넷 세상에 펼쳐져 있다.

- 사상의 리더 – 세계 최고의 사상가 중 일부는 지금 그들이 매일 생각하고 실행하고 실험하는 것을 당신과 공유한다. 그들의 블로그를 팔로우하고 팟캐스트를 듣는 새로운 지식 르네상스에 참여하라. 고대 그리스와 피렌체 사람들은 소크라테스와 다빈치의 정신과 활동에 접근할 수 없었지만, 오늘날의 당신은 얼마든지 가능하다. 구글의 미래학자 레이 커즈와일$^{Ray\ Kurzweil}$, 테슬라와 스페이스 엑스$^{Space\ X}$의 최고경영자 일론 머스크$^{Elon\ Musk}$와 같은 시대의 선도적 사상가들은 생각이 정리되는 대로 온라인에 무료로 공유한다. 귀를 기울여라.

- 이를 위한 앱 – 패션 및 엔터테인먼트 뉴스를 즐길 수 있는 앱이 아니다. 듀오링고^{Duolingo}는 외국어를 배우면서, 무에서 영웅으로 인도하는 세계 최고의 앱이다. 당신이 지금 관심이 있는 것을 실행하거나 배울 수 있는 앱이다.

- 공동작업 공간 – 공동작업 공간은 사람들이 있는 곳이면 언제나 번창한다. 그런 공간은 대부분 멋진 이벤트가 무료다. 여기서 라이브로 무엇이든 배우면서 전문가에게 질문할 수 있다. 이들은 내일을 만드는 사람들이며, 여기가 내일의 산업이 출현할 공간이다.

가서 자신을 소개하고 참여하라. 현대적인 광장에서 활동하라.

언급된 것 외에도 음악, 예술, 요리, 로봇 제작, 컴퓨터 해킹, 인공지능, 원예 등 모든 것을 배우는 장소를 찾을 수 있는 "http://www.noexcuselist.com"을 확인하라. 얼마나 위대한 이퀄라이저인가!

나는 읽기, 쓰기와 기본 산술 이외의 중요한 깃은 모두 스스로 학습했다. 그리고 스스로 배울 내용을 선택했기 때문에 동기 부여가 쉬웠다. 이제 우리는 원하는 메뉴가 무엇이든, 우리에게 가장 적합한 형식이 무엇이든, 일품요리로 먹을 수 있다. 여기서 무엇을 더 요구할 수 있겠는가, 그렇지 않은가?

"접근은 이제 장애가 아니므로, 배우지 못한 변명은 있을 수 없다."

승자의 조건

하버드 대학에 간 두 아이가 있다고 상상해보자. 부잣집에서 태어난 쟈니*Janney*와 가난한 집에서 태어났지만, 열심히 공부하는 메리*Mary*가 있다고 하자. 쟈니는 상류층 가정에서 태어났다. 대학에 가기 전에는 비싼 돈을 내고 사립학교에 다녔다. 그는 열심히 공부해서 하버드 대학에 입학했다. 그는 착하고 멋지고 똑똑한 아이이다. 그는 대학의 정규 교과 과정을 마치는데 20만 달러의 학비를 냈다. 물론 학위도 받았다.

이제 메리를 보자. 그녀는 노동자 집안 출신이다. 그녀는 공립학교에 다녔다. 열심히 공부했지만, 하버드 대학에는 들어가지 못했다. 그녀는 착하고 멋지고 똑똑한 아이이다. 하지만 메리는 어쨌든 하버드 대학에서 공부했다. 그녀는 무크MOOC 과정을 통해 쟈니가 배웠던 모든 과정을 마쳤지만, 학비는 내지 않았다. 그렇게 해서 수료증만 받았다. 메리에게는 학위가 없다.

고용주로서 내가 둘 중 하나를 선택해야 한다면 무조건 메리를 선택할 것이다. 더 나은 후보가 누구인지 100% 확신할 수는 없지만, 메리는 쟈니가 갖지 못한 많은 것을 확실하게 갖고 있다. 그녀는 현명하고 자기 주도적이고 강하고 독립적이며 기업가적이다. 그녀는 어떤 사업을 해야 하는지 분명히 알고 있다. 그런데도 오늘날 대부분 기업은 이러한 선택을 할 용기가 없다. 그러나 곧 시장은 메리의 자질을 인식할 것이고, 현명한 사람들의 선택을 받기 시작할 것이다.

어떻게 팔 것인가

'세일즈 프레젠테이션'은 인생에서 가장 중요한 기술의 하나이다. 누구든 학교를 떠나 직업을 구할 때도 가장 먼저 하는 것은 세일즈 프레젠테이션이다. 직업을 얻는 사람은 자격증이 많은 사람이 아니라, 세일즈 프레젠테이션이 최고인 사람이다. 나는 종종 이런 농담을 한다. "우리 입에 들어가는 것은 얼마나 오래 살지를 결정하지만, 우리 입에서 나오는 것은 얼마나 많이 벌지를 결정한다."

비즈니스와 신생기업 생태계에서도 마찬가지이다. 실리콘밸리에서 벤처 펀드를 받아가는 회사는 최고의 기술을 가진 신생기업이 아니다. 최고의 세일즈 프레젠테이션을 하는 신생기업이다. 책을 내달라고 제안하기 위해 출판사에 스무 번이나 세일즈 프레젠테이션을 해서 성공했다는 사람의 이야기를 듣게 된다면 나는 이런 생각부터 들 것이다. '저 사람은 세일즈 프레젠테이션에 익숙해지는데 스무 번이나 걸렸구나.'

우리가 대중 연설을 배우게 되는 것은 이상하게도 정치 연설을 통해서다. 하지만 이 기법은 현실 세계에서는 거의 응용할 수 없다. 이 연설로는 자신조차 팔기 어렵다. 실제로도 어떤 것을 판매하는 방법이 절대 되지 않는다. 하지만 에디슨, 케네디, 마틴 루서 킹 주니어, 스티브 잡스처럼 지속해서 존경받는 비즈니스, 정치, 사회 지도자는 꿈을 파는 방법을 아는 것처럼 생각된다.

살면서 하는 대화 대부분은 '함께 전진'하자고 합의하기 위해 다른 사람에게 간단하게 자기 의견을 세일즈 프레젠테이션하는 일이다. 그래서 세일즈 프레젠테이션을 잘하는 것은 중요하다. 세일즈 프레젠테이션은 사실 태어날 때 가장 먼저 한 일이었다. 당신을 안아주고 사랑하고 돌보는 엄마에게 울며 소리쳤다. 그래서 당신은 잘할 수 있다. 아마 오늘도 가족 누군가에게 당신을 세일즈 프레젠테이션했을 것이다. 우리는 모두 그렇게 할 수 있는데도 자주 비즈니스 맥락 안에 갇혀서 프레젠테이션에 실패한다.

항상 잘하기 위해서는 어떻게 해야 할까? 가능한 한 인간적으로 하면 된다. 프레젠테이션은 정상적인 대화와 똑같아야 한다. 세일즈 프레젠테이션은 '직업을 파는' 것이 아니라는 듯 설명하면 된다. 간단하고 명료하게, 다음과 같이 하면 된다.

"당신은 어떻게… 하는지 알고 있습니다."
"우리가 하는 일은… 이런 것입니다."
"사실, …"

세일즈 프레젠테이션을 하려면 이 문장 각각을 완성하기만 하면 된다. 인간적이며 자연스럽게 느껴지고 기억하기도 쉽다. 각 문장의 끝은 듣는 사람에게 우리의 명제를 알려준다.

"당신은 어떻게… 하는지 알고 있습니다." [문제 제기]
"우리가 하는 일은… 이런 것입니다." [해결책 제시]
"사실, …" [이를 증명하는 통계, 사실, 근거]

종결부의 통계나 사실, 근거는 '이것이 왜 유효한지'를 설명하고, 사람들을 흥분시킬만한 상황을 보여주는 뜻밖의 결말이어야 한다. 사실 이것은 모든 것에 제법 잘 적용된다. 다음은 당신이 친숙한 브랜드에 적용되는 몇 가지 예이다.

테슬라(Tesla)

"탄소연료를 태워 운행하는 자동차가 기후 변화에 어떤 악영향을 끼치는지 당신은 잘 알고 있습니다. 그렇습니다. 테슬라에서 하는 일은 속도, 안전, 디자인으로 휘발유나 경유 자동차를 능가하는 전기 자동차를 만드는 것입니다. 실제로 미국 전역에 5,000개 이상의 무료충전소가 설치되어 있어서 연료비를 다시는 낼 필요가 없습니다."

이케아(IKEA)

"당신은 세련된 현대 가구가 얼마나 비싼지 잘 아실 것입니다. 그렇습니다. 우리가 하는 일은 당신의 집에서 활용할 잘 설계되고 세련된 가구를 제공해 비용을 줄이는 일입니다. 사실, 우리는 작년에 7억 명 이상의 고객에게 서비스를 제공했고, 세계 최대의 가구 회사가 되었습니다."

무인자동차

"당신은 매년 교통사고로 1백만 명 이상이 사망하고, 90%가 인간의 실수 때문에 발생한다는 사실을 알고 있습니다. 그렇습니다. 무인자동차가 운전자를 대체함으로써 이 문제를 해결할 수 있습니다. 사실, 앞으로 등장할 무인자동차는 단 한 번의 사고도 없이 수백만 마일을 주행할 것입니다."

우버(Uber)

"당신은 콜택시를 불러봐야 정확하지 않다는 것을 알고 있습니다. 택시회사는 '곧 이용할 수 있는' 택시를 보내주겠다고 말하기 때문입니다. 그렇습니다. 우리가 하는 일은 차가 도착하기까지 몇 분이 걸릴지 정확하게 알려주는 그런 일입니다. 사실, 우리는 약속을 지킬 수 없다면 차라리 보내드릴 차가 없다고 말씀드릴 것입니다. 이렇게 우리는 세계에서 가장 큰 차량 공유 서비스 회사가 되었습니다."

이 브랜드들은 특색 있는 해결책과 강점을 활용하여 세일즈 프레젠테이션을 했다. 나는 세일즈 프레젠테이션을 하는 사람으로서 듣는 사람에게 가장 압도적이라고 생각되는 부분에 집중하는 것이 좋다고 생각한다. 그리고 한 가지 기억할 것은 세일즈 프레젠테이션은 결정을 내리도록 하는 것이 아니라, 주제에 관한 대화를 시작하는 것이라는 점을 기억해야 한다.

다음은 결정과 관련하여 가족 구성원과 함께 활용할 수 있는 방법의 예이다.

"너는 매일 집에서 식사하기 위해 어떻게 준비하고 요리하는지 알 거야. 그 일은 너무 힘들고 진이 빠지는 일이지. 그런데 6,000원에 식사를 해결할 수 있는 맛있는 국수 전문점이 생겼단다. 사실, 재료를 사서 집에서 요리하는 것보다 비용이 저렴할 수도 있고, 남는 재료와 음식을 버릴 일도 설거지할 필요도 없지."

바로 이것이 방법이다. 거의 모든 상황에서 활용할 수 있는 간단한 나의 세일즈 프레젠테이션이 이것이다. 생활에서 실천하면서 능력을 키워 극적인 결과의 향상에 도전해 보라. 그리고 가장 수준 높고 많은 정보를 얻은 사람이 되기 위해 당신이 축적해온 새로운 기술들을 사용하라. 이제 당신은 새로운 당신을 설득력 있게 팔 수 있다.

당신이
브랜드고 기업가다

당신은 이제 지식 포트폴리오를 성장시킴으로써 직장에서 미래를 보장받거나, 직업을 바꾸거나, 재정적 위험을 제거하는 모든 내용을 읽었다. 그러나 여전히 당신의 영혼 깊은 곳에서는 나만의 신생기업을 열망한다. 그렇다. 그것이 내가 줄곧 지향해온 곳이고 나의 주장이다. 왜냐하면, 신생기업은 누구나 자기 경력만으로 할 수 있는 가장 위대한 일이라는 것이 나의 확고한 신념이기 때문이다.

신생기업에는 이점이 많다. 왜냐하면, 당신보다 더 큰 존재가 되어 다른 사람을 고용하거나, 제품과 서비스를 개선하거나, 심지어 사회적 기업을 운영하는 중요한 일로 공동체에 이바지할 수 있기 때문이다. 그러니 이제 아이디어를 내 새로 무언가를 시작해보자. 하지만 시작하기 전에 한 가지만은 명확하게 해두자. 당신의 모든 것을 한 번에 부입하려는 것은 아주 끔찍한 생각이다.

양단간에 결정하지 마라

정복자가 돌아갈 배를 불태운 사건에 관해 들은 적이 있는가? 1519년, 스페인 정복자 에르난 코르테스*Hernán Cortés*가 600명의 사람과 함께 멕시코에 도착했을 때, 그는 타고 온 배를 모두 불태우라고 명령했다. 되돌아가는 일은 없다는 의미였다. 그들은 아스테카*Aztec* 제국의 재물을 약탈하는 위험한 계획에 목숨을 걸었다.

요점은 바로 이것이다. 에르난 코르테스는 오늘날이라면 엄청난 자원을 보유한 구글이나 애플과 같은 존재였다. 그렇다면 우리는 어떤가? 글쎄, 우리는 최소한 에르난 코르테스가 아니다. 당신은 아마도 미래가 걱정되지만, 편안하게 살고 있을 것이다. 당신은 신생기업의 성공을 위해 죽고 싶지는 않을 것이다. 현대 사회를 사는 우리는 '양단간에 결정하라'라는 이 충고를 무시할 만큼은 똑똑해야 한다.

나는 개인적으로 10개 이상의 신생기업을 운영했다. 또한, 동시에 여러 프로젝트에 관여해왔다. 결과적으로 대부분은 실패했다. 성공적으로 사업을 성장시켜 매각하는 데 성공한 신생기업은 그중 2개였다. 그러나 결코 나는 한 가지에 목숨을 걸고 배를 태운 적은 없었다. 나는 항상 신속하게 고통을 피할 숨겨진 대안을 갖고 있었다. 한 번은 다른 군대에 합류한 적도 있었다. 그러니까 신생기업에서 싸우다가 재정적으로 패배했을 때 다른 기업에 취직하여 한동안 근로소득을 얻었다는 말이다.

나는 항상 재정적으로 의지할 투자 형태로 현금, 주식, 부동산과 같은 '투자된 돈'을 갖고 있었다. 나는 신생기업을 하는 동안에도 수동적 투자를 계속했다. 그리고 게임을 하고, 또 다른 신생기업을 구축하고 다시 시도하는 일을 계속했다. 이렇게 계속할 수 있었던 것은 '하나의 사업에 모든 것을 걸지 않은' 단 하나의 이유 때문이었다. 급속한 환경 변화는 실패할 확률 또한 높인다. 한 우물을 파기 위해 전 재산을 걸면 안 된다는 말이다. 내 주변에도 전 재산을 잃어버리고 의지할 곳이 없는 친구가 있다.

물론, 우리는 모두 다른 방식으로 접근한다. 하지만 내게 신생기업은 계속 놀고 싶은 무한한 해변이기 때문에 해안에 보트 몇 척을 항상 보관한다. 양단간에 결정하라는 충고는 나쁜 충고이다. 이 조언은 당신과 다른 위치에 선 사람들이나 당신의 보스가 되어 버린 사람들이 하는 말이다. 이미 좁은 성공의 문을 통과했거나, 생존자로서 편견에 사로잡힌 사람들이 하는 조언이 이것이다.

우리는 몇몇 신생기업이 압도적으로 불리한 환경을 극복하고 성공한 방법을 알고 있다. 그래서 우리도 단번에 성공할 것으로 생각하겠지만, 하지 말아야 할 생각이다. 더구나 이것은 흔치 않은 사례이다. 정말 좋은 방법은 대부분 사람이 값비싼 TV를 보는 데 낭비하는 시간을 자신을 위해 투자하는 것이다. 하루 한 시간, 주말 몇 시간을 투자하면 직장에서 일주일을 일하는 것보다 더 큰 가치가 있다. 일자리에는 버려지는 정지된 시간이 매우 많다. 하지만 당신의 세계에는 회의도 없으며 결재도 없다. 대신, 그냥 가서 당신이 해야 할 일을 하라.

주변 프로젝트와 MVP

주변 프로젝트는 전면적인 프로젝트로 이어지기 쉽다. 내가 진행했던 많은 프로젝트가 더욱 크게 발전했다. 예를 들어, 블로그를 통해 비즈니스 글쓰기 능력을 키웠다. 첫 번째 책인 〈위대한 해체〉는 6년 이상 블로그에 글을 쓴 결과물이다. 글쓰기는 내가 '주변' 프로젝트로 한 일이었다. 그러다가 전면에 부상했다. 비즈니스 전문 강사가 되기 전에는 지역 사회에서 5년 동안 강의에 참여했다.

기업에 취직한 6개월 동안에 최초의 닷컴사업을 가동했고, 직접 운영하기 위해 취직했던 회사를 떠났다. 심지어 밤과 주말에는 루마니아 출신의 낯선 사람과 협업하여, 주변 프로젝트로 레고 자동차를 제작하는데 어렵게 성공했다. 궁금하면 구글에서 실물 크기의 레고 자동차를 검색해보라. 이것으로 다른 세계가 계속 열렸다. 나의 신생기업인 '스니키 서프*http://www.sneakysurf.co*'는 서핑 기술 애플리케이션으로 일상 업무와 나란히 진행되는 주변 프로젝트이다. 주변에서 성공하는 것이 민첩한 기업가의 모범사례이다.

신생기업들은 '최소 실행 가능 제품*MVP, Minimum Viable Product*'에 관해 자주 이야기한다. MVP는 정확히 의미 그대로이다. 이 방법은 실제 시장에서 사람들에게 아이디어를 테스트하는 일이다. 이 방법은 대규모 투자를 마련하기 전에 아이디어를 검증해준다. MVP는 현실을 반영하지 못하는 인위적인 시장 조사를 넘어 실제 시장에 진입하는 효과를 낸다. 이 방법으로 시장의 문제를 해결하고 실행 가능한 최소한의 시제품을 만들어낼 수 있다.

중소기업들은 제조, 판매, 서비스를 제공할 시장이 실제로 존재하지 않거나, 자신들의 아이디어를 충분히 제품에 반영하지 못해서 대부분 실패한다. 그들에게 필요한 것은 '증거'지만, 직감으로만 사업을 한다. MVP의 목표는 '시장 적합성'을 테스트하는 것이다. 우리가 제공하는 제품이나 서비스가 다른 사람의 문제를 해결한다는 증거가 있어야만, 더 열심히 일할 수 있지 않겠는가?

"우리가 하는 사업은 문제를 해결하는 일이지, 제품이나 서비스를 파는 일이 아니다."

지금, 오래된 문제를 해결하기 위해 새롭고 흥미로운 방식으로 다양한 제품과 서비스, 해결책이 제공된다. 이것이 우리에게는 기회이다. 신생기업이 현재 해결되지 않은 문제를 한꺼번에 해결하는 것은 어려운 일이다. 이들 대부분은 이미 존재하는 것에 대한 새롭고 개선된 버전이다. 더 저렴하고, 더 빠르고, 더 효율적이며, 더 인간적이며, 더 멋지고, 더 예쁘고, 더 잘 설계되고, 더 잘 분산된 이런 기술은 이런 일들을 계속 일어나게 한다. 이것을 활용하라. 그리고 절대 잊지 마라. 누군가의 문제를 훌륭하게 해결해주면, 그들은 기쁜 마음으로 당신에게 돈을 지급할 것이다.

지금이 기업가가 될 때다

당신이 누구에게 돈을 벌든 당신은 이미 기업가라는 점에 동의했다. 그러나 사실, 지금 즉시 다음 단계로 진입하는 몇 가지 방법이 있다. 당신이 원하기만 한다면 이 글을 읽는 즉시 기업가로서의 일을 시작할 수 있다. 마이크로 기업가가 될 기회는 다양하고도 많다. 당신이 일단 시작하기만 하면 에너지와 흥분이 가득하게 되며, 다른 수준에 오르게 된다.

최고의 신생기업에는 '예'라고 말하는 사람이 별로 없다. 어떤 사람들은 더 많은 사람이 '예'라고 말하기를 요구한다. 한 번 '예'를 요구할 때마다 복잡성은 한층 증가하지만, 성공의 확률은 한층 줄어든다. 그러나 누군가 '예'라고 말하도록 요구하지 않는다면, 최대의 추진력을 얻게 된다는 사실을 재빨리 깨달아야 한다.

여기에 당신이 착수할 수 있는 기업가적인 주변 프로젝트 리스트가 있다. 이 프로젝트는 분명히 여러분에게 무언가를 가르쳐 줄 것이며, 평생 당신이 할 일을 바꿀 수도 있다. 이 일이 출발점이 될 수도 있겠지만, 무엇보다 당신을 가르쳐 성장하게 할 것이다. 이 정도 경험을 해보면 무엇이든 시작할 수 있다. 지금부터 각각의 항목들을 열거하고 그 내용과 이유, 당신이 배울 점과 출발할 위치에 관해 간략히 요약한다.

이벤트를 실행하라

· 내용 – 특정한 날짜에 특정한 혜택과 특정한 가격으로 사람들을

모은다. 무료로 하지 마라. 우리는 사람들이 돈을 지급할만한 가치를 창출하려고 노력하고 있다. 이벤트는 지역에서 상영되지 않는 영화를 상영하는 것만큼이나 단순할 수도 있다. 사람들이 시험해보고 싶어 하지만 하기 어려운 고차원의 가상현실 놀이나, 무인자동차 체험처럼 비싼 신제품을 전시하거나 체험하는 일이 될 수 있다. 질의응답 시간을 위해 다소 유명한 사람을 참여시킬 수도 있다.

· 이유 – 시작, 중간, 끝이 있어서 훌륭한 것이 이벤트이다. 끝나면 잘된 점과 그렇지 못한 점을 평가할 수 있다. 이벤트에는 학습 과정이 압축되어 있어서 신생기업 수업을 짧은 시간 안에 마무리할 수 있는 훌륭한 방법이다.

· 학습 – 제품 구성 기술, 위치, 가격 책정 방법, 어떤 것을 홍보하는 방법, 마감 시간의 중요성, 20%가 불참하는 것처럼 사람들이 항상 말한 대로 행동하지 않는다는 것, 물건을 팔기가 어렵다는 것, 경쟁이 복잡하게 존재한다는 것, 시간이 궁극적인 자산이라는 것을 배운다. 당신은 일에 예상보다 훨씬 큰 비용이 든다는 것도 알게 된다.

· 시작 – 'http://www.eventbrite.com'에 접속하여 좋은 이벤트를 실행하는 방법을 읽고 난 후 시작하라. 자신이 배우고 싶은 주제나 아이디어를 선택하고, 가격을 책정하고, 날짜를 선택하고, 실행하라. 즉시 배우고, 실패하고, 돈은 잃겠지만, 경험을 쌓을 것이라고 가정하라.

차고에서 물건을 팔아라

· 내용 – 당신에게 더는 필요 없는 물건을 모두 모아서 여유 공간이
  나 차고에 넣고 가격을 책정하고 날짜를 정해 물건을 팔아라. 이
  일은 옛날에 학교에서 했던 자선 바자와 비슷한 일이다. 사람들이
  그 개념을 이해하고 있고, 당신도 누군가 했던 바자에 간 적이 있
  으므로 무엇을 해야 하는지 잘 알고 있다.

· 이유 – 이것은 아마 돈을 고안하기 위해 할 수 있는 최저 비용의
  일일 것이다. 그리고 당신의 집을 깨끗하게 할 것이고, 진짜 돈을
  벌며 하루를 마칠 것이다. 이는 물건을 홍보하고, 가격을 매기며,
  협상하는 법을 배우는 좋은 방법이다. 사람들은 차고 판매에서 가
  격 협상하기를 좋아한다. 이것만으로도 노력할 만한 가치가 있다.

· 학습 – 첫째, 사람들이 구매하려는 물건에 놀라고, 쓰레기통에 버
  리려고 했던 물건에 다른 사람이 돈을 내는 것을 보고 놀란다. 그
  리고 당신은 협상의 중요성을 알게 된다. 고객의 얼굴을 보고 그
  들의 보디랭귀지를 '생생하게' 볼 수 있다.

· 시작 – 인근 지역에 날짜를 알리는 표지판을 몇 개 설치한다. 사
  람들에게 당신이 판매할 멋진 물건에 관해 이야기하라. 창의력을
  발휘하라. '여피족*Yuppie* 차고 세일', '부자의 차고 세일', '명품과의
  이별 차고 세일', '기업가의 차고 세일'이라고 이름을 붙여라. 그러
  면 사람들이 좋아할 것이다. 소셜 미디어에 이 판매에 관해 쏟아
  내고, 해시 태그와 멋지게 융합시켜라. 자신이 전시한 모든 것에
  판매하는 목적을 설정하라.

이베이에 입점하라

· 내용 – 이베이에 상점을 설립하고 조금 아는 제품을 판매하라. 개
  인적으로 사용하는 제품이 바람직하다. 나라면 알리바바닷컴에
  서 구매한 서핑 장비가 될 것이다. 심지어 이베이에서 광고하기
  전에 그 제품을 먼저 살 필요도 없다. 물건을 가격 X로 살 수 있는
  곳을 찾은 다음, '가격 X+1'의 '고정 가격'이나 '지금 구매'로 그 제
  품을 광고하라. '1'은 당신의 이익이다. 한 건의 간단한 경매를 시
  작한 후 상점을 설립하라.
· 이유 – 이는 전자 상거래 기술을 습득할 수 있는 간단한 방법이
  다. 이 방법을 통해서 차익거래에 관해 알게 된다. 저렴한 비용으
  로 노트북에 앉아서 작업할 수도 있다. 집을 나가지 않아도 된다.
· 학습 – 최고의 기업가들은 '판매'로 돈을 번다는 사실을 배우게 된
  다. 현대 경제에서 가장 어려운 일은 판매이다. 반대로 제품에는
  쉽게 접근할 수 있다. 계약금 없이 돈을 고안하는 기술을 배우게
  되는데, 부동산개발 기업가들은 수 세기 동안 해왔던 일이다.
· 시작 – 이베이에 직접 매장을 설립하라. 당신이 소유하지 않은 물
  건을 판매하는 기술에 관한 수업을 유튜브에서 들어라.

모임을 시작하라

· 내용 – 당신에게 중요한 주제를 토론하기 위해 똑똑한 사람들과 정
  기적으로 만나야 한다. 기술, 비즈니스, 사회적 이슈와 관련된다.

- 이유 – 같은 생각을 하는 사람을 만나는 법을 가르쳐준다.
- 학습 – 당신은 연예 기획자와 사회 지도자가 되는 방법, 그리고 운동을 시작하는 방법을 배우게 된다. 결국, 많은 기업과 신생기업은 자신들의 판매 제품보다 자신들을 대변하는 사항에 더 관심을 둔다. 정기적으로 모이는 집단을 시작하는 것은 이 과정을 위한 훌륭한 '최소 실행 가능 제품'이다. 방 안에 모인 사람들은 자연스럽게 아이디어를 더 크게 만들어 사업으로 전환하고 싶어 한다. 이것은 자연스러운 인간의 성향이다. 그러나 처음에는 무척 어렵다는 것도 알게 된다.
- 시작 – '미트업 닷컴 http://www.meetup.com'으로 이동하라. 그 모임이 어떻게 운영되는지 보라. 그런 다음, 주제를 선택하라. 당신 지역에 원하는 주제의 그룹이 없을 수도 있다. 어딘가에 하나가 있을 수도 있고 아예 없을 수도 있다. 선택하고 과감하게 거기로 가라.

당신의 조언을 팔아라

- 내용 – 많은 프리랜서 웹 사이트에서 하나를 골라 서비스인 당신의 기술을 광고하라. 어쩌면 당신의 비즈니스 능력이나, 디자인 기술이나, 가라테나, 수영을 가르칠 수 있을 것이다.
- 이유 – 이를 통해 당신이 정말로 잘하는 것에 관해 생각하게 된다. 당신은 빡빡한 이력서나 경력기술서 쓰는 법을 배워야 하며, 당신의 디지털 발자국이 판매하려는 서비스를 뒷받침하는지 확인해야 한다. 사람들이 당신을 검색할 경우를 대비해야 한다.

· 학습 – 사람들이 자신의 프로젝트를 도와줄 당신과 같은 사람을 찾고 있을 가능성이 크다. 직장 밖에서 돈을 벌 수 있다는 것을 알 게 된다.

· 시작 – 'http://www.upwork.com', 'http://www.freelancer.com' 과 같은 곳에 가서 다른 사람을 위해 '생일 축하 노래'를 녹음하는 등 기이한 일을 하라. 온라인 서비스 시장으로 가서 광고가 어떻게 실행되는지 확인하라. 실패할 각오를 하고 다시 시도하라. 조금 더 노력해야 한다.

무언가를 만들고 팔아라

· 내용 – 우리 모두 무언가를 만들 수 있다. 어쩌면 목공예나 뜨개질에 능숙할 수도 있다. 자신의 창작품을 판매하려고 노력하라.

· 이유 – 당신은 시간과 돈을 투자한 물건을 판매할 때 생기는 압박감을 느끼게 될 것이다. 당신은 그것을 파는데 급급해질 것이다. 자존심이 걸린 일이므로, 당신은 그것을 팔기 위해 자신을 압박할 것이다.

· 학습 – 당신은 만들 수 있지만, 사람들은 팔 물건을 이미 가지고 있거나 관심이 없을 수 있다. 당신은 시간이 실제로 얼마나 가치 있는지 알게 된다.

· 시작 – 만들어서 에치*Etsy*, 이베이, 크레이그리스트*Craigslist*, 페이스북 또는 인스타그램에서 판매하라. 만들어서 판매하라. 실행하라!

차익거래 상품을 발굴하라

· 내용 – 알리바바닷컴에서 값싸게 구매할 수 있는 것을 찾아라. 이익을 얻기 위해 재판매하라.

· 이유 – 글로벌 공급 체인에 대한 미세한 맛을 느낄 수 있다. 당신을 위해 제조된 제품을 얻거나 당신이 활용 가능한 제품을 만드는 장벽이 생각했던 것보다 훨씬 낮다는 것을 알게 될 것이다.

· 학습 – 소매업자가 중국으로부터 조달한 재화로 얼마나 많은 이익을 창출하는지 배우게 된다. 물류 공급 체인의 일부를 조직해봄으로써 특정 국가가 비즈니스 환경의 여러 부분에서 어떻게 우위를 확보하고 있는지 확인한다. 세계화가 대기업에만 유리한 것이 아니라, 당신 자신의 이익을 위해 어떻게 활용될 수 있는지 알게 된다.

· 시작 – 알리바바닷컴으로 가서 구매했거나, 구매한 적이 있는 당신이 잘 아는 좋은 제품을 검색하고 무엇을 판매할지 결정하라. 이 작업을 완료하면 이베이처럼 그 제품을 판매할 곳을 설정하라.

수수료만 받고 팔아라

· 내용 – 수수료만 받고 제품을 판매하는 일을 하라. 잠재적인 고객과 직접 상호작용하기 때문에 방문 판매는 전화 판매보다 바람직하다. 자선 단체는 시작하기 좋은 곳이다. 그런 직업은 구하기 쉽다. 장담하건대, 아무도 하고 싶어 하지 않는다. 당신은 저녁이나

주말에 일할 수 있다. 누군가 문을 두드리면, 나도 항상 "아니요." 라고 말한다. 하지만, 나는 그들에게 "축하합니다. 부자가 될 것입니다. 이 일을 하면서 당신이 익히게 되는 기술을 보유하고 있는 사람은 거의 없습니다."라고 말한다.

· 이유 – 이 일은 당신의 판매 학습 곡선을 신속하게 상승시킨다. 비즈니스와 인생에서 무슨 일을 하든지 판매는 성공을 위한 기본적 조건이다. 배우는 데 있어서 이보다 더 좋은 방법은 없다. 이 일은 어렵고 용서가 없다.

· 학습 – 얼굴을 마주 보고, 어려움을 겪으면서, 숨을 곳 없이 판매하는 방법을 배우게 된다. 거절에 대처하는 방법과 실패가 당신을 죽이지 못한다는 사실을 배우게 된다. 그 일이 당신에게 가르쳐줄 것이다.

· 시작 – 수수료 판매업체나 자선 단체를 검색하라. 당신을 위한 일이 있을 것이다. 면접은 쉬울 것이다. 당신이 도착했을 때 그들은 당신을 위해 파티를 열지도 모른다. 당신은 희소한 가치를 지녔다.

스마트 폰 앱을 만들어라

· 내용 – 당신이 생각하는 앱이 있는가? 논의를 중단하고 실행하라.

· 이유 – 기술을 직접 만드는 방법을 몰라도 기술에 참여하는 것이 가능하다는 사실을 알 수 있다. 이것이 생산 요소를 조직하는 일이 중요하다는 사실을 상기시켜줄 것이다. 앱도 다른 비즈니스와 마찬가지이다.

· 학습 – 앱을 만드는 것이 판매보다 훨씬 쉽다는 사실과 앱에 관심을 높이는 것이 보기보다 훨씬 어렵다는 사실을 알게 된다. 그러나 이로 인해 당신의 자신감이 커질 것이며, 더는 기술을 두려워하지 않을 것이다.

· 시작 – 먼저 앱의 각 페이지를 종이에 그려라. 이것이 당신의 청사진이다. 앱을 디자인하는 데 도움이 되는 사이트가 있다. 바로 구글이다. 각 페이지의 맨 아래에 기능을 설명하고, '프리랜서닷컴*http://www.freelancer.com*'과 같은 온라인 서비스 시장에 가져가라.

크라우드 펀딩을 하라

· 내용 – 당신의 아이디어가 내가 제안한 것보다 조금 더 비용이 드는 경우, 크라우드 펀딩을 고려하라.

· 이유 – 같은 요소를 대량으로 사용해야 하므로 더 큰 투자가 필요하다. 당신은 제품이나 서비스를 디자인할 필요가 있다. 시장에 내놓을 필요가 있다. 잠재 고객을 구축하고 꿈을 팔아야 한다.

· 학습 – 때로는 모든 것을 얻지 못하면 아무것도 얻을 수 없다는, 배우기에 가장 어려운 교훈을 발견하게 된다. 크라우드 펀딩에서 자금 조달 목표를 달성하지 못하면 돈을 후원자에게 돌려주어야 한다. 당신은 시각적 중요성과 사전 판매의 중요성을 배우게 된다. 크라우드 펀딩은 동영상의 힘에 따라 살기도 하고 죽기도 한다.

· 시작 – '킥스타터*http://www.kickstarter.com*', '인디고고*http://www.indiegogo.com* 또는 '포지블*http://www.pozible.com*'로 이동하라. 효과적으로 펀딩하는 방법

을 읽어보고, 수행 방법에 관한 동영상을 보고, 실행하라. 작고 성취 가능한 것으로 시작하라.

정말로 열광하고 싶다면, 이 아이디어들을 부수고 융합하고 상호 수용하게 하라. 일단 학교를 나오면 규칙은 어디에도 존재하지 않는다. 오늘날 누구나 활용할 수 있는 비즈니스 기회의 수와 범위는 놀라울 정도이다. 여기에는 플랫폼이 아직 구축되지 않았고 가능성을 이제 막 발견하기 시작한 산업이 포함된다. 3D 프린팅, 사물인터넷, 플랫폼으로서의 프라이버시, 무인자동차, 드론, 블록체인, 암호 화폐, 인공 지능은 매우 초기 단계이다. 단순히 인공 지능을 추가하기만 해도 해당 범주를 재정의해야 할 정도이다. 20년 후에는 지금이 신생기업이라는 기회의 시장이 얼마나 개방적이고 성숙했었는지 향수를 느끼면서 되돌아보게 될 것이다.

당신의 브랜드를 구축하라

이 프로젝트에는 훌륭한 추가 혜택이 있다. 개인 브랜드를 구축하는 혜택이다. 당신은 기업가가 된 것이고, 사람들은 기업가로 간주하기 시작한다. 당신의 브랜드가 그 이상의 것으로 확장된다. 디지털 발자국은 페이스북 페이지나 지루한 링크드인*Linkedin* 프로필 이상이다. 당신은 다른 멋진 일을 하는 사람이 된다. 당신이 더 많은 일을 했기 때문에 당신은 그 이상이다.

요즘의 이력서는 당신의 과거 고용주나 직책이 말해주는 것이 아니라, 당신이 말하는 것이다. 단, 기술이 만드는 디지털 발자국을 남기기로 선택한 경우에만 그렇다. 사실, 요즘 경력에서 가장 중요한 일은 우리가 혁명을 통해 살고 있고 혁명 일부가 되기를 원한다는 것을 보여주는 것이다. 도구는 모두 여기에 있으며 무료이다. 매일 해야 할 일은 그런 도구에 시간을 할당하고 자신의 길을 만드는 것뿐이다.

당신의 발자국을 만드는 데 있어서 멋진 점은, 당신이 어떤 학교에 다녔든, 어학 점수가 어떻든, 어떤 클럽에 가입했든 인터넷은 상관하지 않는다는 것이다. 연결된 세계는 당신이 개선하거나, 창조하는 것에 대해서만 신경을 쓴다. 판단은 게이트키퍼나 인사 담당자나 대학 입학 사정관이 아니라, 일반 대중이 한다.

똑똑한 고용주와 투자자는 당신이 과거에 어떻게 살아왔는지가 아니라 당신의 주변 프로젝트에 더 큰 관심을 둔다. 실리콘밸리에서 투자자들은 당신이 만든 것을 보여 달라고 말한다. 당신의 주변 프로젝트는 당신과 당신의 능력에 관해 더 잘 보여주고 더 자세히 말해준다. 기술을 활용하는 분야에는 당신이 할 수 있는 일에 대한 장벽이나 허가 요건이 없다는 사실을 그들은 잘 안다.

"주변 프로젝트는 당신의 아이디어, 욕구, 직업윤리와 능력을 당신과 관심이 같은 다른 사람과 융합한다. 모든 것이 당신에게 달려 있다. 민주화된 기술은 당신이 모든 것을 다 해내는 천재가 될 필요가 없다는 사실을 알려준다."

나는 내가 전파하는 모든 것을 실천한다. 구글로 나를 검색해보라. 그러면, 내가 한 주변 프로젝트를 모두 보게 될 것이다. 그것을 보면, 노력할 만한 가치가 있는 일이 무엇이며, 시장이 당신에게 보상할 것이라는 약속을 확인할 수 있다. 우리는 이 디지털 혁명에서 우리에게 주어진 자원에 감사해야 한다. 나는 내 디지털 발자국을 재정적 투자로 여긴다. 나는 그것들이 모든 영역에서 현재와 미래의 잠재적 수입으로 연결될 것으로 보고 있으며, 어떤 공식 자격이 제공하는 수입보다 나은 투자라고 생각한다.

14장
기업가의 DNA는 운명이다

이점이 중요하다. 우리는 모두 인생이 위대한 모험이라는 것을 알고 있다. 그러나 '모험'이라는 단어를 들을 때 가장 흔히 떠올리는 이미지는 휴일, 여행 그리고 신체적인 도전과 관련이 있다. 경제적으로도 우리는 난기류보다 순조로운 항해를 선호한다. 우리는 인생의 재정적 측면이 예측할 수 있고 안정적이며 선형적이기를 바란다. 대안은 위험을 즐기는 미친 사람들을 위한 것처럼 보인다.

나는 당신이 논의의 다른 측면을 이해했기를 바란다. 이는 연결된 경제의 새로운 진리를 깨닫는 일이고, 가장 위험한 놀이가 산업시대 모델을 따라 하는 것이라는 사실을 이해하기 바란다. 그리고 모든 인간이 자연적으로 모험가라는 점을 고려하면, 나는 당신이 경제적인 모험에도 대처할 수 있다는 사실을 알고 있다. 우리는 모두 기업가로 태어났다. 기업가정신은 인간 경험과 불가분의 관계에 있다. 탐구하고, 이해하고, 고안하고, 위험을 감수하는 것은 인간인 우리가 항상 최고로 잘 해온 일이다.

우리는 자신과 주변 사람들에게 더 나은 환경을 만들어주기 위해 변화를 수용할 줄 안다. 이것이 우리가 조상 대대로 축적해온 잠재된 추진력을 확보한 이유이다. 우리는 실패를 즐기지는 않더라도 견디는 방법을 배운다. 변화를 견디는 것은 적응의 가장 만족스러운 부분일 수 있다. 우리 인간 코드 깊은 곳에 기업가정신을 위한 감춰진 프로그램이 있다.

새로운 것을 대면하고, 새로운 길을 닦고, 대양을 건너려는 의지가 우리 내부에 존재한다. 종種으로서 우리는 지구상의 모든 지역에 정착했고, 이제 행성 간에 있을지 모를 종에 거의 근접했다. 이것이 우리의 운명이다. 우리의 DNA는 자신의 가능성을 탐색하는 것을 멈추지 않는다. 의심의 여지 없이 당신이 이 책을 선택한 이유도 그것이다. 이 책을 읽었다면 우리를 모험으로 이끄는 소명에 귀를 기울일 필요가 있다.

Entrepreneur

- 명사 – 기업, 특히 일반적으로 상당한 주도권과 위험이 있는 사업을 조직하고 관리하는 사람이다.
- 어원 – 불어의 '무언가를 착수하거나 실행한다는 의미'인 'entrepren'에서, enterprise와 연결된다.

기업가가 되는 것은 곧 행동가가 되는 것이다. 이것은 계획이나 아이디어, 대화 이상으로 행동을 실행하는 것이다. 누군가가 의지하는 사람이 되는 것이다. 직업에 관해 배우는 것이다. 내 인생에서 가장 통찰력 있는 생각과 신랄한 순간은 생각이나 글쓰기가 아니라 행동하면서 일어났다.

우리는 이 연결 혁명에 불과 20년 만에 도달했고, 당신은 지금 남들보다 이른 시간에 멋지게 이 혁명에 도착했다. 오늘부터 내일의 혁명에 참여할 수 있다. 나는 이 책에 내가 쓴 것들을 배우는 데 평생이 걸렸다. 이 책이 당신의 삶을 더욱 훌륭하게 만들어줄 매우 진지하고 가치 있는 지름길을 제공하기를 희망한다.

자녀에게 무엇을 가르칠 것인가

나는 종종 아이들에게 무엇을 가르쳐야 하는지 질문을 받는다. 그러면 일단 나는 아동 발달에 관해 아는 것이 없다고 말한다. 하지만, 그렇더라도 분명히 우리가 아이들에게 가르쳐줘야 하는 것이 있다고 말한다. 그것은 기술 변화와 관계없이 미래에 아이들에게 크게 도움이 되는 것이다. 이것은 '시스템 사고$Systems\ Thinking$'이다. 이것은 이 책 전체의 주제이기도 하다. '시스템이 우리를 어떻게 형성했고, 우리가 시스템을 어떻게 처리해야 하는가'를 가르쳐야 한다.

학교에서 우리는 어떤 일을 하는 법은 배웠지만, 그것이 중요한 이유와 그것을 형성하는 시스템을 이해하는 방법은 배우지 못했다. 학습한 과업과 도구는 시대에 뒤떨어지고 구식이 될 수 있다. 그러나 시스템을 이해하는 방법을 배우면 자신을 시스템 속의 무력한 소도구로 보지 않고 가능성의 건축가로 보게 될 것이다. 시스템 사고는 자원을 조직할 수 있게 해준다.

시스템 사고를 근본부터 가르치기 위해서, 나는 딸에게 어떤 음식을 키우고 싶은지 물었다. 내 딸은 "피자를 키우고 싶다."라고 대답했다. 그래서 여러 달 동안 밀을 비롯한 모든 재료를 재배하여 반죽을 만들어 온전히 집에서 만든 피자를 창조할 수 있었다. 내 딸은 씨앗을 심었고, 나는 매일 밀, 토마토, 오레가노, 바질, 양파, 고추에 물을 주고 화단에서 잡초를 뽑는 것을 도왔다. 또한, 나는 요리에 필요한 불과 전기의 공급에 관해 설명했다.

말 그대로 피자를 만드는 데 6개월이 걸렸다. 그러나 이것은 내 딸이 세상을 보는 방식을 완전히 바꿨다. 이제 내 딸은 모든 것의 전후와 배후에 관해 묻는다. 딸은 배우고 질문하는 것을 정리해 작은 도면을 스케치한다. 피자를 살 때마다, 딸은 사람들이 그것을 만들기 위해 얼마나 열심히 노력했는지 평가한다. 그리고 슈퍼마켓에 갈 때, 채소를 신선한 상태로 파는 데 어떤 노력이 들었는지 알고 경외감을 느낀다. 이제 딸은 새들이 씨앗을 먹지 않게 하려고 컴퓨터에 연결되어 팔을 허우적거리는 허수아비를 만들고 싶어 한다. 나도 그 방법을 모른다. 그러나 딸은 그 방법을 발견할 수 있다고 확신한다!

삶의 철학을 개발하라

이 모든 것이 철학에 이르게 되면, 우리 삶의 지침으로 활용할 수 있는 이념을 얻게 된다. 혼란이나 역경의 시기에 의존할 수 있는 철학은 인생의 스트레스를 훌륭하게 완화한다. 우리가 경제 체제, 개인 경제학, 기업가정신을 진정으로 이해하게 되면 게임을 변화시킬 철학을 개발할 수 있다. 일하는 방법은 많고 배울 것도 무한하지만, 가장 중요한 기술은 세상을 이해하고 그 세상을 우리에게 적합하게 만드는 방법을 만들 철학을 개발하는 것이다. 우리의 철학은 점점 정체성이 된다.

새로운 사고가 가끔 새로운 행동을 창출하지만, 새로운 행동은 항상 새로운 유형의 사고를 창출한다. 우리의 성인 두뇌는 예전보다 훨씬 융통성이 있다. 우리는 이제 배운 것을 잊고 다시 배울 수 있다. 이런 능력이 청소년만의 영역이 아니라는 것도 알고 있다. 우리는 모두 다시 시작할 수 있다. 과거에는 배우고 습득할 기회가 제한적이었다. 하지만 이제는 선택한 만큼 기회가 생긴다. 이러한 기회는 아무도 보고 있지 않을 때 생긴다. 이러한 기회는 우리가 강요받지 않고 자신의 사명감으로 도전할 때 생긴다.

부는 돈이 아니라 시간이다

내가 말하는 부는 돈에 관한 것이 아니라, 시간을 사용하는 방법에 관한 것이다. 부는 돈이 아닌 시간으로 측정되지만, 내가 발견한 것처럼 돈은 시간의 문을 열 수도 있다. 우리가 시간이 더 많으면 열정을 갖고 일을 더 많이 할 수 있고, 가족과 사회에 더 많은 사랑을 줄 수 있다.

철학자 앨런 와츠*Alan Watts*는 "돈이 목적이 아니라면, 밖으로 나가서 무슨 일이든 실행하라."라고 조언했다. 나는 여기에 이렇게 덧붙인다. "당신이 무슨 일이든 하면 최고에 이르는 경로를 찾을 것이므로, 돈이 당신 쪽으로 끌려올 가능성이 더 커진다." 어떤 경우든, 소유는 행동이다. 그리고 이상하고 멋지게 연결된 세계에서, 지리적 제약이 있던 세상에서는 결코 허락된 적이 없는 멋진 삶을 살 수 있다.

인생에서 우리가 실제로 축적하는 단 한 가지가 '경험'이라는 것을 잊지 마라. 우리가 인생에서 누렸던 '위대한 시기'를 생각할 때, 샀던 물건이나 가졌던 돈이 떠오르지는 않는다. 우리는 경험을 공유한 사람들을 훨씬 더 잘 기억한다. 우리가 하는 일에서 축적된 이야기는 삶의 풍요로움이 나오는 원천이다.

변화는 우리에게 인간적인 모험에 관한 이야기를 풍성하게 할 기회를 제공한다. 변화는 위대한 이야기가 나오는 곳이다. 시련과 고난은 지금도 나중에도 공유할 수 있다. 당신의 인생에서 흥미진진한 순간을 만들고, 결코 가능하다고 생각한 적이 없는 새로운 경험을 만들라. 자신만의 이야기를 만들어낼 경험을 시작하라. 그리고 언젠가 거듭 반복해도 행복할 경험을 만들어내는 데에 이 책이 도움이 되었기를 바란다.

"여러분의 시간을 만들러 출발하라."

미래의 당신을 재창조하라.

1. 사업을 시작하여 돈을 고안하는 데에 규칙은 없다.

나이도, 교육 수준도, 위치에도 제한이 없다. 우리가 직면하는 유일한 제한은 우리 스스로 설정한 한계이다.

2. 한 명의 보스는 좋은 표본 크기가 아니다.

가장 좋은 방법은 하나 이상을 두는 것이다. 다다익선이다. 단일 수익원은 위험의 증가를 의미한다.

3. 지금의 당신이 바로 사업가이다.

당신은 당신의 개인 회사 CEO이다. 아무리 고용주가 한 명이고 고객이 하나여도 고객에게 서비스를 제공한다는 관점으로 세상을 봐야 한다. 이것이 당신 삶을 변화시킬 것이다.

4. 벤 다이어그램을 그려라.

겹치는 일련의 벤 다이어그램으로 미래를 디자인하고, 각 역량과 당신이 활동하는 각 도메인에서 잠재적인 수익을 확인하라. 이미 수행한 관련 작업에서 자신만의 독창적인 기술을 고안하라.

5. 운동량이 중요하다.

매번 속도가 크기를 이긴다. 신속하게 움직이고 하루에 작은 이점을 한 번은 활용하라.

6. 당신은 생각보다 더 가치가 있다.

자신의 가격을 시험하여 진정한 시장 가치를 찾아라.

7. 학습이 무료이므로, 돈이 없다는 것은 변명이 안 된다.

힘들더라도 노력을 기울이면 무엇이든 배울 수 있다. 스스로 공부하는 사람들은 시장에서 지식과 존경의 보너스를 얻는다.

8. 관계가 이긴다.

관심 있는 분야에서 사람들을 만나고 빈도와 근접성을 높여라. '같은 공간 안에' 있는 것이 중요하다.

9. 최고의 세일즈 프레젠테이션을 하라.

세일즈 프레젠테이션은 핵심적인 삶의 기술이다. 더 나은 세일즈 프레젠테이션은 더 많은 자격보다 낫다. 어려운 과업을 수행하면서 통달하라.

10. 주변 프로젝트는 삶의 변화를 가져온다.

성공적인 프로젝트를 항상 한 가지 이상 보유하여 자신에게 도전하라.

11. 지금 바로 기업가가 되어라.

큰 생각을 기다리지 마라. 가장 중요한 것은 행동과 추진력이다.

해제 조병학

베스트셀러 〈천재들의 공부법(2016)〉, 〈2035 일의 미래로 가라(2017, 공저)〉 작가로, 현재는 파이낸셜뉴스미디어그룹 계열사인 에프앤이노에듀 부사장이다. 2017년까지 90,000명과 함께 책을 읽는 온라인 커뮤니티 〈더굿북〉의 대표 컨설턴트로 일했다. 연세대학교 교육학과를 졸업했으며, 현대그룹 종합기획실을 거쳐 현대경제연구원에서 수석연구위원으로 재직했다. 주로 미래, 기업, 일, 학습과 관련된 공부와 일을 했다.

'인간의 창조성과 공부하는 이유'를 다룬 데뷔작 〈브릴리언트(2012, 공저)〉는 지금도 청년들에게 가장 사랑받는 책이다. '책따세(책으로 따뜻한 세상을 만드는 교사들)'는 이 책을 2012년 인문분야 공식 추천도서로 선정했다. 이화여자대학교, 서울과학종합대학원, 제주대학교 등의 대학과 다수의 기업에서 '창조적 사고와 문제 해결', '깊고 연결된 공부법', '4차 산업혁명과 일의 미래' 등을 주제로 강의했다.

더 베스트 통·번역센터

기계가 글자를 번역할 수는 있지만, 아직은 책과 같은 도서는 인간이 행간을 읽어 번역해야 한다고 생각하는 회사다. 영어, 중국어, 일본어, 러시아어, 불어, 독일어, 포르투갈어, 스페인어 등 다양한 언어 영역에서 통역과 번역서비스를 제공하고 있다. 삼성서울병원, SH공사, LS산전, KEB하나은행, 국립해양생물자원관 등 많은 고객사에 전문번역을 제공해 왔다.